陈晖 / 著

离婚案件当事人辅导指南

中国法制出版社
CHINA LEGAL PUBLISHING HOUSE

前　言

　　作为一名离婚律师，日常工作接触到的人和事有些是常人想象不到也理解不了的。有人说，去凌晨的菜市场和春运的火车站看看吧，你会知道什么叫人间烟火；去人满为患、空气凝滞的医院急诊室看看吧，你会知道什么叫世事无常。但其实，去离婚案件的庭审现场看一看，你也能体会到什么叫"人生百态"——在笔者经历过的离婚庭审中，有的准离异夫妻将多年怨怼宣泄为庭上的针锋相对，双方在庭上破口大骂，被法官一再制止，最终当事人和笔者需要在法警的协助下才能安然离场；也有的当事人哀莫大于心死，在庭上沉默不语、心如死灰；还有的当事人不悔相逢、感恩相知，庭毕后握手或拥抱致意，甚至当场交接子女出生后留作纪念的脐带扣和胎毛笔……

　　每一个决定离开的人，都在风里站了很久；每一桩离婚案件的背后，都是一个特别的故事。对离婚律师而言，办理离婚这类特殊的案件，既是渡人，也是自渡。除了要掌握必备的法律专业知识、谈判技巧以及庭审策略，离婚律师也要深入当事人的内心，一方面为当事人提供必要的心理疏导，另一方面从当事人的角度出发制定符合其利益的谈判及诉讼策略，帮助当事人走出爱恨幽幽的泥淖，走向理智维权的坦途。

对当事人而言，离婚案件中，首先要明确自身诉求并建立合理的预期；其次要收集各类证据及财产线索；最后，最重要也是最特殊的一点，就是当事人本人要做好庭审的准备。与大部分案件不同，离婚案件中当事人必须亲自出庭。如何让当事人在法庭上沉着应对，稳定发挥，这就凸显了律师辅导的重要性。

本书分为初步接洽、二次会面、协议离婚谈判辅导及诉讼离婚庭前辅导四个章节，从情感、心理、法律等多个层面，为读者呈现了律师为当事人进行辅导的现实场景，并结合《民法典》和婚姻家庭编司法解释相关规定，针对司法实践中的热点问题进行了讨论。本书的受众既可以是对离婚案件感兴趣的律师，也可以是在离婚方面有需要的当事人。读者通过阅读本书，既能辅导他人，也能辅导自己。希望大家能通过本书得到收获，在长亭古道边寻访幸福的终极奥义，在亲密关系中窥见最完整的自己。

陈　晖
2024 年 6 月

目 录

第一章 初步接洽 / 001

第一节 初步接洽当事人，环境选择有讲究 / 003
第二节 第一时间了解当事人，构建"当事人画像" / 005
　　一、构建当事人画像为何如此重要？/ 005
　　二、应当了解当事人的哪些信息？/ 007
　　三、询问当事人信息有哪些技巧？/ 009
第三节 当事人面临着什么困境？/ 011
　　一、当事人最大的困境，就是不知道困境 / 011
　　二、情人总分分合合，只有律师"苦大仇深"？/ 012
　　三、被心理问题或经济困境绊住的当事人 / 012
第四节 初步接洽，当事人最主要的诉求是什么？/ 014
　　一、解除婚姻关系 / 014
　　二、挽回夫妻感情 / 014
　　三、证明对方是过错方 / 015
　　四、争夺子女抚养权 / 015
　　五、争取财产权益 / 016

第五节　这些问题，当事人一定会问 / 017
  一、离婚需要多长时间？/ 017
  二、我现在这种情况可以起诉离婚吗？/ 018
  三、办理离婚，需要多少费用？/ 018
  四、如果我现在提出离婚，能拿到抚养权吗？
    财产能分多少？/ 019
  五、对方起诉我了，我不想离婚，怎么办？我暂时
    不想离婚，后续有什么需要注意的呢？/ 020

第六节　初步接洽，律师应该做好这几件事 / 021
  一、安抚好当事人情绪 / 021
  二、从谈话中了解当事人以及案件的基本信息 / 022
  三、了解当事人的真实诉求 / 022
  四、对案件进行初步梳理，给出初步法律分析 / 022
  五、建议当事人好好消化初次接洽谈话内容，
    好好考虑下一步走向 / 023
  六、初次接洽要不要收取咨询费？/ 023

第七节　初步接洽应该给当事人什么建议？/ 025
  一、怒冲冲阶段：安抚情绪，厘清思绪 / 025
  二、恨绵绵阶段：或和或分，甄别诉求 / 026
  三、淡淡然阶段：当断则断，拒绝"摆烂" / 026

第二章　二次会面 / 031

第一节　这段时间当事人有什么变化？/ 033
  一、弃我去者，昨日之日不可留 / 033
  二、乱我心者，今日之日多烦忧 / 034

三、"破镜不能重圆，我们能" / 036
第二节　劝和还是劝离？/ 039
　　一、当事人处在"经典三阶段"的哪一个阶段？/ 039
　　二、案件的初步走向如何？/ 041
　　三、必须劝离的情形 / 043
第三节　为什么建议调解？/ 047
　　一、调解的好处千千万 / 047
　　二、调解收费应该比诉讼收费低吗？/ 050
　　三、律师在调解过程中可以扮演哪些角色？/ 051
第四节　这个时候应当辅导当事人准备什么？/ 055
　　一、辅导当事人自行收集证据 / 055
　　二、协助当事人制订方案 / 062

第三章　协议离婚谈判辅导 / 065

第一节　辅导当事人熟悉协议离婚流程 / 070
　　一、靠谱的离婚协议是前提 / 070
　　二、跑两趟民政局是必需 / 072
　　三、这些材料别忘了带 / 074
第二节　离婚协议先谈再写，还是先写再谈？/ 075
　　一、先谈再写，增进了解 / 075
　　二、先写再谈，彼此成全 / 077
第三节　离婚冷静期里都发生了什么？/ 079
　　一、破镜重圆，重归于好 / 080
　　二、她要离开，他却还爱 / 083
　　三、忍无可忍，大动干戈 / 087

第四节　协议离婚谈判，律师要出现吗？／090

一、律师出现的好处／090

二、律师不出现的好处／091

三、"一边倒"还是"调解员"：律师角色之争／092

第五节　预判他（她）的预判，模拟谈判怎么做？／094

一、知己知彼，百战不殆／094

二、知法懂法，未雨绸缪／095

三、掌握沟通技巧，打"心理战"／096

四、总结复盘，灵活应变／097

第六节　"到底离不离？"／098

一、太贵了／098

二、太麻烦了／99

三、又爱了／101

第七节　如何辅导当事人协商解决子女抚养问题？／103

一、抚养权的归属／103

二、抚养费和探望权／105

第八节　如何辅导当事人谈财产问题？／111

一、掌握财产状况，确定底线方案／111

二、掌握谈判筹码，灵活调整策略／112

三、收集证据材料，做到有备无患／113

第九节　夫妻共同负债应该怎么约定？／114

一、夫妻共同债务的认定／114

二、虚构的借条有没有法律效力？／116

三、想借钱，先离婚？／117

四、离婚协议关于夫妻共同负债的约定／119

第十节 "别这样写，无效的！" / 121

一、限制人身权利的条款 / 121

二、无权处分和无法执行的条款 / 122

三、写了不做等于没写的条款 / 125

四、为了"假离婚"签订的离婚协议有效吗？/ 128

五、余论：无效条款到底能不能写？/ 131

章结语 / 132

第四章 诉讼离婚庭前辅导 / 133

第一节 为什么当事人不愿意诉讼离婚？/ 136

一、为什么当事人不愿意离婚？/ 136

二、为什么当事人不愿意诉讼离婚？/ 142

第二节 起诉前应该让当事人知道什么？/ 146

一、起诉的流程 / 146

二、大概需要的时间 / 150

三、应该支出的成本 / 151

四、可能出现的结果 / 153

第三节 当事人本人应该做些什么？/ 157

一、做好心理建设，保持健康良好的心态 / 157

二、按照律师的指引收集相关证据 / 160

第四节 离婚案件当事人一定要出庭吗？/ 162

一、原则上必须出庭 / 162

二、被告拒不出庭的法律后果？/ 163

三、原告不到庭的法律后果？/ 165

第五节 如何辅导当事人从容出庭 / 166

一、做好庭前准备，让当事人"知根知底" / 167

二、做好心理疏导，助当事人稳定发挥 / 168
三、设计造型穿搭，为当事人立好人设 / 168

第六节 模拟庭审怎么做？/ 170
一、什么是模拟庭审？模拟庭审有什么作用？/ 170
二、模拟庭审如何进行？/ 171

第七节 这些"红线"，千万不能踩！/ 176
一、辅导，应是正向引导 / 176
二、教当事人说谎，知道后果吗？/ 177
三、教当事人作伪证？你"刑不刑"？/ 178
四、这些弄巧成拙的建议，你给过吗？/ 179

第八节 关于解除婚姻关系 / 183
一、如何证明夫妻感情破裂？/ 183
二、分居真的能证明吗？/ 186
三、起诉两次一定能判离吗？/ 188
四、撤诉算第一次起诉离婚吗？/ 189
五、如何辅导当事人做好"情感修复计划"？/ 190
六、诉讼离婚有冷静期吗？/ 191
七、这些问题，法官一定会问 / 192

第九节 关于抚养权归属 / 194
一、抚养权归属的原则 / 194
二、孩子被藏起来了怎么办？/ 199
三、如何给当事人做好抚养规划？/ 206
四、关于证明高收入的"博弈" / 213
五、这些问题，法官一定会问 / 215

第十节 关于抚养费给付 / 217
一、配偶很有钱，却没有固定收入，如何认定抚养费数额？/ 218

二、证明子女实际支出有意义吗？/ 220

　　三、这些问题，法官一定会问 / 222

第十一节　关于探望权 / 224

　　一、探望权约定能有多细？/ 224

　　二、"私下协商"靠谱吗？/ 227

　　三、这些问题，法官一定会问 / 230

第十二节　关于财产分割 / 231

　　一、主张财产分割，应辅导当事人做好什么准备？/ 231

　　二、《夫妻共同财产申报令》实施情况 / 235

　　三、关于房屋的归属判定，这几种情况必须让当事人知道 / 251

　　四、关于父母出资为子女购买房产的不同情形 / 254

　　五、婚前及婚后购买房产的不同情形 / 258

　　六、关于银行转账，如何主张？怎么解释？/ 259

　　七、辩证看待保单的隔离功能 / 263

　　八、关于公司股权分割，你必须告诉当事人 / 264

　　九、关于夫妻对房屋的约定，法院如何认定？/ 266

　　十、夫妻房产归属一览表 / 270

　　十一、这些问题，法官一定会问 / 273

第十三节　关于夫妻共同负债 / 275

　　一、"夫妻共同负债"的前世今生 / 275

　　二、"一张借条走天涯"？别想了！/ 276

　　三、何谓"日常生活所需"？/ 277

　　四、夫妻共同债务的认定 / 278

　　五、公司经营债务是夫妻共同债务吗？/ 278

　　六、这些问题，法官一定会问 / 279

第十四节　关于离婚损害赔偿 / 280

一、什么才算婚姻中的重大过错？ / 280
二、如何辅导当事人进行出轨取证？ / 281
三、这样证明出轨，值得吗？ / 282
四、如何辅导当事人进行家暴取证？ / 283
五、如何申请人身安全保护令？ / 283
六、离婚损害赔偿到底能赔多少？ / 284
七、离婚损害赔偿的情形及证据 / 285
八、这些问题，法官一定会问 / 287

第十五节　关于家务劳动补偿的司法实践 / 288

一、家务劳动如何证明？ / 288
二、家务补偿的具体数额如何确定？ / 289
三、这些问题，法官一定会问 / 290

第一章
初步接洽

第一节　初步接洽当事人，环境选择有讲究

初次接触当事人，在什么场景之下比较理想？有人说，在律所会议室不就好了？其实不一定。初次会见的环境选择还是有讲究的。心理学研究表明，场景中的色彩、声音、温度等各方面都会影响人的内心情绪。例如，人在图书馆时会更容易专注，在拥挤的地铁上会更容易烦躁，红色可能会导致人们"易燃易爆炸"，蓝色则可能让人忧郁悲伤……离婚案件的当事人普遍情绪波动较大，第一次会见时，有些人怒火冲天，有些人郁郁寡言，有些人焦虑不安，而律所会议室的气氛较为严肃，过于冰冷的环境可能会加重当事人的负面情绪。因此，建议有条件的律所可以专门设置一个偏暖色调的房间，布置一些摆件、绿植及画作，让环境相对温馨一些，专门为办理婚姻家事案件所用。有些律所还专门配置了母婴室和摆放玩具的小角落给小朋友玩耍，这样可以大大降低客户的焦虑感，提升客户的体验感，给足他们安全感。

虽然温馨、轻松的环境更适合接洽婚姻家事案件当事人，但是环境也不能过于随意，还是要把握好"度"，初次见面的地点最好还是在律所。如果为了方便当事人，建议可以去咖啡厅，或者其他较

为安静且环境舒适的地方。不宜去太过嘈杂的场合,如车上就绝对不是一个谈事的地方,火锅店当然也不是。

除了地理环境,还有一个环境也特别重要,那就是语言环境。初次接洽时,作为婚姻家事律师,需在"听""说"两个方面营造一个具有亲和力的语言环境,在倾听当事人诉说时展现出同理心,在说话时语速不要过快,不要急着"抛书包",给客户营造舒服的语言环境。具体沟通的技巧,下文会为大家具体介绍。

第二节 第一时间了解当事人，构建"当事人画像"

婚姻是一个独特的故事，故事中的每个人都值得被倾听和了解。作为一名婚姻家事律师，第一时间深入了解当事人至关重要，对自己的当事人最好能做到"知人知面又知心"。一名好的律师，应如同一位良医，通过对当事人的"望闻问切"，不仅可以更准确地把握案件的事实背景，还有助于深入了解当事人的需求和目标，从而为其提供更有效的法律服务。

一、构建当事人画像为何如此重要？

很多人可能会想：法条就那么多条，案件就那么几种，不管当事人是谁，照葫芦画瓢，套公式模板不就好了，哪来这么多事？这么想可就大错特错了。如果说每一桩婚姻家事案件都是离婚律师的一场大考，那么这场考试的出题人绝对不是立法者，而是当事人；离婚律师要答的"题"不是已写在法典里的白纸黑字，而是当事人的诉求。法律服务是以人为中心展开的，并非围着法条转圈圈。即便案由一致，个案的事实、证据、策略选择等也因人而异。因此，构建当事人画像正如考生读题，是律师提供法律服务的前提之一。

首先，了解当事人的个人情况可以促进律师与当事人之间的交流，帮助建立起相互间的信任。在现实生活中，就曾出现过律师为当事人献计反而被当事人控告的例子，上演了一场现代版的"农夫与蛇"，引发了学界和业界对律师与当事人之间信任危机的深思。

通过与当事人建立良好的沟通关系，律师能够更好地了解当事人的观点、担忧和目标，从而为其提供恰当的建议和战略。与此同时，当事人也能够在与律师的交流中感受律师所展现的职业形象、专业能力和服务态度，为后续合作奠定基础。

其次，了解当事人可以帮助律师形成对整个案件的"初印象"。第一印象的重要性不言而喻，根据经济学家约翰·高伯瑞（John Galbraith）的理论，人一旦对某人或某事做出初步评价，就会成为重要的判断依据，在日后的互动中，我们所看到、听到关于对方的每一件事，都会被最初的印象所筛选。在与当事人初步交谈的过程中，律师可以初步知晓当事人的婚姻历史、情感状况、婚姻期间夫妻双方所存在的问题、双方的分歧点、子女抚养情况、财务状况等。对明面上的纠纷和潜在的矛盾有一定的把握，有助于律师确定可能存在的法律问题，并进一步采取适当的法律措施来保护当事人的合法权益。

最后，了解当事人的心路历程、情感状况和价值观，可以让离婚案件的处理更多元、更完善。离婚案件涉及私密关系，当事人往往面临着情感和心理层面的双重冲突，言不由衷、自我恐惧的情况更是屡见不鲜——嘴上说的是"好"，但心里想的可能是"不好"；嘴上说的是"没事"，但心里想的却是"有事"；嘴上说"必须离"，但心里可能还在挣扎、纠结和迷茫，觉得"婚姻不易，不离也行"……了解当事人的性格特征、情感需求和服务期望，可以帮助律师探寻其真实的内心世界，寻找更全面和综合的解决方案。

二、应当了解当事人的哪些信息？

如前所述，离婚案件律师在了解当事人方面的工作至关重要。通过了解当事人的个人情况、婚姻背景、子女状况、财务信息以及情感状况，律师可以为当事人提供个性化的法律协助，以最大限度地维护他们的权益和利益。

（一）当事人主体信息

离婚案件第一时间需要准确了解客户的姓名、年龄、职业、收入等基本主体信息，如果到了后续阶段，则不仅需要知道，还要核实无误。实践中，律师弄错当事人姓名、公司名称的情况不计其数，虽然这些信息错误可以补正，看似无伤大雅，但这种"马什么梅"的乌龙事件很可能会给当事人留下不专业、不严谨的印象，影响当事人对律师的信任。

（二）婚姻基础信息

婚姻基础方面的信息包括：婚姻登记的时间和地点；男女双方的户籍地以及经常居住地（从而确定诉讼离婚的管辖法院）；夫妻二人如何相识；恋爱大概经过；双方婚史等。

（三）子女抚养信息

在涉及争夺子女抚养权或探视权纠纷的案件中，律师需了解的信息包括：子女人数、年龄、性别、出生时间、就读情况等基本信息；八周岁以上子女对跟随父母哪一方的意愿；是否存在非婚生子女等情形；平日里夫妻双方及其父母照顾子女的情况；双方对子女的抚养意见；双方的职业、收入及资产；是否有家暴、传染病或不孕不育疾病等影响抚养权的其他问题。

(四) 夫妻感情信息

根据《中华人民共和国民法典》(以下简称《民法典》) 第一千零七十九条①, "夫妻感情确已破裂"是判决准予离婚的唯一标准。因此,律师需要了解当事人婚前婚后的感情状况及其变化;夫妻之间的主要矛盾;是否存在一方出轨、家暴、赌博、吸毒及双方分居等导致夫妻感情破裂的情形;双方是否提起过离婚等。

(五) 双方财产信息

虽说"谈钱伤感情",但感情都被伤透了,就不得不好好谈谈钱的问题了。绝大部分的离婚案件中双方的争议焦点在于财产分割。律师需了解的信息包括:双方是否有财产约定及约定内容;双方名下资产取得的时间以及资产构成(房产、车辆、存款、股票、贵重物品等);夫妻一方个人财产和债务情况;夫妻共同财产和债务情况;是否有隐匿、转移夫妻共同财产情况等。

(六) 双方目前对婚姻的态度和期望

双方对婚姻的态度和期望以及由此衍生的矛盾,是律师需要牢牢牵住的"牛鼻子"。双方的矛盾是如何产生的?矛盾的根源在哪

---

① 《民法典》第一千零七十九条 夫妻一方要求离婚的,可以由有关组织进行调解或者直接向人民法院提起离婚诉讼。

人民法院审理离婚案件,应当进行调解;如果感情确已破裂,调解无效的,应当准予离婚。

有下列情形之一,调解无效的,应当准予离婚:
(一) 重婚或者与他人同居;
(二) 实施家庭暴力或者虐待、遗弃家庭成员;
(三) 有赌博、吸毒等恶习屡教不改;
(四) 因感情不和分居满二年;
(五) 其他导致夫妻感情破裂的情形。

一方被宣告失踪,另一方提起离婚诉讼的,应当准予离婚。

经人民法院判决不准离婚后,双方又分居满一年,一方再次提起离婚诉讼的,应当准予离婚。

里？是一方想离婚、另一方不愿意，还是都同意离婚，但对财产分割或子女抚养产生了争议？争议解决的方法是只有诉讼，还是能够通过调解实现体面分手？这些都是律师与当事人需要不断沟通的问题。

三、询问当事人信息有哪些技巧？

作为律师，最首要的是跟当事人"好好说话"。询问当事人信息是一场交流对话，而不是一问一答的公安讯问或职场面试，不需要对当事人严肃地"拷问"，一上来就搬出大量法条、案例。在面对当事人时，律师应当尽可能营造轻松、愉悦的交流氛围，从而让当事人卸下心理防备，尽情倾诉。比如，见面时可以从关心当事人的情感和心理入手，用温馨的开场白拉近与当事人的距离——"你最近过得怎么样？""有什么困扰你的地方？""看你精神不太好，发生什么事情了吗？"等，然后再慢慢了解与案件相关的信息。越敏感的信息越应该放到后面询问，千万不能为了轻松打破边界感，让当事人感到被冒犯。比如，肯定不能一开始就问人家收入多少，更加不能一开始就问人家上一次夫妻生活是什么时候……

此外，律师还要学会倾听和释明。一个合格的律师不仅要会说话，还要会听别人说话。在当事人回答时，律师需要集中注意力认真倾听，在听的过程中，律师还要学会过滤，在谈话中获取真正想要了解的信息，并对当事人适时予以回应，展现其专业性和认真负责的工作态度，让当事人感到被尊重、受重视。

没有一成不变的案子，只有墨守成规的律师。可以说，对当事人画像的勾勒是律师因人施技的前提。通过了解，可以将当事人的社会背景、性格特点、纠纷动机、行为能力等信息勾勒在律师脑海中，帮助其全面认知当事人，从而提供精细、精准的法律服务。需要注意的是，构建当事人画像是一项长期事业，它应贯穿于整个案件的始末。这幅画像可能会随着合作深入日渐清晰，而非固定在律师与当事人接触的前期阶段的粗略印象。通过对当事人信息的获取，律师应该在初次接洽后有一个相对清晰的客户画像，方便日后工作的开展。

第三节 当事人面临着什么困境？

初步洽谈后，最需要律师复盘和思考的就是：当事人到底面临着什么问题？这是个真问题还是假问题？这个问题会持续存在吗？

一、当事人最大的困境，就是不知道困境

很多时候，当事人在初次与律师会见中并没有提出明确的诉求，只是提出了一个事实，或是配偶出轨了，或是受到家暴了，或是财产被转移了云云。你问当事人想怎么办，他们很可能也说不清。笔者执业过程中，这样的当事人大有人在。例如，有一次，一名当事人前来咨询，她说结婚后为男方生了两个孩子又"打"了两个孩子，其间总是遭受男方的家庭冷暴力。男方还多次在女方孕期出轨、"找小姐"，之后还包养了一个女人。该当事人发问："我该怎么办，应该提出离婚吗？"笔者问她："你觉得你们现在感情如何？""你觉得你们感情破裂了吗？""你能原谅男方这种精神侵害以及出轨的行为吗？"当事人说不能原谅，这已经突破她的底线了。我说那就离。该当事人犹豫了一下又说："可是我前几天刚发现我又怀孕了……"由

此可见，绝大多数离婚案件当事人面临的困境是：我自己也不知道要干什么。

还有一些当事人缺乏基本的法律常识，对于感情是否破裂、离不离婚，没有一个基本的概念。

二、情人总分分合合，只有律师"苦大仇深"？

"离吗？""离！""确定要离吗？""不离了。""确定不离了？""还是离吧！"……经常听到不少青年律师吐槽，很多当事人前一天被家暴，或者前一天发现对方出轨，第二天就怒气冲冲地来找律师要离婚。委托合同都签好了，起诉状都写好了，当事人却又想重蹈覆辙继续吃爱情的苦了……这种当事人与配偶和好如初的桥段过于经典，甚至在朋友圈秀恩爱的配文，律师们都能背下来了——"兜兜转转还是你""我们要互相亏欠，我们要藕断丝连""一回生，二回熟"……还有夫妻二人手牵手一起来律所希望解除合同的，结果当晚女方再次撞见男方出轨，又要求律师起诉离婚。当事人的"反复横跳"，不仅折磨律师，也折磨自己。作为离婚律师，要帮助当事人坚定想法、明确诉求。

三、被心理问题或经济困境绊住的当事人

也有一部分当事人，因为配偶长期的家暴、出轨、赌博、酗酒等行为出现了一定的心理问题，包括抑郁症、躁郁症、精神分裂症、进食障碍和成瘾行为等，在与人交流中容易焦虑烦躁、难以建立信任。对此类当事人，律师应当积极做好心理安抚工作，一方面耐心疏导当事人，帮助当事人化解焦虑、绝望等不良情绪，助其厘清思绪，更客观地阐述问题；另一方面如果发现当事人有心理疾病的症

状，应建议当事人及时就医。

还有一部分当事人存在比较严重的经济问题。造成这个问题的原因有两种：要不就是家里确实没钱，要不就是由于长期全职在家，经济大权被对方独揽。他们没有钱支付诉讼费、保全费、律师费。对于经济困难并符合法定条件的当事人，可以申请法律援助，即使没有钱打官司，也能得到支持，感受到法律的温度。

对于另一部分丧失经济大权的当事人来说，他们眼前可能只看到了并不廉价的诉讼成本，会因此选择继续在破裂的婚姻中忍气吞声、得过且过。而律师的职责，是在确认当事人与配偶感情确已破裂的前提下，通过法律分析和论证，帮助当事人坚定信念。必须让当事人知道，这只汲取婚姻多年养分的"螃蟹"终究会被打开，肥美的"蟹黄"便是坚定走下去的理由。

第四节　初步接洽，当事人最主要的诉求是什么？

专业离婚律师必备的技能之一，就是在与当事人的谈话中抽丝剥茧、把握问题的关键，即当事人最主要的诉求。

一、解除婚姻关系

解除婚姻关系是离婚案件当事人最首要、最迫切的诉求。但正如笔者所言，有时候当事人自己也不确定到底要做什么、要不要离婚、怎么离婚，因此律师要通过与当事人的沟通明确其诉求。

二、挽回夫妻感情

挽回夫妻感情可能是最容易被忽略的诉求。俗话说"宁拆十座庙，不毁一桩婚"，离婚律师时常因此被视为毁婚的"讼棍"，但其实这是对离婚律师的偏见与误解。离婚律师不仅可以帮当事人离婚，也可以帮助当事人解决婚姻矛盾，充当夫妻关系的和事佬。比如，第一次起诉离婚时被告不同意离婚，或者作为原告律师发现其实双方感情并未破裂仍可修复,此时"宁拆十座庙,不毁一桩婚"其实也适用在离婚律师身上。

三、证明对方是过错方

有些当事人对财产分割、子女抚养可能都不甚在乎,单纯是"咽不下心里这口气",就想拿到法院作为中立、权威第三方的一纸判决,证实配偶是过错方,起到心理安慰作用。此外,根据《民法典》第一千零八十七条第一款和第一千零九十一条,[①] 无过错方在离婚诉讼中可以主张己方多分财产以及请求损害赔偿。律师作为专业的法律工作者,应向当事人释明证明对方为过错方的法律后果。

四、争夺子女抚养权

从司法实践来看,孩子往往是离婚案件中的"兵家必争之地"。即便夫妻离心,亲子关系仍然存在,此乃人之常情。但凡事有一般就有例外,现实中就曾出现过父母开完离婚庭审把孩子丢在法院门口的真实案例。有的当事人对子女抚养权并不在乎,离婚律师需要走出"抚养权必争"的误区,尊重当事人的选择。

---

① 《民法典》第一千零八十七条第一款 离婚时,夫妻的共同财产由双方协议处理;协议不成的,由人民法院根据财产的具体情况,按照照顾子女、女方和无过错方权益的原则判决。
第一千零九十一条 有下列情形之一,导致离婚的,无过错方有权请求损害赔偿:
(一)重婚;
(二)与他人同居;
(三)实施家庭暴力;
(四)虐待、遗弃家庭成员;
(五)有其他重大过错。

五、争取财产权益

撕开爱情的面纱后,利益关系往往更赤裸裸。有些当事人可能认为自己在婚姻中比对方赚得更多,或者承担了大部分家庭开支,因此要求多分财产;也有些当事人可能因为对方是婚姻中的过错方,想要以己方多分财产的方式惩戒对方。不论理由是什么,律师要做的就是帮助当事人厘清诉求及事实和理由,给出理性、中肯、专业的法律建议。

第五节 这些问题,当事人一定会问

一、离婚需要多长时间?

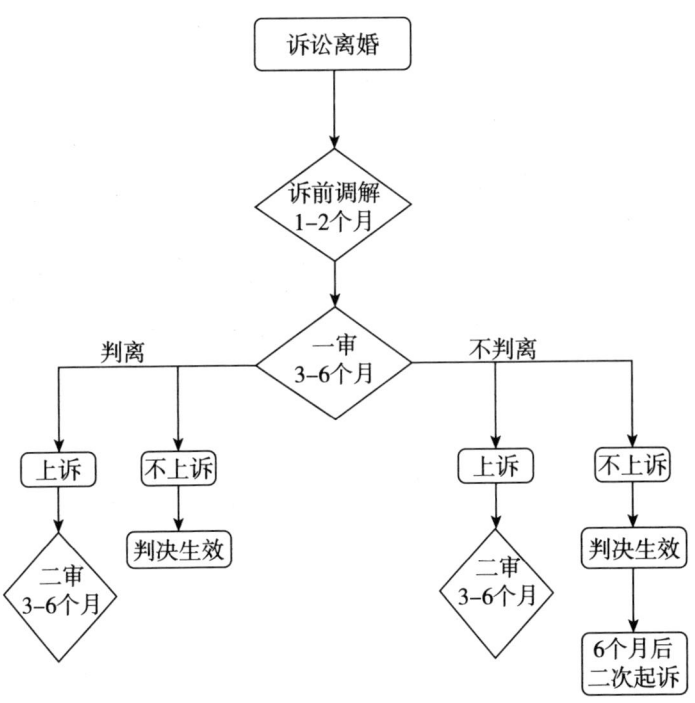

注：诉讼离婚一般分为诉前调解和正式诉讼两个阶段，诉前调解一般在1-2个月。一审适用简易程序进行审理的，审限为3个月；适用普通程序审理的，审限为6个月。第一次起诉法院判决不准予离婚，原告可在判决生效6个月后第二次起诉。如果离婚案件涉及二审，二审的审限为3个月，特殊情况法官可以申请延长相关审限。此外，案件还可能涉及公告、审计、评估、鉴定等。

二、我现在这种情况可以起诉离婚吗？

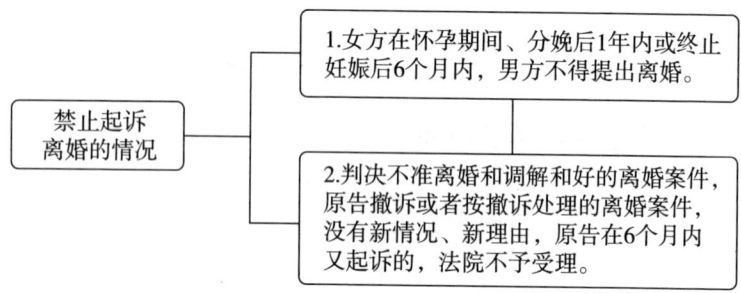

三、办理离婚，需要多少费用？

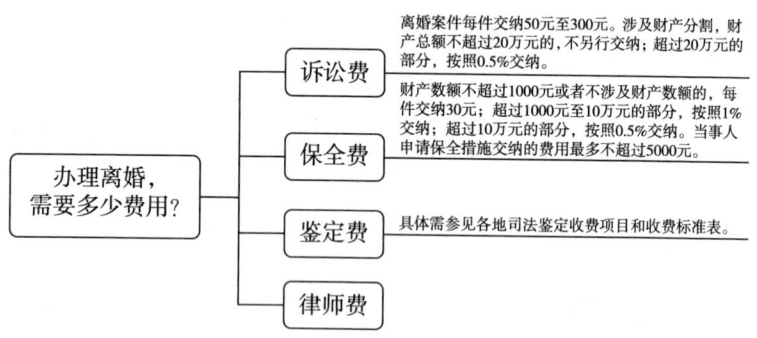

四、如果我现在提出离婚，能拿到抚养权吗？财产能分多少？

子女年龄	判断情况
<2周岁	1. 原则上一般随母亲生活，出现法定不利情形的，可以随父亲生活； 2. 双方协议随父亲生活，并且对子女无不利影响的，可以准许。 3. 母亲有下列情形之一，父亲请求直接抚养的，人民法院应予支持： （1）母亲患有久治不愈的传染性疾病或者其他严重疾病，子女不宜与其共同生活； （2）母亲有抚养条件不尽抚养义务，父亲要求子女随其生活； （2）其他原因，子女确不宜随母亲生活的。
>2周岁	一方有以下情形的属于"加分项"： 1. 已做绝育手术或者其他原因丧失生育能力的； 2. 子女随其生活时间较长、改变生活环境对子女健康成长明显不利的； 3. 无其他子女，而另一方有其他子女的； 4. 子女随其生活，对子女成长有利，而另一方患有久治不愈的传染性疾病或者其他严重疾病，或者有其他不利于子女身心健康的情形，不宜与子女共同生活的； 5. 父母抚养子女的条件基本相同，双方均要求直接抚养子女，但子女单独随祖父母或者外祖父母共同生活多年，且祖父母或者外祖父母要求并且有能力帮助子女照顾孙子女或者外孙子女的，可以作为父或者母直接抚养子女的优先条件予以考虑。
>8周岁	应注重考虑子女意愿。

五、对方起诉我了，我不想离婚，怎么办？我暂时不想离婚，后续有什么需要注意的呢？

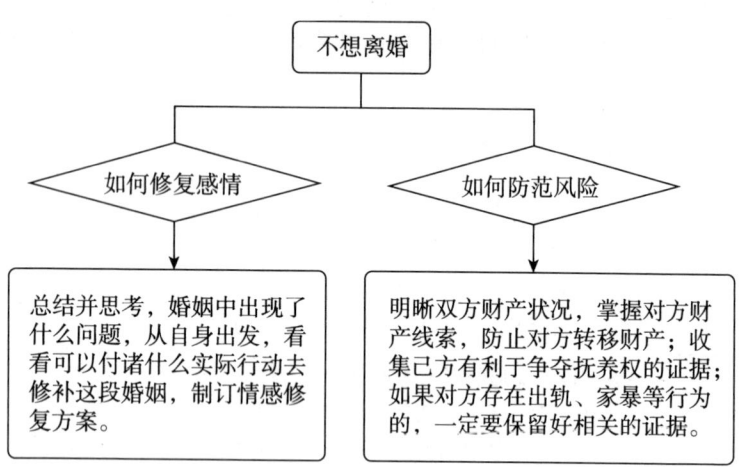

第六节　初步接洽，律师应该做好这几件事

离婚案件当事人寻找律师的目的可能是多重的，包括发现问题、分析问题和解决问题。第一次与当事人交谈，律师需要做好如下几点：

一、安抚好当事人情绪

有些当事人会产生"破罐子破摔"的极端心态，态度偏执、情绪敏感、思维固执，甚至以自杀、绝食等方式威胁他人。也有些当事人功利性非常强，对法律规定产生了错误认识，不顾及自己的要求是否合理合法，不达目的誓不罢休，如必须要对方"净身出户"等。离婚案件往往伴随着心理打击，当事人情绪不稳定、暴躁易怒的情况比较常见。律师要做的就是先对其加以安抚，帮助其理顺心理状况，重塑心理健康，使当事人恢复理性后再与之沟通。

二、从谈话中了解当事人以及案件的基本信息

正如前文所述，律师在与当事人对话中要学会勾勒出当事人的画像，在倾听和对话中过滤出案件关键信息。比如，有些女方当事人在丈夫出轨后可能会埋怨："我这么多年来为了这个家做牛做马，放弃了自己的事业，一家老小一日三餐都是我每天起早贪黑做的……"虽然在一定程度上与当事人共情也很重要，但作为专业律师，听到的应该是为当事人争取家务劳动补偿和子女抚养权的可能性等与案件走向相关的关键信息，并与当事进一步确认相关的证据材料和案件细节，从而提高会谈效率，给予客户充分信心。

三、了解当事人的真实诉求

当事人"嘴硬心软""有心无力""心口不一"是十分常见的现象。笔者就遇到过很多这样的当事人，虽然嘴上说着一定要跟对方一刀两断，但眼里流露出的都是伤心和不舍，细数的都是二人婚前婚后的美好回忆……由此可见，当事人可能由于一时情绪冲动要求离婚，但实际上不想离婚。也有的当事人虽说要争夺孩子的抚养权，但自己没有经济来源，其实根本没有抚养子女的能力，而且可能迫于道德观念的束缚，觉得不争抚养权的父母不是好父母，实际上自己内心愿望并没有那么强烈。因此，律师要帮助当事人去伪存真，找出真正的诉求。

四、对案件进行初步梳理，给出初步法律分析

专业的离婚律师应具有扎实的法律功底和清晰的逻辑思维能力，

以及在类似案件实务中积累的经验。例如，初次接洽中当事人告诉律师对方婚内多次实施家庭暴力，自己要求离婚并且多分财产。那么律师应该帮助当事人梳理出各项诉讼请求：依据《民法典》第一千零七十九条第三款第二项主张解除婚姻关系、第一千零八十七条主张多分夫妻共同财产、第一千零九十一条第三项主张离婚损害赔偿，并协助当事人对各项请求的事实依据进行证据的收集调查。

五、建议当事人好好消化初次接洽谈话内容，好好考虑下一步走向

一般来说，律师与当事人的初次接洽信息量庞大，对于当事人来说需要一段时间消化、理解。一方面，当事人初次洽谈时可能情绪不稳定，当时的主张和所思所想并非内心真意，冷静一段时间后更有利于固定其诉求，避免出现"离又不离，不离也离"等"反复横跳"的情况。另一方面，律师在初次洽谈中会给出专业的法律分析和建议。比如，当事人可能以为离婚很简单，几天就能走完程序，但实际上法律规定恰恰相反，离婚是一场耗时耗力的持久战。让当事人在咨询律师后慎重思考、形成合理的预期，也有利于后续案件的处理。

六、初次接洽要不要收取咨询费？

初步咨询律师要不要付费？这个问题一直存在争议。有人认为，初次见面前就告知客户要收取咨询费，容易造成客户流失。也有人认为应该收取，因为初次接洽中律师已经提供了专业价值。

笔者认为，初步咨询的律师费应该收取。一方面，律师提供了应有的价值，有劳就应当有所得。另一方面，收取咨询费也可以让

客户更放心。有句台词叫"现在失去的,总有一天要拿回来",免费的往往是最贵的,因为出于沉没成本的考虑,部分律师可能会为了成案一味劝当事人离婚,否则前期免费咨询付出的成本就"打水漂"了;但若在初次咨询时双方就明确对价,律师没有了"后顾之忧",就可以结合当事人的真实诉求给出更客观的建议,如正视当事人挽回感情的诉求,劝和不劝离,或建议当事人通过调解体面分手,以降低对孩子的负面影响等。

第七节　初步接洽应该给当事人什么建议？

初步接洽时,当事人的心路历程往往会经历一番变化。笔者引用电影《钟无艳》中的经典台词,将其概括为"离婚经典三阶段":怒冲冲,恨绵绵,淡淡然。律师应当针对不同的阶段,给当事人提供相应的建议。

一、怒冲冲阶段:安抚情绪,厘清思绪

在最初的"怒冲冲"阶段,当事人还在气头上,情绪激昂,暴躁、易怒、易激惹性高,这口气下去之后说不定就好了,离婚可能性还比较小。作为婚姻家事律师,必须掌握基本的婚姻心理学以及感情修复技巧。此时的律师要做的不是"晓之以理",而是做好心理安抚工作,帮助当事人化解怨愤、怒气等不良情绪,这样才有助于其厘清思绪,更客观地阐述问题,更理性地选择方案。

二、恨绵绵阶段：或和或分，甄别诉求

处于"恨绵绵"阶段的当事人较之上一个阶段更为冷静，但仍不一定很决绝要离婚。平息怒气后，很多当事人的情绪可能会转化为绵绵恨意，四处排解内心对配偶的负面情绪。此时，律师应当甄别当事人对这段感情的态度，对于还能挽回感情的当事人，建议其好好考虑。如果当事人决定挽回感情，律师也要对当事人进行普法，帮助其维护自己的合法权益。例如，男方在婚内瞒着女方转移夫妻共同财产，还存在出轨行为，被女方"抓包"后承认并道歉。女方对此感到生气，便找律师要求离婚，但仍然念及夫妻多年感情，对此感到不舍。在这种双方还有感情但一方权益受损的情况下，律师应当给出的建议是可以进行感情修复，但女方应当掌握男方的财产线索，并保留男方的出轨证据，这样一来，如果后续发生婚变，女方便可以留存的证据维护自身的合法权益。

三、淡淡然阶段：当断则断，拒绝"摆烂"

攒够了失望，也就该离开了。"淡淡然"往往是一段婚姻走到尽头的真实写照。彼时的当事人心如死灰，不再对感情抱有任何留恋和幻想，离婚的可能性最大。对于这种无法修复的婚姻、明显破裂的感情，律师需建议当事人"当断则断"。但有的当事人可能出于孩子、名声、经济等各种原因的考虑，即便婚姻已经破裂也不敢离婚。

曾有一位女当事人小丽[1]，结婚后长期被丈夫阿强PUA[2]。在初

---

[1] 本书中的案例故事由作者结合办案经历编写，人名为化名。同时，为增强可读性，存在加工改编。

[2] PUA，全称"Pick-up Artist"，是指一方通过精神打压等方式对另一方进行情感控制。

步洽谈中，小丽称，只要在家里有一点让阿强不顺心的事情，自己就会被劈头盖脸地指责、辱骂、甚至是殴打——煲汤忘了关火，孩子接送晚了，阿强就会贬低她，"你这智商还能做些什么？没有我你什么也不是！"聊天时触及小丽的知识盲区，阿强就会打压她，"亏你还是个大学生，这点道理也不懂吗？"买了新衣服新鞋子，阿强会质问她"穿这么暴露是不是想勾引男人？"每次打完小丽，阿强又会忏悔痛哭、故作委屈，"对不起宝贝，我一时没忍住，下次绝对不会了。"小丽长期处于恐惧和不安中，但每每与家人和朋友提及想离婚，总会听到一致劝和的声音："男人嘛，都这个样，忍忍就好了。""孩子还小，现在离婚对孩子成长不利。""男的离婚了还能再找，女人离婚了可就不值钱了……"被另一半控制情感和经济来源、被长辈的规训劝退、被社会观念裹挟、被"为了子女"捆绑……为婚姻所害的女性，有千千万万个害怕离婚的理由，但离婚律师正应该成为那个让她勇敢的理由。同样地，出于对事业、名声、子女、财产等因素的考虑，男方也可能成为那个不敢离婚的人。甚至有些男方深刻演绎了什么叫"既要又要还要"，即便出轨了也不愿离婚，引发了原配的灵魂拷问——"如果他爱我，为什么要出轨？如果他爱她，为什么不离婚？"对于不健康的、走到尽头的婚姻，律师要做的，就是用专业的建议，给当事人当断则断的勇气。

总而言之，无论男女，都可能对离婚产生错误的认识和态度。对于律师来说，能给到的最好建议就是：不该离的婚，好好修复；该离的婚，一定要离；就算修复了感情，也要给自己留一手底牌。律师的价值绝不仅仅体现在协议离婚、诉讼离婚当中，在调和的同时进行普法以及风险隔离也非常重要。因此，笔者建议初次接洽时收取咨询费。初次接洽不仅是了解客户情况然后给出律师费报价的简单过程，它的价值非常之大——一方面，律师可对案件的基本面进行分析，为当事人普法并做好风险防范相关准备。另一方面，律师可通过接洽判断当事人的感情是否破裂,应当离婚还是建议修复。据笔者观察,实践中,越来越多的法院要求不同意离婚的被告提交一份"情感修复方案"(详见附件一:情感修复计划书模板)。如果被告不同意离婚,仅仅在庭审中说一句"我还爱他/她"是远远不够的,还需要厘清双方的矛盾点是什么、有什么做得不足的地方、以后应当如何改进完善。因此,如果夫妻感情并未破裂,帮助当事人制作情感修复方案,挽回婚姻,必然也是律师的价值所在。简单来说,离婚律师应该有"不离婚"的产品,否则导向就错了。

附件一:情感修复计划书模板

情感修复计划书

当事人基本情况	原告	
	被告	
双方当事人的主要矛盾点		
被告在以往家庭生活中存在哪些需改进的做法		

续表

被告拟采取的补救措施及增进夫妻感情的方式及计划	
当事人签名	

说明：1. 计划书一式两份，一份交原告，另一份交由法院存档；2. 本计划书用于表明您对自己婚姻的态度，请认真填写；3. 本计划书的内容将作为法院评判案件当事人有无和好可能、夫妻感情是否破裂、是否准予离婚的依据之一。

第二章
二次会面

第二章 二次会面

第一节 这段时间当事人有什么变化？

从第一次洽谈到第二次会面，当事人在情绪、心态、想法上都会有一定的变化。笔者曾遇到过三位二次见面时心态各异的当事人，在此分别简称为阿离、小尤和圆圆。

一、弃我去者，昨日之日不可留

阿离是典型的新时代独立女性，在家中掌握财政大权和至高无上的话语权，全身上下都透露着精致与典雅。在感情上，她也是个完美主义者，决不允许他人成为自己婚姻的污点。为了兼顾家庭、事业和生活，她把自己变成了"六边形战士"，成为别人口中那个事业有成的离总、温柔贤惠的妻子、精明能干的妈妈、孝顺持家的女儿……

但不幸的是，她的枕边人出轨了，细心的阿离仅从丈夫的微信步数就看出了不对劲。在一次"跟踪"调查后，阿离的心彻底碎了。但多年驰骋商界的经验告诉她，要冷静，要理智。于是，她没有大张旗鼓地揭开丈夫伪善的面具，而是选择先咨询律师。

初次见面时，阿离的心绪久久不能平复。从校服到婚纱，她和丈夫十几年的感情比金子还坚固，异地、时差、父母的反对、生育子女的压力都没能打败他们的爱情，为何那个眼里只有她的大男孩如今却与自己同床异梦？律师看出，阿离虽然不能原谅丈夫的背叛，但对这段感情仍有不舍，因此建议阿离此番回去后先保存好丈夫出轨的证据，同时也冷静思考一下到底要不要离婚。

第一次会见律师后，阿离恢复了理智，她开始着手调查丈夫的手机聊天记录、银行流水、出行信息。不查不知道，一查吓一跳——丈夫已经出轨多年！在自己当年临盆时，丈夫因所谓的"重要会议"而缺席，原来是与小三在酒店缠绵。不仅如此，从聊天记录中还能看出，丈夫竟然刷自己的卡给小三租了房子，买了无数的鞋包饰品，二人还在策划怎么让自己净身出户……

收集好这些材料后，阿离第二次来到了律师事务所。这次，她的眼神无比坚定，她的语气无比冷静——"弃我去者，昨日之日不可留。我决定了，不幸的婚姻必须及时止损，我一定要跟他离婚。"在二次会面前，当事人往往会经历一番思想挣扎，有些当事人经过一番调查会发现更多对方背叛婚姻的证据，或是在这段时间内与配偶爆发冲突激化了矛盾，因此更加坚定了离婚的决心。律师对于坚决要离婚的当事人，应当表示充分的理解和共情，给出专业的离婚指导意见，帮助这部分当事人早日"脱离苦海"。

二、乱我心者，今日之日多烦忧

小尤是典型的选择困难症患者，小到今天穿什么衣服，大到高考填志愿、毕业找工作、谈恋爱结婚，她都要通过掷骰子、数花瓣、问天问大地才能作出选择，好不容易选好后又会反反复复犹豫不决，每次都要听父母、朋友、老师等其他人的建议才能作出决定。

第二章 二次会面

毕业工作后,小尤认识了同一个公司财务部的大强。在一次公司团建聚餐后,大强主动送小尤回家,怕天太冷,大强还把自己的外套给小尤披上,自此撩动了小尤的心。正当小尤与大强处于暧昧期时,同部门的晚辈小明竟突然向小尤表白了。小尤这才明白,原来每天早上办公桌上的早餐不是公司统一发放的,而是小明买好了放在那里的;抽纸用完了也不会自动补货,是小明细心关注着自己的需求;自己的项目出岔子了领导不批评并不是不在意,而是小明主动背了黑锅……到底该选谁?大强的温柔体贴让她心醉,可小明的阳光可爱又让她欲罢不能,闺密劝她选年轻有活力的小明,但爸妈又劝她早点和成熟稳重的大强确认关系。挣扎不定下,小尤选择了同时和两个人发展关系,虽然心怀愧疚,但她实在无法放弃任何一个人。后果可想而知,大强和小明知道了彼此的存在后都选择了离开小尤,公司里的流言蜚语也让她无法忍受,只得辞职回老家另寻出路。

回老家后,父母给小尤相亲,小尤因此认识了比她大几岁的阿龙。阿龙的收入在当地还算可以,但说实话小尤并不喜欢阿龙的油腻大大。可年龄大了,父母又总是催婚,小尤最后只得无奈与阿龙结了婚。婚后,阿龙一改婚前文质彬彬的形象,每天沉溺于抽烟、喝酒、赌博,把家里弄得乱七八糟还从不做家务。小尤忍无可忍,因此与阿龙爆发了激烈的争吵,激动之下,阿龙动了手……

鼻青脸肿的小尤哭着来到了律师事务所,一把鼻涕一把泪地控诉着阿龙的种种行为,并声称要与阿龙离婚。初次洽谈,律师帮助小尤平复了心情,告知了她家暴是准予离婚的法定情形,也是主张离婚损害赔偿的法定事由,以及如何申请人身安全保护令等处理家暴的方法。

小尤当晚一回家,就见到了跪在地上的阿龙,"对不起老婆,我不该动手,我错了,你怎么打我骂我都行,但是别跟我离婚行吗?"

阿龙声泪俱下，卑微地乞求着小尤留下，和昨日凶狠的他完全不是一个模样。随后的一段时间，阿龙确实一反常态，开始戒烟戒酒、主动做家务。小尤见到这一幕，心里产生了动摇，便又开始询问周围人的意见。得知小尤被家暴的闺密大惊失色，告诉小尤必须离婚，坚决远离家暴男，否则只会害了自己，又要重蹈当初脚踏两条船的覆辙。小尤的父母见到鼻青脸肿的女儿，气得把阿龙大骂一顿，还把阿龙的父母也叫来，让阿龙当着双方父母的面向小尤道歉，并且承诺绝不再犯。一通输出后，双方父母劝小尤，两人结婚一路走来不容易，既然阿龙已经道歉认错，何不再给他一次机会呢？

第二次来到律师事务所，小尤的伤势已经恢复如初，但律师看出了她眼中的犹豫。一番询问后，小尤终于道出了自己内心的挣扎不定："陈律师，我真的不知道该怎么办了，我好像又不想离婚了，但是我又很怕他再对我动手，我该怎么办啊？"

离婚案件中，当事人犹豫不决、"反复横跳"是常有的现象。有些当事人可能第一次洽谈时坚决要离婚，第二次会面又变得犹豫不定。作为专业的离婚律师，与其吐槽当事人的反复无常，不如设身处地地为这一类当事人想一想。在当事人的合法权益确实受到了侵害，但出于各种原因不愿离婚时，律师应当尊重其选择，但同时也要给予当事人正确的指引。例如，让当事人在家里装好监控摄像头，保存好受到家暴时的出警记录、就医证明、伤情证明、对方的悔过书等证据材料，从而为有"选择困难症"的当事人留好底牌，保障其权利。

三、"破镜不能重圆，我们能"

圆圆是一位多愁善感的汉语言文学系女青年，热爱诗歌、听情歌。在读书时，圆圆因其清新脱俗的气质被誉为学校女神，受到了一众男生的欢迎，其中不乏体育系的阿翔、金融系的平平等猛烈追求者。但圆圆讨厌四肢发达头脑简单的莽夫，又厌弃浑身铜臭味的金融工作者，她不被俗世的浪漫打动，只渴望灵魂深处的交流。

文学系的阿宁，对圆圆来说是与众不同的那一个。起先，每次圆圆去图书馆，阿宁都会坐在圆圆身边，圆圆对这样的追求者已见怪不怪。但奇怪的是，阿宁从不主动与圆圆搭话，只是静静地坐在圆圆身边看书。时间长了，圆圆开始对这个沉默寡言的男孩感到好奇。终于有一天，圆圆在图书馆没有见到阿宁。她四处寻找他的身影，正当她四处寻觅不见而焦急不安时，一个转身，她与手中拿着书的阿宁撞了个满怀。片刻尴尬与娇羞后，阿宁开口说："同学，你在找人吗？"圆圆不好意思地回答："是啊，我在找你。"阿宁微微一笑："巧了，我也在找你。"随后，阿宁将手中的书递给圆圆，圆圆翻开至阿宁折起的那一页，上面写着几行英文和阿宁的翻译——

"I love three things in the world. Sun, Moon and You.

Sun for morning, Moon for night, and You forever.

浮世三千，吾爱有三：日、月与卿。

日为朝，月为暮，卿为朝朝暮暮。"

一见如故，圆圆与阿宁迅速坠入爱河，三年后步入了婚姻的殿堂。婚后，他们一起赏花鉴诗，游历山川，品茶诵文。她写诗，他译诗，她唱歌，他弹吉他，二人过着神仙眷侣般的生活。

这天，圆圆一脸惆怅地来到律师事务所，告知陈律师自己要与阿宁离婚。听了二人相识相恋从而成为"灵魂伴侣"的故事，陈律师不禁疑惑："你们感情那么好，为何要离婚？"圆圆一声长叹，告知律师，阿宁变了，他不是当年的文艺男青年了，现在的他经常跟自己说一些不痛不痒的"土味情话"。比如，"你知道墙壁、眼睛和膝盖用英语怎么说吗？Wall, eye, knee（发音为'我爱你'）。"在圆圆看来，这简直是对文学的背叛，是对诗歌的亵渎，也是阿宁变了心的表现，这与出轨一样不可原谅！陈律师听闻后沉默了……虽然表示理解圆圆对文学的热爱，但律师仍然告知了圆圆离婚的烦琐与复杂，二人情深义重，或许是存在一些误解，建议圆圆深思熟虑后再作决定。

回家后，阿宁感受到了圆圆的冷漠。或许这就是灵魂伴侣的默契，即便对方处于沉默中，阿宁还是明白了圆圆的心境。这天夜晚，阿宁给圆圆留下一封信后离开了家——

"他们说，永远不要和学文学的人谈恋爱，他们会把三分喜欢说成十二分的爱。可只有做文学的人知道，是十二分的爱被他们理解成了三分喜欢。

爱你的阿宁"

第二天醒来的圆圆打开了这封信，热泪盈眶的她发了疯似地寻找阿宁，终于在二人曾经一起去过的山间茅草屋发现了丈夫的身影。原来，二人一直彼此深爱，只是爱在心口难开，沉默和误解造就了一时的分别。

在律所等待与圆圆二次会面的陈律师，此时收到了圆圆的消息："恩爱如初，情笃意深，望君莫念，谢之甚谢。"陈律师打开圆圆的朋友圈，第一条便是夫妻二人在茅草屋的合影，配文："破镜不能重圆，我们能。"陈律师无奈地笑了笑，虽然有时候由于当事人和好如初，第二次会面直接没了，但还是为"未毁一桩婚"而感到欣慰。

第二节 劝和还是劝离？

第二次会面时，离婚律师到底该劝和还是劝离？正如笔者前文所述，离婚律师应该配置"不离婚"的产品，根据当事人具体需要提供其切实所需的服务。因此，这个问题没有统一的标准答案，应当视具体情况而定。

一、当事人处在"经典三阶段"的哪一个阶段？

上一章我们提到，离婚案件当事人往往会经历"怒冲冲，恨绵绵，淡淡然"三个阶段。劝和还是劝离，要看客户处在第几个阶段。

第一次洽谈后，不是所有当事人都会冷静下来，如果第二次会面时当事人仍然怒不可遏、情绪激动，此时谈分还是谈和还为时尚早，律师的劝说不但起不到应有的效果，可能反而会鸡蛋碰石头，造成当事人更大的情绪波动。尤其是对于在婚姻中受过伤的当事人，简单的一句话就可能会挑起他们敏感的神经。比如，遭遇配偶婚内出轨的女方当事人，可能第二次见律师还是会怒冲冲地说："全天下男人没一个好东西！出轨的都该死！我非得手刃了这吃里扒外的东西不可！"此时，律师要是告诉她感情不易，且行且珍惜，离婚不如和好，你觉得她能听得进去吗？同样地，情绪高亢并不等于离婚想法坚定，在当事人激动时如果律师一味附和"离婚好，该离！"可能会把简单的问题复杂化，本来婚姻是可以挽回的，或者可以通过调解协议离婚的，经过专业律师这么一把火上浇油，直接变成了双方"法院见"，不争个你死我活誓不罢休。甚至有可能引发当事人与律师间的信任危机——"为了赚律师费，你就这么想让我离婚？"律师和当事人不是"复仇者联盟"，而是解决问题的合作伙伴，过于"同仇敌忾"并不是理性解决婚姻问题的好方法，把情绪留给情绪，把专业留给专业，才是面对离婚应有的态度。

　　第二种情况是，当事人在第二次会见时由初步洽谈时的"怒冲冲"转变为"恨绵绵"。处于此阶段的当事人可能已经平复了极端的情绪和心理，谈话的主题从怒对方变成了怨自己，但忆及往昔漫漫岁月，仍然犹豫不决，不确定是否真的要离婚——"哎，我当初真是瞎了眼，怎么就看上了他/她。""这么多年，我为了他/她、为了这个家，付出了那么多，到头来我得到了什么？""说好一生一起走，他/她怎么就把我的心喂了狗？""结婚时发过的誓，现在难道都不作数了吗？""恨绵绵"阶段的当事人往往会开启"翻旧账"模式，细数夫妻二人从相识、相恋到相伴的点点滴滴，强调自己在感情中的付出。其实说了那么多，想传达的意思无非就一个——"我那么好，我们当初那么甜，他/她怎么能这样对我呢？"往更深一层看，当事人只是在抒发不甘和懊恼，其潜在的意思并没有表明到底要不要离婚，甚至可能是想挽回这段婚姻。这种情况下，就需要律师帮助甄别当事人的内心真意，如果是想挽回感情，当事人挽回感情的意愿强不强烈，这段感情还能不能救得回来；如果是想离婚，当事人离婚的决心坚不坚定，目前离婚对其有利的地方有哪些，不利的地方有哪些。通过为当事人全面分析阐释，帮助当事人作出

"离"还是"和"的选择。

一般来说,如果当事人与律师已经进入第二次会见,那么大概率是带着"淡淡然"的心态来的,也就是说,当事人经过平复情绪、深思熟虑后,已经确定了要离婚的意愿。此时,律师的劝说就不应当再基于情感、道德、伦理了,而是要客观理智地根据事实和证据,分析当事人离婚最好的结果和最坏的打算,从而决定劝和还是劝离。例如,当事人可能在第二次会面时带来大量其认为能证明对方出轨的"证据",坚定地要求律师帮助其解除婚姻关系并多分财产。但实际上,当事人这些所谓的"证据"在法律上可能没有任何作用。笔者就曾遇到过一位女方当事人,她希望用自己做了标记的"丈夫不回家日历表"证明丈夫每天不回家,在外面鬼混。可惜的是,当事人的这份"证据"并没有任何证据效力。因此,就算当事人淡淡然地要求离婚,律师也需根据案件信息为当事人评估判决离婚的可能性。比如,在上述情况下,律师就应当告知当事人:诉讼离婚可能不是最好的选择,因为眼下并没有证实你们感情破裂的有效证据,法院也很难根据你提交的材料认定感情破裂,更不用说据此主张离婚损害赔偿以及多分财产了;如果你认为夫妻感情确实破裂了,可以通过协议离婚的方式体面分手;如果协议时无法谈妥离婚条件,可能需要你做出让步才能离婚,因此要考虑好可能面临的不利后果等。

二、案件的初步走向如何?

不同于初次见面时的陌生感和情绪化,律师与当事人第二次会面时彼此已经较为熟悉,当事人的情绪也相对稳定,双方主要谈的就应当是案件事实和法律了。因此,彼时已经可以为案件确定初步的走向。

例如，曾有一位男方当事人阿牛在初次会见时，告诉律师自己的妻子婚内出轨，想和她离婚，并且要争夺婚内财产和女儿的抚养权，一分钱都不分给妻子。第二次会见时，阿牛带来了相应的证据材料，并且就夫妻婚姻细节向律师作了更详细的说明——阿牛夫妇结婚十五年，有一个十几岁的女儿。婚后阿牛妻子在家待业成为全职太太，阿牛常年外出务工。大约半年前，阿牛趁情人节想给妻子一个惊喜，于是买了礼物请假回家，但没有告知妻子，结果在家门口发现了一双其他男人的皮鞋，屋内还传来一阵阵不可描述的声音……阿牛气不打一处来，在下次回家时偷偷安装了针孔摄像头，并调取了小区监控，由此获得了妻子与第三者存在亲昵举动和发生性关系的照片、视频。在阿牛的追问下，才得知妻子早在结婚前就与此人勾搭上了，女儿也不是阿牛的。阿牛以此为由让妻子写下《保证书》一份，上载："本人×××，年轻时因一时冲动，在怀有他人孩子的情况下与阿牛结婚，并欺骗阿牛这是他的孩子。结婚十五年，本人因每日在家做家务，实在耐不住寂寞，作出了背叛阿牛的行为，与婚外第三人发生不伦关系。悟已往之不谏，知来者之可追。本人清醒意识到自己的行为是对婚姻、家庭和配偶的不负责，我已深刻认识到了自己的错误，为此真诚悔过，承诺绝不再做对不起阿牛的事情，特此证明。落款：×××"阿牛认为，自己带来的视频、照片和《保证书》都可以证明妻子是婚姻中的过错方，但多年来自己与女儿已经形成深厚的父女情，即便无血缘关系也要让女儿跟随自己。

根据阿牛在第二次会见时的陈述和相关证据，可以得知本案如果进行诉讼离婚的基本走向：首先，对于证实其配偶为婚姻中的过错方，以及存在"夫妻感情却已破裂"的证据比较充分，在解除婚姻关系、确认对方为过错方、主张财产分割时得到照顾方面胜算较大。但对于阿牛期望的让妻子"净身出户"恐怕不大可能。相反，根据《民法典》第一千零八十八条规定的家务劳动补偿制度，夫妻一方因抚育子女、照料老年人、协助另一方工作等负担较多义务的，离婚时有权向另一方请求补偿，另一方应当给予补偿。具体办法由双方协议；协议不成的，由人民法院判决。如果进行离婚诉讼，对方作为全职太太可能会主张家务劳动补偿。其次，对于争夺女儿抚养权，由于女儿已满八周岁，根据《民法典》第一千零八十四条第三款[①]，对于抚养权的归属需要尊重女儿的意见。由于女儿的性别，以及日常生活中母亲照顾其较多，阿牛在争夺抚养权方面本身就不太有利。结合最关键的一点，女儿跟阿牛没有血缘关系，可以判断，女儿的抚养权基本上不可能判给阿牛。在律师的释明下，当事人对案件大致的走向、后续要补充的证据材料，以及诉讼离婚中己方的发力点和弱点就有了大致的认知，也对司法判决形成了一定的预期。

三、必须劝离的情形

虽然律师有时可以成为"和事佬"，但在必要时也必须奉劝当事人"当断则断"。那些明显会对当事人造成伤害的恶性婚姻，必须劝离。

（一）遭受对方长期家庭暴力

如果夫妻一方遭受来自配偶的肢体或心理虐待，离婚可能是保护个人安全和福祉的必要选择。例如，一个人持续受到家庭暴力的威胁和伤害，离婚可能是解脱的方式。需要注意的是，根据《反家

[①] 《民法典》第一千零八十四条 父母与子女间的关系，不因父母离婚而消除。离婚后，子女无论由父或者母直接抚养，仍是父母双方的子女。

离婚后，父母对于子女仍有抚养、教育、保护的权利和义务。

离婚后，不满两周岁的子女，以由母亲直接抚养为原则。已满两周岁的子女，父母双方对抚养问题协议不成的，由人民法院根据双方的具体情况，按照最有利于未成年子女的原则判决。子女已满八周岁的，应当尊重其真实意愿。

庭暴力法》第二条规定，家庭暴力是指家庭成员之间以殴打、捆绑、残害、限制人身自由以及经常性谩骂、恐吓等方式实施的身体、精神等侵害行为。由此，"家暴"并不仅限于肢体暴力，以经常性谩骂、恐吓等方式实施的精神"冷暴力"行为也被纳入反家庭暴力法规制的范畴。但长期以来，司法实践中对于哪些行为构成冷暴力仍存争议。例如，在（2017）吉01民终1666号案件中，原告刘某以被告段某不愿与自己发生夫妻性生活及不同居生活起诉离婚，并要求段某赔偿刘某精神损失费30万元。一审法院委托鉴定机构对段某的性功能障碍进行鉴定，鉴定结论为段某无性功能障碍。一审法院认为冷暴力也是家庭暴力，认为婚后段某拒绝与刘某发生性行为，给刘某造成了极大心理伤害，双方又缺乏语言交流，夫妻感情彻底破裂主要原因在于段某，故，判决段某给予刘某精神损害赔偿2万元。后段某上诉，二审法院认为"家庭冷暴力"并不属于法律规定的"家庭暴力"的范畴，故，撤销了有关损害赔偿的判决。① 虽然上述行为没有被认定为"冷暴力"。但"家暴不只拳打脚踢"的观点已被越来越多的司法实践所认可。2022年7月15日，最高人民法院发布《关于办理人身安全保护令案件适用法律若干问题的规定》，其中第三条明确，家庭成员之间以冻饿或者经常性侮辱、诽谤、威胁、跟踪、骚扰等方式实施的身体或者精神侵害行为，应当认定为《反家庭暴力法》第二条规定的"家庭暴力"。律师需结合案件实际情况、当事人遭受侵害的程度给出客观合理的"劝离"建议。

（二）对方有赌博、吸毒等恶习屡教不改

赌博、吸毒、嫖娼等行为不仅是对法律的公然违反，也是对道德的践踏。现实生活中，大部分有赌博、吸毒、嫖娼等恶习的人往往好逸恶劳、不务正业，既消耗了家庭共同财产，又严重影响了夫

---

① 本书引用案例均来源于中国裁判文书网。

妻互相扶养义务的履行，更是会对子女成长产生不良影响。

在河南省商丘市中级人民法院审理的一起案件中，刘某与仲某从2005年开始恋爱。2015年11月，因吸食毒品刘某被郑州市金水路分局拘留。2016年8月18日，刘某又因吸食冰毒，被郑州市公安局火车站分局决定责令接受社区戒毒三年。2017年9月10日，夏邑县公安局作出强制隔离戒毒决定书，认定刘某一直没有按照规定到社区戒毒康复中心报到并接受检测，拒绝接受社区戒毒，严重违反社区戒毒规定。决定对刘某强制隔离戒毒二年。此后，刘某与仲某办理结婚登记手续，未举行结婚仪式。2017年9月18日，仲某诉至该院要求与刘某离婚。2018年2月14日，该院作出（2017）豫1426民初4758号民事判决书，判决准予仲某与刘某离婚，刘某不服判决提起上诉。商丘市中级人民法院二审认为，关于仲某与刘某夫妻感情是否破裂，刘某隐瞒其两次吸毒被公安机关予以处罚的事实，违背夫妻应当忠实的原则，存在过错。吸毒系恶习，刘某至今仍在强制戒毒中，仲某对刘某的行为不予谅解，坚决要求离婚，双方夫妻感情已彻底破裂，已无和好的可能，判决准予离婚。因此，如果当事人的配偶有类似的恶习，律师应当果断劝其远离、脱离苦海。

（三）对方侵害夫妻共同财产

夫妻双方对夫妻共同财产享有平等的处分权。《民法典》第一千零九十二条规定，夫妻一方隐藏、转移、变卖、毁损、挥霍夫妻共同财产，或者伪造夫妻共同债务企图侵占另一方财产的，在离婚分割夫妻共同财产时，对该方可以少分或者不分。离婚后，另一方发现有上述行为的，可以向人民法院提起诉讼，请求再次分割夫妻共同财产。实践中，夫妻一方很可能利用自己的优势经济地位，或出于不信任等原因擅自处分大额夫妻共同财产。例如，在（2020）吉02民终2452号案件中，曲某未征得配偶徐某同意，将夫妻共同所有的房屋以低于市场价出售，符合法律规定的侵害夫妻共同财产的情形，法院最终确认徐某分得该房屋评估价格 60%的份额。[①] 实践中，还出现过妻子私自转账几十万元给兄弟姐妹购房、丈夫与好友虚构大额债务让妻子偿还等情形。如果一方存在侵害夫妻共同财产的行为，说明该人不诚实，对婚姻没有最基本的信任。律师应当建议当事人在保护好自己财产的情况下及时止损，免得"赔了夫人又折兵"。

---

① （2020）吉 02 民终 2452 号民事判决书。

第三节　为什么建议调解？

在法庭上进行诉讼，是一种对抗性的纠纷解决方式，特别是在婚姻家事这种恩怨尖锐、利益纠葛的案件庭审中，如果双方各执一词互不相让，可能会进一步激化矛盾，导致极端行为的发生，甚至危及当事人的人身安全。现实中发生过的就有：被告在法庭内直接抱起原告就跑；法庭外原被告双方直接发生厮打，导致衣服撕破、门牙被打掉；法庭内双方因争小孩发生厮打；双方人多势众，形成激烈对峙等。虽然类似的极端恶性事件发生的概率较小，但如果能通过调解提供一个非对抗性的解决方式，减少离婚过程中的冲突和紧张情绪，帮助双方通过协商和合作达成可接受的解决方案，何乐而不为呢？

一、调解的好处千千万

在法律上，调解比诉讼更加灵活，因为诉讼是国家强制力的体现，而通过调解达成协议则以当事人意思自治为先。法律规定并非事无巨细，以子女抚养费的给付为例，法律只规定了离婚后不直接抚养子女的一方应当负担抚养费,①但具体要支付到子女多少岁？除了每月基本的费用以外，额外费用应如何承担？这些问题从法条里找不出答案，也无法通过诉讼判决，只能由双方协商确定。

比如，探望权的行使常常演变成成年人之间利益和情感的战场，虽然探望权是父母的法定权利，但被执行人抗拒执行探望权在纠纷中较为常见。在中国裁判文书网上，以"探望权纠纷"为案由的裁判文书数量近3万篇。以上海市黄浦区人民法院（2021）沪0101执1262号"刘某申请执行陈某探望权纠纷案"为例，申请执行人刘某与被执行人陈某原系夫妻关系，双方于2017年8月23日经上海市黄浦区民政局协议离婚后刘某要求探望子女时，陈某未予以配合，故，刘某向黄浦法院提起诉讼，请求行使探望权。黄浦法院判决内容如下：一、原告刘某于本判决生效之日次周起每月第二周、第四周行使探望权，原告在周日11:00至被告处接走陈甲、陈乙，当日17:00前将陈甲、陈乙送回被告处，被告陈某应予以协助；二、原告刘某于判决生效之日起每年的寒假第二周、暑假第二周、第六周整周对陈甲、陈乙行使探望权，由原告于该周周一9:00至被告陈某处接走陈甲、陈乙，并于该周周日20:00将陈甲、陈乙送回被告陈某处，被告陈某应予以协助。被告陈某不服黄浦法院判决，向上海市第二中级人民法院提出上诉。上海市第二中级人民法院于2020年12月9日作出终审判决，维持一审判决。判决生效后，被告陈某未自觉履行，原告刘某遂于2021年2月1日向黄浦法院申请执行。黄浦法院受理刘某的执行申请后，于2021年2月1日向被执行人陈

---

① 《民法典》第一千零八十五条　离婚后，子女由一方直接抚养的，另一方应当负担部分或者全部抚养费。负担费用的多少和期限的长短，由双方协议；协议不成的，由人民法院判决。

前款规定的协议或者判决，不妨碍子女在必要时向父母任何一方提出超过协议或者判决原定数额的合理要求。

某发出《执行通知书》,责令其履行生效判决书确定的义务。被执行人陈某收到《执行通知书》后,向法院表示无法按判决内容配合申请执行人刘某探望,理由有四:(1)二子女长年与祖父祖母共同生活,均不同意到申请执行人刘某家中过夜,申请执行人应尊重子女意愿;(2)陈甲处于小升初阶段,课业繁重且需补习,陈乙虽年幼但有较高的足球运动天赋,已报名足球培训,客观上无法满足寒暑假期间连续两周在申请执行人处留宿的要求;(3)申请执行人对探望子女的要求客观上影响了子女的生活学习,不符合《离婚协议》的约定;(4)申请执行人提出的寒暑假轮流抚养,客观上造成其无法与子女共度传统节日,被执行人难以接受。双方各不相让,最终执行法官从情、理、法多角度对双方当事人开展说服教育工作,对双方当事人进行心理疏导和教育,提醒双方当事人将子女的情感利益和健康成长放在第一位,不要让双方之间的纠葛影响子女的健康和成长。在执行法官的调处下,被执行人这才得以探望自己日思夜想的孩子。如果一开始双方就通过调解,把子女的情感利益放在首位,或许就会少一些冲突、抗拒和强迫。

在情感上,调解也更有利于促进人际和谐,特别是对子女来说更好。例如,法律规定八周岁以上子女的抚养权归属要考虑子女自身的意愿。但在诉讼开庭中让法官询问孩子"你要跟爸爸还是跟妈妈"其实是一件非常残忍的事,可能会给子女幼小的心灵造成不可估量的伤害。而调解可以帮助双方更好地处理抚养权、探望权和子女抚养费等问题。调解过程中,双方可以就子女的福祉和照顾达成共识,减少对子女的负面影响。

在时间和经济成本上,相比较而言调解的成本更低,更加省时省力。诉讼的周期较长,离婚案件打两三年的不在少数,第一次起诉离婚一般需要等待六个月到八个月,两次起诉时间一般在一年半左右。如果一审判不离,加上提起上诉后的二审,时间只会更长。

在经济成本上，打一桩离婚官司，当事人可能要支付诉讼费、律师费、保全费、公证费、鉴定费等。法院的诉讼费是按照离婚案件所涉及的财产标的总额来收取的。如果不涉及财产分割，数额在50-300元不等。如果涉及财产分割，财产总额不超过20万元的，不收费；超过20万元的部分，按千分之五的标准缴纳费用。保全费由保全和担保两部分组成，保全费是交给法院的，根据《诉讼费用交纳办法》的规定缴纳。而交给保险公司的担保费没有固定的标准，一般在保全财产价值的千分之一左右。在离婚诉讼中，为了防止另一方转移夫妻共同财产，一方在起诉时申请财产保全也是常见的措施。相比之下，调解通常可以更快速地解决争议，并且费用相对较低。通过调解，双方可以共同商定解决方案，而不需要依赖法庭的决定。

除此之外，调解还有利于保密和维护双方隐私，与公开的法庭诉讼相比，调解是一个更加私密的过程，双方可以更加自由地讨论和解决问题，也更容易达成共赢的离婚方案。

二、调解收费应该比诉讼收费低吗？

很多人认为，调解结案省时，诉讼离婚费事，所以诉讼离婚的律师费显然应当高于调解收费。但笔者并不认同此种观点，相反，笔者建议调解和诉讼的律师收费应当一致。

首先，不同的解决方式本质上都是为了解决相同的离婚争议，达到同样的目的，同样的结果，并帮助当事人达成协议。因此，对于相同的服务，不论是通过调解还是诉讼来解决争议，律师费应当是一致的，这样才能保证离婚案件中各种解决方式之间的公平性和一致性。

其次，统一调解和诉讼的律师费，能够引导当事人更自由地选择合适的解决方式，而不必被费用成本所左右。这可以促使当事人不受经济影响,更加客观地考虑解决争议的最佳方式,以及他们自己的需求和利益。

最后,一致的律师费可以鼓励当事人寻求和谐的解决方案,并减少对诉讼的依赖。当费用对于选择解决方式的决策没有影响时,当事人可能更愿意通过调解或妥协达成协议,以避免更昂贵诉讼成本和冗长的诉讼过程,从而促进双方的妥协和纠纷的解决。

三、律师在调解过程中可以扮演哪些角色?

在电视剧《平凡之路》中,张如梅与孙建业的离婚案,是初入律所的主人公潘岩律师负责的第一起案件。

孙建业是一名事业有成的商人,与妻子张如梅结婚已有 30 年。车子、房子、票子一应俱全,这个在外人看来幸福美满的家庭,却让孙建业决意与妻子离婚。两人分居已有两年,但张如梅坚决拒绝在离婚协议上签字,几次将孙建业的代理律师"扫地出门"。甚至在庭外调解时,张如梅的"疯狂输出"直接气得孙建业犯了心脏病,调解室差点变成火葬场……

这样一个起初僵持不下的离婚案件,最后却在律师的调解下,以张如梅释怀、双方和平分手收尾。从张如梅与孙建业离婚案出发,律师在离婚调解中应当扮演哪些角色?起到什么样的作用?

(一)专业的法律顾问

在张如梅与孙建业离婚案中,张如梅起初坚决不愿意离婚,但在律师的辅导和劝说下,她明白如果闹到诉讼离婚的地步,对自己而言并不利——自己与丈夫已经因为感情不和分居多年,符合法律规定的准予离婚情形,离婚的结局并不会因为自己单方面对婚姻的执着而改变。既然打官司要判离,协商一致也是离,何不心平气和地坐下来谈一谈呢？正是想通了这一点，张如梅才愿意与丈夫冰释前嫌，面对面地协商离婚事宜。

作为律师，向当事人提供相关法律咨询和法律教育的职责不必赘述。律师可以解释法律条款、法律程序和相关法规，帮助他们了解离婚过程中可能面临的法律权益和责任。除此之外，律师还可以协助当事人制定离婚调解协议，帮助整理并提供必要的法律文件，确保离婚协议的法律要件得到满足，确保文件的合法性和完整性。律师还可以引导双方就财产分割、债务分配、子女抚养、探望权等问题进行讨论，并在法律框架内寻求公平和合理的解决方案。

（二）单方利益的代表，双方沟通的桥梁

离婚案件，寻求的是最大公约数。双方并不一定非要针锋相对、斗个你死我活。相反，如果能在双方律师的帮助下坦诚相见、好好沟通，更有利于化干戈为玉帛。案件中，主角团队与当事人孙建业展开了一番"心对心"的交流，把握了男方的内心想法。而潘岩虽然是男方的代理律师，但他一直在努力打开女方的心结，劝说她告别这个不合适的人，与孙建业体面分手，"不要浪费时间在一个已经不爱自己的人身上"。也正是他的"心灵鸡汤"，赢得了案件的关键性胜利——对方当事人张如梅对庭外调解的妥协。而在终于梳理出了双方矛盾根源之后，律师也打了个比方帮助双方换位思考：张如梅要的是一个陪她生活的男人，而孙建业要的是一个陪他打拼的女人。张如梅自始至终都不明白，家大业大的丈夫为什么不肯回归家庭。明明自己是怕丈夫太累才劝他收手，为何反而换来了丈夫的厌恶和嫌弃？律师告诉她，或许在她看来，公司是丈夫奔波劳碌、家庭破裂的罪魁祸首，但在孙建业看来，公司就是自己一手抚养起来的孩子。为人父母，怎会因为孩子一时贪玩、调皮打闹就轻易放弃自己的孩子呢？在公司经营不善时，孙建业需要的不是爱人劝他放弃，而是与他风雨同舟的鼓励啊。

在调解中，律师是代表一方当事人利益的谈判专家，但这并不意味着律师在调解中要强势地为了己方当事人的利益寸步不让、据理力争，如果只考虑一方利益最大化，就失去了调解的意义。律师在调解中不仅是单方利益的代表，也是双方沟通的桥梁，可以就争议问题提供专业的建议，寻求双方的共同利益和解决方案，达成"最大公约数"。

(三) 提供情绪支持的心理医生

在剧中，潘岩律师是与案件当事人充分共情的朋友，是疗愈张如梅的"心理医生"。作为朋友和医者，需要的是体谅、理解、现身说法、有理有据的开导。例如，潘岩在劝说张如梅放手时，举了自己父母离婚后各自精彩的例子，告诉她"最好的报复是成就自己""离婚是一场告别，告别一个不合适的人，是人生另一个新的开始，也是你勇往直前的开始"。

离婚是一段情绪激动和困难的时期，离婚律师在调解中要将自己定位为当事人的"心理医生"。离婚案件的当事人往往是深陷泥淖的"病患"，婚姻中的风风雨雨、家庭里的万般无奈，让他们有苦难言，痛在心口难开。但作为"医者"，需要的是找出真正的症结，帮助当事人正视婚姻里的"伤疤"，走出"讳疾忌医"的误区。只有引导当事人将其真实想法、离婚的原因和导火索坦诚告知，进而找出离婚的终极矛盾，才能对症下药、药到病除。律师可以在处理法律事务的同时，为当事人提供情绪上的支持和安抚，倾听当事人的顾虑和情绪，提供专业的建议和指导，帮助当事人应对情绪困扰，保持冷静和理性。

故事的最后，在律师的帮助下，张如梅和孙建业展开了一番开诚布公的交谈，张如梅真正理解了丈夫想离婚的原因，也终于释怀了。至此，一对剑拔弩张的末路夫妻，用平静、和睦的方式结束了这段婚姻，从而换来了双赢的结局。有些婚姻是因误会而相爱，因了解而离婚。在从"误会"到"了解"的过程中，律师的作用至关重要，他们不仅是维护当事人婚内权益的斗士，也是帮助当事人换位思考、追求幸福的友人。既已无爱，何必纠缠？和平体面地分道扬镳，是另一种幸福。

第四节　这个时候应当辅导当事人准备什么？

到了第二次会面时，该平复的情绪都平复了，该知道不该知道的也都知道了，此时当事人的诉求基本已经明确，律师如何帮助当事人正确行使诉讼权利，从而为后续打官司奠定基础？

一、辅导当事人自行收集证据

有句行话叫作"打官司就是打证据"。如果缺乏合法有效的证据，就如同赤手空拳上战场，惨败是必然的。缺乏证据意识对离婚案件来说是致命的，笔者在上文中也提到过那位自己在日历上标记丈夫不回家天数的女当事人，或许在她看来这份日历就是一招制胜的法宝，但其所谓的"证据"缺乏证据"三性"中至关重要的客观真实性，也很难说存在关联性。

我们常说的证据"三性"，即客观真实性、关联性和合法性。客观真实性，是指诉讼证据必须是能证明案件真实的、不依赖于主观意识而存在的客观事实。证据的关联性，是指作为证据的事实不仅是一种客观存在，而且它必须与案件所要查明的事实存在逻辑上的联系，从而能够说明案件事实。证据的合法性是指证据必须由当事人按照法定程序提供，或由法定机关、法定人员按照法定的程序调查、收集和审查。《最高人民法院关于适用〈中华人民共和国民事诉讼法〉的解释》（以下简称《民事诉讼法司法解释》）第一百零六条规定，对以严重侵害他人合法权益、违反法律禁止性规定或者严重违背公序良俗的方法形成或者获取的证据，不得作为认定案件事实的根据。

在离婚案件中，存在较大争议的就是偷拍证据的合法性问题。当离婚诉讼中隐私权和忠实请求权发生冲突，法律的天平应当向哪边倾斜？在上海市第二中级人民法院（2016）沪02民终7247号案件中，男方在家里和双方共有车辆里安装了摄像头，偷录偷拍了女方出轨他人的私密视频，女方认为前夫在此前离婚诉讼中提交的偷拍视频和录音侵犯了自己的隐私权，由此主张损害赔偿，但法院认为隐私权不是绝对的，而是相对的，法律赋予了夫妻一方享有对另一方的忠实请求权，但如果是为法律诉讼目的提供信息，并未使对方的个人隐私公之于众，不构成侵权。由此可见，对比出轨方的隐私权，法官更倾向于保护夫妻忠实的法益。但如果是一方委托"私家侦探"等第三人偷拍的证据，或者进入他人私域偷拍视频的证据，则法院一般不采信。例如，在北京市第三中级人民法院（2020）京03刑终290号案件中，男方雇用私家侦探王某对妻子进行跟踪拍照、查询开房记录、定位手机等婚外情调查，最终王某因侵犯公民个人信息罪被判处有期徒刑二年零六个月。在重庆市第三中级人民法院（2015）渝三中法民终字第02030号一案中，女方提供了一段偷拍视频和大量偷拍照片，从而证明丈夫与她人同居，但最终法院认定该等证据系通过非法手段在他人出租房屋外偷拍取得，侵害了他人的隐私权，因其来源不合法，故法院不予采信。

由此可见，离婚战就是证据战，确保证据的相关性、客观真实、合法有效至关重要，那么律师应当辅导当事人收集哪些证据呢？

（一）证明夫妻感情破裂/一方存在过错的证据

《民法典》第一千零七十九条规定，"夫妻一方要求离婚的，可以由有关组织进行调解或者直接向人民法院提起离婚诉讼。人民法院审理离婚案件，应当进行调解；如果感情确已破裂，调解无效的，应当准予离婚。有下列情形之一，调解无效的，应当准予离婚：（一）重婚或者与他人同居；（二）实施家庭暴力或者虐待、遗弃家庭成员；（三）有赌博、吸毒等恶习屡教不改；（四）因感情不和分居满二年；（五）其他导致夫妻感情破裂的情形。一方被宣告失踪，另一方提起离婚诉讼的，应当准予离婚。经人民法院判决不准离婚后，双方又分居满一年，一方再次提起离婚诉讼的，应当准予离婚"。第一千零九十一条规定，"有下列情形之一，导致离婚的，无过错方有权请求损害赔偿：（一）重婚；（二）与他人同居；（三）实施家庭暴力；（四）虐待、遗弃家庭成员；（五）有其他重大过错"。由此可见，重婚、有配偶者与他人同居、家暴、虐待、遗弃家庭成员，既可以证明夫妻感情破裂，也可以证明夫妻一方存在过错。

1. 重婚或与他人同居

根据司法实践，重婚是有配偶者再与第三者建立夫妻关系，如举行结婚仪式、对内对外以夫妻身份相处、长期稳定地以夫妻关系同居等，但临时的"姘居"、通奸不属于重婚。由此可见，证明有配偶者重婚或与他人同居的证据可以包括：结婚仪式的照片、录像，婚外同居的租赁合同、同居协议、水电费缴纳证明，一方承认其行为的认错书、悔过书；手机短信、电子邮件、聊天记录、电话记录；周围人的证人证言等。

2. 家庭暴力或虐待、遗弃家庭成员

证明一方存在家庭暴力，可以提供报警记录、询问笔录、警方出具的告诫书、行政处罚决定书、伤情鉴定、医院就诊记录、病历卡、医药费单据、人身安全保护令、家庭暴力发生时的录音录像、施暴者写下的悔过书、微信记录等。

《最高人民法院关于适用〈中华人民共和国民法典〉婚姻家庭编的解释（一）》（以下简称《民法典婚姻家庭编解释（一）》）第一条规定，持续性、经常性的家庭暴力，可以认定为民法典第一千零四十二条、第一千零七十九条、第一千零九十一条所称的"虐待"。由此可见，虐待是家暴的升级版，当事人需收集施暴者存在家庭暴力行为的证据，并且证明虐待行为存在经常性和相对连续性。因此，除与家庭暴力类似的证据外，如果有刑事判决书、不起诉决定书等刑事案件相关证明材料，也可以作为有利的证据。

3. 有赌博、吸毒等恶习屡教不改

当事人可以收集对方承认自己赌博或吸毒的悔过书、保证书、聊天记录，以及相关的刑事判决书、行政处罚决定书、强制戒毒证明等。

4. 因感情不和分居满二年

在收集该项证据证明夫妻感情破裂时，需要重点注意的是，相关证据必须证明分居的原因是"夫妻感情不和"，如果是客观原因导致夫妻分居，则无法证明夫妻感情破裂。一方可提供分居协议、房屋租赁合同、分居期间在外办理的暂住证、水电费发票、聊天记录、电子通信记录等证据。

5. 其他导致夫妻感情破裂的情形

在离婚案件中，判断是否准予离婚的根本标准就是夫妻感情是否已经破裂，因此，不论理由是什么，只要能证明感情破裂就行。例如，证明孩子是夫妻一方婚内出轨与他人所生的亲子鉴定意见、亲友邻里有关两人经常吵架的证人证言、配偶与其他异性在公开场合的亲密动作的相关视频或照片等。

(二) 涉及子女抚养问题的证据

如果是争夺子女抚养权,可以通过两条思路进行证据的收集:

1. 己方抚养更有利于子女健康成长

首先,当事人可以通过提供己方与孩子长期共同生活的视听资料、给孩子购买生活用品的凭证、孩子医院就诊记录和缴费票据、接送孩子上下学的签字、家长群的聊天记录等证明子女一直长期跟随自己生活,已经形成了稳定的生活和学习环境。

其次,还可以从子女教育、生活水平、居住环境、长辈帮扶等方面证明己方具有较好的抚养教育的能力和条件,如学历学位证书、劳动合同、工资收入证明、房产证等、己方父母出具的《协助子女抚养意向书》等相关证据。

最后,可提供法律规定由己方直接抚养的证据。例如,女方可提供未满两周岁子女的出生证明;如果子女已满八周岁,且愿意跟随己方生活,可收集子女个人意愿书、视频资料;如系再婚家庭,可提供对方之前已有子女的证据;如果己方已丧失生育能力,可提供病历、医学鉴定、诊断证明书等证据。

2. 对方抚养不利于孩子健康成长

从正反两面入手举证,才能攻守自如。证明对方抚养不利于孩子健康成长的证据包括:对方实施家庭暴力的证据,如诊断证明、病历、报警记录、出警记录等;对方有酗酒、吸毒、赌博等恶习的证据,如治安管理处罚书、刑事判决书等;对方存在精神病、传染病等疾病,身体状况不适合抚养孩子的证据,如体检报告、病历资料、诊断证明等;对方受过行政处罚或刑事处罚的行政拘留通知书、法院判决书等;对方与婚外第三者发生性关系或者对方与婚外异性具有同居关系的证据;证明对方的工作性质不适合抚养孩子的证据,如劳动合同、用人单位出具的证明等;证明对方属于低收入群体的证据，如工资单、银行流水等。

如果是涉及抚养费的主张，可收集的证据主要包括两个方面：首先，通过收集对方工资卡银行流水、工资单、社保或公积金等缴纳基数，或公司的工商登记信息和分红、上市公司公开的财务信息等证明对方经济收入情况。如果这部分信息无法收集，至少要了解对方工作单位的具体名称以及工资卡的银行账号，以便于后期申请律师调查令查询对方收入情况。其次，要主张增加抚养费，还要举证证明孩子的实际开销超过了原先的抚养费数额，如提供日常生活中为子女交纳学费、购买学习生活用品、支付医疗费用、支付各类培训班费用、旅游娱乐等消费的票据。

（三）关于财产分割的证据

离婚时，夫妻共同财产分割是非常核心的问题。关于夫妻共同财产的处理，无非就是两个方面：有什么，怎么分。

"有什么"主要就是财产线索，包括房屋、银行账号、股票基金理财账号等。如果涉及房屋，需要提供房产证、购房合同、贷款合同等，如果对房屋出资有争议，还需提供转账记录等材料。如果无法获取上述材料，至少需要知道房屋地址，之后可以申请律师调查令进行查册或者请求法院责令对方提供。如果是现金类资产，尽量多地收集对方的银行卡号、支付宝账号、微信号、证券账号等财产线索信息，诉讼阶段可以申请律师调查令查询银行账户余额以及流水。如果涉及房屋装修及家电、首饰、车辆等其他大额资产的，当事人须提供装修合同、家具家电购买凭据、金银首饰购买发票、支付凭证、车辆登记证、行驶证等证据。

"怎么分"就是原则上夫妻共同财产五五分，例外情况下一方多分一方少分，如无过错方可以多分，侵害夫妻共同财产的一方可以少分或不分。① 如果当事人主张多分，应当收集这些例外情形的证据。

在收集证据过程中需要着重注意的是，别光盯着对方，也要想想自己。例如，在财产分割方面，除了收集对方的财产线索，很重要的一点就是，也要整理自己的财产。在有些案件中，当事人就是由于没有梳理好自己的财产，被对方打了个措手不及。此外，在证明对方过错行为时，也要看看自己有没有过错，综合考虑后再制订诉讼方案。在实际案例中，就有男方起诉称妻子与男方亲弟弟发生性关系并生育子女，属于婚内过错行为，并请求精神损害抚慰金，但法院查明原告自己也在婚后吸食毒品屡教不改并导致夫妻感情破裂，也是婚姻中的过错方。法院经审理认为，"本案中，被告苏某1在与原告钱某1婚姻关系存续期间，与原告之弟即被告钱某2发生性关系并生育一女的行为，违背了中国传统文化中的基本伦理道德底线，应予谴责。二被告不理智的行为给原告精神上造成巨大伤害，原告关于被告苏某1支付精神损害抚慰金的诉讼请求，于法于理原本应当得到支持。但本院查明，原告在与被告苏某1婚前、婚后吸食毒品屡教不改，是导致被告苏某1于2000年提起离婚诉讼的主要原因，系《中华人民共和国民法典》第一千零七十九条规定的离婚诉讼中应当判决准予离婚的情形之一，因此，系因原告的重大过错导致与被告苏某1离婚。故，原告作为原离婚诉讼的重大过错方提起本案诉讼向被告苏某1提出的离婚损害赔偿的诉讼请求，本院不

---

① 《民法典》第一千零八十七条第一款　离婚时，夫妻的共同财产由双方协议处理；协议不成的，由人民法院根据财产的具体情况，按照照顾子女、女方和无过错方权益的原则判决。
《民法典》第一千零九十二条　夫妻一方隐藏、转移、变卖、毁损、挥霍夫妻共同财产，或者伪造夫妻共同债务企图侵占另一方财产的，在离婚分割夫妻共同财产时，对该方可以少分或者不分。离婚后，另一方发现有上述行为的，可以向人民法院提起诉讼，请求再次分割夫妻共同财产。

予支持。《民法典婚姻家庭编解释（一）》第八十七条规定，承担《民法典》第一千零九十一条规定的损害赔偿责任的主体，为离婚诉讼当事人中无过错方的配偶，故离婚损害赔偿的责任主体，为离婚诉讼当事人中无过错方的配偶。据此，原告诉请被告钱某2承担赔偿责任，不符合法律规定，本院不予支持。"[1] 根据《民法典婚姻家庭编解释（一）》第九十条规定，夫妻双方均有民法典第一千零九十一条规定的过错情形，一方或者双方向对方提出离婚损害赔偿请求的，人民法院不予支持。

二、协助当事人制订方案

二次会面后，律师须根据收集的证据，明确当事人的诉求，依据相关法律规定，梳理相关事实，协助当事人制订离婚方案。有一个方案制订的公式非常形象生动：方案=数字+情感+时间。

首先，"数字"来源于对财产的计算。一些律师是因为不喜欢数学才去学了法律，谁知道最终还是躲不开跟数字打交道。补偿款的计算在实践中是很让律师头痛的问题，尤其是婚前所购房屋的婚后还贷及其相对应房屋增值的补偿计算。根据《民法典婚姻家庭编解释（一）》第七十八条规定，[2] 离婚时非得房一方房屋补偿款的构成为：分割共同还贷部分+婚后对应增值部分。看起来简单，但实践

---

[1]（2021）云2901民初4836号民事判决书。
[2]《民法典婚姻家庭编解释（一）》第七十八条　夫妻一方婚前签订不动产买卖合同，以个人财产支付首付款并在银行贷款，婚后用夫妻共同财产还贷，不动产登记于首付款支付方名下的，离婚时该不动产由双方协议处理。
依前款规定不能达成协议的，人民法院可以判决该不动产归登记一方，尚未归还的贷款为不动产登记一方的个人债务。双方婚后共同还贷支付的款项及其相对应财产增值部分，离婚时应根据民法典第一千零八十七条第一款规定的原则，由不动产登记一方对另一方进行补偿。

起来却是五花八门,单单是房屋价格就有购房时房屋价格、结婚时房屋价格、离婚时房屋现价三种情况。虽然目前的计算方式还没统一,但作为专业的律师,仍须记住最权威的公式,根据客户提供的信息,在最短时间内计算出补偿款,以体现其专业性。目前司法实践较主流的计算方式,即应补偿数额=〔共同还贷数额÷总购房款(房价款+利息总额)〕×房屋的现值×50%。

"数字"无非就是关于夫妻共同财产如何分配的计算,它只是一种参考标准,而非唯一答案。除了计算公式之外,律师还可以帮助当事人举证证明己方对家庭的贡献比例更大、是婚姻中的无过错方等事实,让法官在综合案件实际情况的前提下酌情判断补偿数额。但无论如何,律师首先必须用最客观、最"没有感情"的解题思路,计算出当事人在离婚时根据法律规定可以获得的补偿款项或者应当支付的对价,给当事人交个底。后面的事情,交给"情感"和"时间"。

其次,"情感"也可以左右方案的走向。比如,当事人在离婚中的首要考虑因素是孩子的抚养权,那么在分割财产时就可以作出让步,钱可以少要一点。再如,虽然爱会消失,但共经风雨的点滴回忆不会磨灭,一方考虑到多年夫妻情分、对方日后的生活,或者考虑到对方以后还要带孩子,钱可以少要一点。又如,在河北省唐山市中级人民法院审理的史某与盛某甲离婚纠纷一案中,上诉人称"财产和抚养费我都不要,只要孩子的抚养权"。[1] 类似的案件还有很多,对子女的不舍、对配偶的感激、对婚姻的回忆,都有可能让当事人在制订方案时将其他利益放置身后,作出妥协。

最后,"时间"也是重要的考虑因素。从调解到立案开庭再到作出判决,再到对方上诉,等二审法院作出判决,第一次起诉就有可

---

[1] (2014)唐民一终字第743号民事判决书。

能经过半年到一年的时间。要是法院判了不离，又要再等六个月才能二次起诉离婚。也就是说，如果对方想拖，诉讼离婚持续两年或者更久是很有可能发生的。此时，对于急着离婚的当事人来说，诉讼离婚可能并非最佳选择，如果不想被对方牵着鼻子走，只想尽快离婚，可以在财产分割等方面做出让步，与对方协议离婚。

　　对于希望争取抚养权的女方而言，时间是很重要的考量因素。法律规定子女不满两周岁的以女方直接抚养为原则，那么男方就可能选择尽可能延迟离婚时间，从而等孩子满两周岁后争取抚养权。对于女方来说，则要争分夺秒和时间赛跑了，碰到这种情形，在确定感情破裂的情况下，应尽快起诉。另外，要看好孩子，避免对方抢夺、藏匿孩子。一旦发生这种情况，应通过报警、向妇联求助、向法院申请行为保全令等方式进行救济。

第三章
协议离婚谈判辅导

协议离婚，在法律上是与诉讼离婚相对的概念。从名称上可以看出，协议离婚的核心是夫妻双方一致同意离婚，即有真实的、意思表示一致的离婚合意。双方达成一致的离婚协议并履行法定程序后，便发生解除婚姻关系的法律效果。我国《民法典》第一千零七十六条规定："夫妻双方自愿离婚的，应当签订书面离婚协议，并亲自到婚姻登记机关申请离婚登记。离婚协议应当载明双方自愿离婚的意思表示和对子女抚养、财产以及债务处理等事项协商一致的意见。"上文中提到，在初步接洽和二次会面后，该平复的情绪差不多稳定了，该收集的证据也差不多集齐了，律师就可以结合当事人的实际情况，按照"数字+情感+时间"的公式，为其量身定做一套离婚方案。如果双方在离婚这件事上已经达成了共识，那么无论是从数字、时间还是情感方面来看，协议离婚都是比诉讼离婚更值得提倡的选择。

选择协议离婚，就是把握了谈判的主动权。在子女抚养、财产分割等问题上，诉讼离婚的结果往往具有复杂性和不确定性。光是一套房屋的分割问题，就牵扯出了千丝万缕的法律规定、事实和证据——婚前买还是婚后买？全款买还是按揭买？父母买还是自己买？一人名下还是双方名下……与其将夫妻共同打拼的财产交给五花八门的分割公式、冰冷残酷的司法裁判，不如主动与对方敞开心扉进行磋商和谈判。诉讼离婚上讲究法律和证据，但协议离婚却可以"谈感情"。谈钱或许会"伤感情"，但谈感情可不一定"伤钱"。例如，一位嫁入豪门的全职太太，其丈夫名下没有任何资产，所有东西都在父母或者其他兄弟名下，每个月固定从父母或者信托那里领一笔足够生活所需的零用钱。倘若通过诉讼离婚，这位全职太太或许将面临"变相净身出户"的窘境。由此可见，嫁入"豪门"或许未必是件好事，按照"数字+情感+时间"的模式进行协议离婚，或许才能最大限度地保障女方的权益。此外，协议离婚是一个谈判、说服、达成合意的过程，正所谓"觉者由心生律，修者以律制心"，比起诉讼离婚的一纸判决书，当事人对离婚协议更易于自觉遵守、履行。财产有价，情义无价，动之以情，晓之以理，当事人自发地握手言和，往往能"兵不血刃"，将矛盾化解在萌芽阶段。

选择协议离婚，便是选择了效率和便捷。通常情况下，协议离婚往往比诉讼离婚的过程更为迅速，因为协议离婚是双方自愿达成一致意见，不需要经过法院的审判程序。相比之下，诉讼离婚可能涉及复杂的争议和法律程序，因而时间可能会较长。即便是在30天的"离婚冷静期"政策出台后，一般情况下协议离婚的时长仍然可以控制在两个月内。而"一次成功"的诉讼离婚正常来说至少需要半年的时间，更不用说第一次起诉不判离、第二次起诉才离婚的情况了……

选择协议离婚，就是选择了体面离场，是对一段破裂的感情最好的交代。有人说，"我与春风皆过客，你携秋水揽星河，三生有幸遇见你，纵使悲凉也是情"。也有人说，"你我深爱过，努力过，彼此成就过。此情有憾，然无对错。往后，各自欢喜。"与诉讼离婚相比，以和谐与理性为基调的协议离婚是一种"好聚好散""体面分手"的离婚方式，它不同于传统的纷争式离婚，而是夫妻双方在冷静从容的心态下，通过对话、谈判与妥协，翻过过去的一页，用温和的笔触绘制着新的人生篇章。他们曾经共同经历风雨，如今在分别的季节，依然坚守着温柔和理解。没有怨言，没有指责，只有彼此心中美好回忆的呢喃。他们不再用争吵和冷漠去面对曾经深爱的人，而是选择尊重彼此的选择，以宽容与善意看待对方的未来。结束不代表对抗，平行也可以守望。协议离婚，体面收场，既是对曾经风雨同舟的释怀，也是对未来余生漫漫的交代。

总而言之，协议离婚的好处多，但讲究也多。谈得好是一别两宽，谈不好则可能全线崩盘。因此，即便是选择了协议离婚这种相对温和的方式结束婚姻，当事人也需要与律师充分沟通，在充分了解法律规定、掌握谈判技巧的情况下审慎作出决策。

第一节　辅导当事人熟悉协议离婚流程

协议离婚，怎么个离法？很多当事人并不熟悉协议离婚的流程，以为跟去银行办理取钱业务一样，当天直接去民政局取个号，签个协议盖个印，领个离婚协议，就能顺理成章把离婚给办了。其实，协议离婚并没有想象中那么简单。尤其是在《民法典》出台后，协议离婚多了30天的冷静期这一关，因此目前协议离婚是一座"五重山"，即申请—受理—冷静期—审查—发证，其中任何一环都有可能出现纰漏从而导致程序回转或离婚失败。要想顺利跨过这座"五重山"，需要注意以下几点。

一、靠谱的离婚协议是前提

协议离婚，顾名思义，最首要的是必须有一份靠谱的、具有法律效力的、可以执行的离婚协议。那么何谓"靠谱"呢？首先，离婚协议不能违反法律、行政法规的强制性规定，不得违背公序良俗，不能损害第三人权益，否则可能导致该份协议全部或部分无效。其次，离婚协议的条款应当具有执行力，切忌"假大空"。

（一）离婚协议的内容要求

具体而言，离婚协议的内容应当包括双方当事人的姓名、性别、身份证件类别和号码、结婚登记日期、办理结婚登记机关、双方具有完全民事行为能力和自愿离婚的意思表示、对子女抚养和财产及债务处理等事项协商一致的意见等。即便是"三无"（无婚生子女、无财产、无债权债务）夫妻，也应当在离婚协议中载明情况。如果女方在怀孕期间主动提出离婚，协议应载明女方主动提出离婚，以及双方当事人对胎儿的处理意见。决定不终止妊娠的，还应当载明胎儿出生后的抚养问题处理意见。

有些当事人约定的离婚协议中关于财产分割的内容过于简单、宽泛，不具有可操作性，这样会给后续履行协议埋下隐患，容易导致一方的利益受损。例如，协议只约定："双方同意离婚，子女归男方抚养，财产已分割完毕，双方对此均无异议"，或者"男女双方名下的其他财产归各自所有""男女双方无其他财产争议"等，并没有明确约定财产的具体项目和处理方式。"财产已分割完毕"意味着双方对财产项目、财产数额、分割方案均已达成一致，但离婚协议签订时双方并不一定完全知晓对方的财产情况。如果离婚后一方发现另一方隐匿了房产或存款，虽然在一些案例中法院还是会依法进行分割，但这种宽泛的条款很可能成为阻碍弱势方维权的"绊脚石"。以银行存款为例，很多夫妻在离婚协议中为了图省事会约定"各自名下的存款归各自所有"，但如果另一方藏了"私房钱"，即使离婚后一方知道了另一方有隐匿夫妻共同财产的行为，也具有较大的无法分割的风险，毕竟离婚时双方已经同意了"各自名下的存款归各自所有"，这样的约定会导致夫妻财产分割事实上存在不公平。因此，为了使财产分割透明、公平、公正，防止财产的隐匿和漏分，双方在离婚协议中明确共同存款的数额、开户行、开户名、账号、币种等是非常有必要的。如果给付义务方在离婚后不履行义务，或者离婚后一方发现另一方欺上瞒下，便可以及时到法院起诉，要求再次分割夫妻共同财产，甚至要求对故意隐匿夫妻共同财产的一方予以少分甚至不分。

对于"股民"家庭亦是同理，建议在离婚协议中写明股票代码、账号、开户的证券交易所。如果是第三人代为使用夫妻共同财产炒股，大部分当事人会将这部分股票约定为夫妻共同财产，但这样的约定只有对内效力，如果代持者不承认代持关系，或者对资金数额、股票种类有异议，法院无法直接根据离婚协议的内容分割这部分财产。因此，如果有第三人代持股票情形的，最好另行起草一份三方协议明确相关的财产权益。细致一时，方便一世，如此可省去不必要的麻烦。

(二) 离婚协议的形式要求

签订离婚协议还要注意一些形式要求。比如，离婚协议不能涂改，如果发现了错字应当重新打印。很多当事人以为打印两份，你一份我一份就够了，婚姻登记机关就这样被忽视了……实际上离婚协议应当一式三份，双方当事人各持一份，婚姻登记机关存档一份，有些地区的婚姻登记机关还要求提交复印件存档，具体要求需查询有管辖权的婚姻登记机关网站或电话咨询，别两手空空、脑袋空空就跑去离婚了。此外，离婚协议是附生效条件的合同，在离婚登记完成后，当事人关于解除婚姻关系的约定即生效，如果离婚后要求变更离婚协议内容，婚姻登记机关一般不予受理。

二、跑两趟民政局是必需

有了离婚协议，是不是直接拿着它跑去民政局就能离婚了？答案是否定的。《民法典》出台后，为了防止冲动离婚、草率离婚，协议离婚不仅要预约，而且要预约两次、跑两趟民政局。以广东为例，广东省民政厅官方资料显示，[①]离婚登记办理流程也是按照"申请—受理—冷静期—审查—发证"五步走：

第一步，申请离婚。夫妻双方自愿离婚的，应当签订书面离婚协议，商量好时间，登录广东省婚姻登记预约系统，提前预约登记时间和登记机关。在预约时间持有效证件和证明材料共同到具有管辖权的婚姻登记机关提出申请，在婚姻登记机关现场填写《离婚登记申请书》。从广州市的实践经验来看，预约离婚登记时常需要排队。

第二步，初审受理。婚姻登记机关对当事人提交的证件和证明材料进行初审，初审无误后，发给《离婚登记申请受理回执单》。不符合离婚登记申请条件的，不予受理。当事人要求出具《不予受理离婚登记申请告知书》的，应当出具。在第一次去民政局时，可以现场预约第二次来领取离婚证的时间（时间跨度包含离婚冷静期在内）。根据笔者的办案经验，很多当事人都反映广州的大部分民政局可以现场预约第二次到现场的时间。

第三步，双方进入30天的离婚冷静期。离婚登记当事人收到《离婚登记申请受理回执单》之日起30日内（自婚姻登记机关收到离婚登记申请之日的次日开始计算期间，期间的最后一日是法定休假日的，以法定休假日结束的次日为期间的最后一日），任何一方不愿离婚的，可以持本人有效身份证件等材料向受理离婚登记申请的婚姻登记机关撤回离婚登记申请，并亲自填写《撤回离婚登记申请书》。经婚姻登记机关核实无误后，发给《撤回离婚登记申请确

[①] 《2021年1月1日起，离婚登记办理流程是怎样的？》，载广东省民政厅网 http://smzt.gd.gov.cn/dawenku/hydj/content/post_3176836.html，最后访问时间：2024年5月28日。

单》。自离婚冷静期届满后 30 日内，双方未共同到婚姻登记机关申请发给离婚证的，视为撤回离婚登记申请。

第四步，申请发证。自离婚冷静期届满后 30 日内，双方当事人应持规定有效的证件和证明材料，按照第一次现场预约的时间，共同到婚姻登记机关申请发给离婚证。

第五步，审查并登记（发证）。婚姻登记机关依据相关规定对当事人的真实意愿、证件和证明材料、离婚协议书等进行审查。对不符合离婚登记条件的不予办理。对符合离婚登记条件的，婚姻登记机关按照相关法律法规的规定予以登记，发给离婚证。

概括来说，离婚登记就是先网上预约，第一次到民政局递交基本的身份信息，以及结婚信息、领取离婚登记申请回执并预约第二次到场领证时间，最后过了冷静期按照约定时间去领证即可。

三、这些材料别忘了带

协议离婚需要准备以下基本资料：双方的身份证原件；双方的户口本或户籍证明原件；双方结婚证原件。有些婚姻登记机关还需要其他材料，如一定数量的红底大头单人照。需要注意的是，离婚协议是第二次去婚姻登记机关领离婚证时才交的。而且必须是男女双方共同到场领取离婚证，不得委托他人或对方代领，仅一方到场视为撤回离婚登记申请，是无法领取离婚证的。

第二节　离婚协议先谈再写，还是先写再谈？

很多当事人决定离婚后，面临着一个重要问题：是提前起草好离婚协议，找一个风和日丽的早上把一纸协议拍在对方面前；还是先和对方坐下来谈一谈财产怎么分、子女谁抚养，在双方协商一致的基础上再写离婚协议？其实两种方法没有优劣之分，各有各的好处。

一、先谈再写，增进了解

电视剧里经常会出现经典的"潇洒式离婚"情节——男主拖着疲惫的身躯回家，迎接他的是餐桌上的一纸离婚协议和坐在一旁沉默不语的妻子。男主用沙哑的嗓音哽咽道："真的没机会了吗？"女主并不回答他的问题："看一眼，没什么问题就签了吧，找个时间我们去登记离婚。"一丝失望掠过男主的眼眸："好。房子车子都留给你，我走。"最后男主收拾好行李准备离开，苦笑道："像我这样的人，是丢掉了多少骄傲，才能这样卑微地爱你……"很多当事人入戏太深，以为自己的婚姻也能像电视剧一样潇洒结束。只可惜，不是所有人都是故事里深情的霸道总裁,爱过一场就心甘情愿净身出户。感情淡了,婚姻的最后一层面纱也随之揭开,一般人都会为自己的利益考虑,在离婚时多争取些财产。离婚涉及双方的财产、债权债务、子女抚养等重要事项,而且每个人的情况都可能不同,因此需要充分沟通和协商。双方可以坐下来面对面地讨论问题,表达彼此的需求和担忧,通过积极的对话找到更多的共识和解决方案。这有助于缓解紧张氛围,保持相对友好的气氛,并有助于双方更好地理解彼此的立场。先谈再写,可以增进彼此的了解,让双方在起草离婚协议时心里有个底。

(一)情感状况不明?先谈一谈

比如,虽然对方天天把离婚挂在嘴上,但其实并不想离婚,只是发发牢骚——"瞧瞧,这日子真是没法过了""跟你结婚真是倒了八辈子霉""现在谁离了谁还过不了了?"婚姻的柴米油盐往往会消磨彼此的热情,夫妻间有矛盾在所难免,气头上语出伤人也是常态,但很多人嘴硬心软,看似对这段婚姻失望透顶,实际上并不想离婚,只是想让这个家变得更好。如果还没弄明白对方到底是"刀子嘴豆腐心"还是真的决意要离婚,就草率地出了份离婚协议,不是白搭了吗?未经沟通就拿出一份离婚协议,甚至有可能火上浇油。夫妻双方在爆发冲突后,另一方可能正在犹豫,是和你化解矛盾、重归于好,还是劳燕分飞、两不相见,结果你直接把离婚协议都写好拿出来了,这不是铁了心要跟对方离婚吗?因为一方的"过度解读",可能会把一段本来能挽回的感情活生生给扼杀了。所以,写离婚协议前先谈一谈,或许能化解很多误会,避免不必要的时间投入。

(二)财产分割复杂?先谈一谈

如果夫妻双方的财产数额较大,财务关系错综复杂,那么在起草离婚协议前谈一谈就很有必要了。比如,女方认为自己多年来照顾家庭，没有功劳也有苦劳，丈夫应该在分割财产时体恤自己，所以离婚时房子应该归自己所有。但男方可能压根不认为这套房是夫妻共同财产，而是自己的婚前个人财产，同时觉得"男主外，女主内"是正常的家庭分工，不存在家务劳动补偿这一说。如果女方一意孤行，不加商量地按自己的想法出了份对自己有利的离婚协议，很可能写了也是白写，因为对方根本不会同意。

有些夫妻在婚姻关系中的财务状况是不透明的，贸然按自己的想法出离婚协议，还有可能不小心露出了自己的底牌，导致事态往不可控的方向发展。总而言之，无论是情感状况还是财产状况，如果"前路不明"，建议先谈一谈、探探风，这样能化解很多误会，也能获取一些必要的信息，这样可以确保离婚协议的内容是双方共同商定并理解的，同时在谈话的基础上，可以请律师起草离婚协议，以确保协议的合法性和有效性。

二、先写再谈，彼此成全

先写再谈可能并不是实践中最常见的做法，但也有其好处，某些情况下先写离婚协议可能是更值得推荐的选择。

（一）用协议梳理争议、厘清诉求

一方面，先写一份初步的离婚协议，可以帮助双方确定一些基本框架和主要条款，从而帮助己方清晰地梳理好自己的诉求。协议离婚就像分蛋糕，先搞明白蛋糕总共有几块，再搞清楚你想要哪几块。起草离婚协议的过程可以帮助梳理夫妻财产情况，考虑到一些当事人之前没有想到的问题或细节，从而避免遗漏，确保协议更加全面。现金存款、债权债务、房子车子、子女归属，哪些是你必争不可的，哪些是你愿意做出妥协和让步的，通过起草离婚协议厘清自己的"必要""可要"和"不要",这样就可以为后续谈判提供一个起点,使双方可以更加明确地了解对方的期望和底线。

(二)用协议表达决心、提高效率

另一方面,先给出一份离婚协议,可以让对方看出来你离婚的决心。比如,男方婚内出轨,百般恳求你的原谅,但哀莫大于心死,你执意要离婚,不想与男方多费口舌。这种情况下如果你说"坐下来聊一聊吧",很可能让对方以为你想开了,这段婚姻还有得救。相比之下,直接拿出一纸离婚协议震慑他,让对方死了这条心,是更有效率的做法。此外,先写离婚协议在某些情况下可以减少谈判时间。在双方的财产归属等事项比较清晰、争议不大的情况下,直接起草一份初步的离婚协议,就等于明确了一些双方肯定会达成一致的无争议事项,这样双方可能会在谈判过程中节省一些时间。

当然,直接写离婚协议也可能存在一些潜在的问题。比如,一方先行起草协议时可能会忽略对方的重要需求或关键问题,导致后续的谈判陷入僵局。如果先行起草协议的一方不加商量地将协议条款强加于另一方,可能会加深双方矛盾,让谈判氛围更紧张。

无论是先谈再写,还是先写再谈,都有其优劣。但不管是"谈"还是"写",最好还是咨询律师等专业法律人士,他们可以提供相应的建议,以确保"谈"得有效、"写"得合法。

第三节　离婚冷静期里都发生了什么？

说到协议离婚，离婚冷静期是不可不谈的话题。出于社会稳定和家庭和谐的考虑，《民法典》第一千零七十七条设置了离婚冷静期，即"自婚姻登记机关收到离婚登记申请之日起三十日内，任何一方不愿意离婚的，可以向婚姻登记机关撤回离婚登记申请。前款规定期限届满后三十日内，双方应当亲自到婚姻登记机关申请发给离婚证；未申请的，视为撤回离婚登记申请"。这一规定中的"三十日"期限，即社会热议的"离婚冷静期"，也称"离婚反省期""离婚熟虑期""离婚等候期"等。离婚冷静期旨在对离婚进行干预，给协议离婚的夫妻双方一段时间，强制双方暂时搁置离婚纠纷，在法定期限内冷静思考离婚问题，考虑清楚后再行决定是否离婚，从而对婚姻的瓦解起到缓冲作用，减少"闪婚闪离""冲动离婚"现象，降低离婚率。

评价这一制度时，观点因人而异。支持者认为，离婚冷静期有助于避免冲动行为，减少离婚率，维护了家庭和社会的稳定。在感情受挫时，夫妻双方可能处于情绪的低谷，决策容易受到影响，因此有一个冷静期可以帮助他们更理性地思考，并且为关系修复留出机会。此外,这也给了他们充分的时间去处理财产分割、子女抚养等复杂的问题,减少后续纠纷。然而,也有观点认为这一制度可能对某些特殊情况下的婚姻解除不太适用。例如,存在家庭暴力的情况下,强制让受害方再与施暴者维持冷静期可能会增加受害者的安全风险。此外,对于那些真的经过慎重考虑而决定分开的夫妻,这个等待期可能是多余的干预,延长了他们的痛苦。

离婚冷静期的设立固然存在一定争议,但离婚冷静期设置的初衷是好的,只是需要在实践中不断完善。在离婚冷静期内,双方当事人可能会经历什么样的变化?其间又会发生哪些故事?

一、破镜重圆,重归于好

那是 2016 年的夏天,光明学校迎来了一年一度的音乐节。实验班里,只剩下了小冷一人——他是所有家长和老师眼中的那个"别人家的孩子",但背后的孤独只有他自己知道。在同学们成群结队去音乐节时,他再次选择了孤独。与其说是选择,不如说是无奈,因为没有人敢打扰年级第一刷题的"雅兴"。

此时,窗边出现了一个短发女生的身影——阿静,学校乐队的主唱。"喂,高冷学霸,不去听听我们乐队排练的新歌?"阿静背着吉他,倚在窗边朝着小冷戏谑道。小冷因为阿静突如其来的邀请愣住了,支支吾吾地回答:"不了吧,我还有套卷子没……"没等小冷说完,阿静便笑着打断了他,"错过这次,世上可没有后悔药喔!"随即便向操场走去。小冷看着眼前的试卷,就像他的人生一样,重复、枯燥、千篇一律。他回味着阿静说的话,心里下了决定。第一次,这个高不可攀的学霸放下纸笔,走向了操场,走向了人间烟火。舞台上,阿静向观众们介绍乐队这次表演的新曲目《初恋》。一边说着话,阿静一边用目光寻觅着,好像期待着什么人的出现。终于,

第三章 协议离婚谈判辅导

在人群的最后，阿静看到了她寻找的那个身影。

"分分钟都盼望跟他见面，默默地伫候亦从来没怨。"吉他和鼓点交织下，阿静银铃般的歌声传遍了整个校园。小冷怔住了。舞台上的阿静像一朵绽放的玫瑰，举手投足间散发着无限魅力，整个世界都沉浸在她的芬芳中。炎热的夏日里，阿静是比太阳更闪耀的存在。小冷不知道如何描述这种感受，只觉得这首歌的歌词像极了自己的内心活动："默默望着那目光似电，那刹那接触已令我倒颠……"从此以后，小冷没有缺席过阿静的任何一场演出。高考后的那个暑假，小冷和阿静在一起了，他们战胜了高考、异地，他们携手从校园到婚纱，在恋爱的第十个年头，两人走向了婚姻的殿堂。

婚姻生活并不如两人期盼中的那样美好。阿静因为失业，长期待业在家照顾两个孩子，让她患上了产后抑郁症。高强度的工作、一线城市的巨额房贷也压得小冷喘不过气。渐渐地，阿静变得暴躁易怒，小冷变得冷漠寡言。一次加班后的冬夜，小冷拖着疲惫的身躯回到家，饥寒交迫的他小心翼翼地询问阿静："家里有吃的吗？"阿静被小冷的一句话引爆："我是这个家的保姆吗？我就该天天在家洗衣做饭带孩子伺候你吗？别忘了，要不是嫁给了你，我现在也可以在职场意气风发，而不是跟个老妈子一样待在家里！"小冷心中压抑的怒火也被点燃，但工作的疲惫让他没有多余的精力再开口说话，他劝自己再忍一忍。"天天半夜回家，天知道你在外面跟谁鬼混！你是舒服，不用管孩子，也不用操心柴米油盐！"阿静滔滔不绝地宣泄着多年来的委屈，她的抱怨声吵醒了两个熟睡中的孩子。一时间，孩子的哭闹声、阿静的抱怨声打破了夜里的平静，也击溃了小冷心中的最后一道防线。"离婚吧。"小冷看着曾经青春洋溢的阿静如今聒噪唠叨的模样，说出了压抑已久的想法。"你说什么！"阿静先是不可置信，继而意识到了事态的严重性。但多年来婚姻里琐事的折磨也让她精疲力尽。沉思良久后，她开口道："好。"

签协议、准备材料、预约登记、到民政局申请离婚，随后的流程顺利得出乎意料。拿到回执后，两人进入为期 30 天的离婚冷静期。

　　递交离婚申请后，阿静搬出了那个家，来到了大学时经常驻唱演出的小酒吧独自买醉。

　　"阿静！"酒保小丽见到久未谋面的阿静，兴奋地打起了招呼。

　　"好巧啊小丽，这么多年没见到你了，你过得怎么样？"阿静拭去眼角的泪水，与小丽寒暄起来。"我嘛，还是老样子，自己一个人。你就好啦！遇上小冷那么好的男人……哦对了，小冷前段时间还天天晚上来酒吧布置，说要在你生日的时候给你个惊喜呢，后来突然没消息了，你俩啥情况呀？"听到小丽的话，阿静十分诧异。原来小冷天天深夜才回家，是为了给自己准备生日惊喜？原来小冷对自己的爱从来没变，是自己的敏感多疑伤害了小冷？想到这，阿静愧疚不已，心中升起了一个念头。

　　从民政局回来的小冷来不及悲伤。阿静离开后，照顾两个孩子的重任落到了自己身上。两个孩子哭着闹着要妈妈，好不容易把俩孩子哄好，小冷又要忙着做饭，结果切菜切到了手，小冷不得已叫了个外卖，两个孩子又吃坏了肚子，小冷赶忙带孩子去医院。折腾一天回到家后，小冷才发现洗衣机的衣服忘了晾，已经馊了……此刻，小冷终于明白了阿静的不易。

　　夜晚，终于从家务中脱身的小冷，突然想起了什么，于是回到那个小酒吧。"不好意思啊小丽，出了点事情……"话音未落，整个酒吧突然暗下来，舞台的灯光乍然亮起，阿静抱着吉他的身影映入眼帘："错过这次，世上可没有后悔药喔！"那是 2016 年的夏天，阿静倚在窗边对小冷说的话。

　　"分分钟都盼望跟他见面，默默地伫候亦从来没怨。分分钟都渴望与他相见，在路上碰着亦乐上几天。"是那首熟悉的歌，是那首只属于他和她的歌。曲毕,阿静哽咽着走向人群里的小冷:"对不起,我们重新来过好吗?"小冷也早已泪流满面:"对不起,我爱你。"两人相拥而泣,所有的误解和埋怨,都在此刻烟消云散。她还是那朵英姿飒爽的玫瑰,他也还是那个满心满眼只有玫瑰的少年。

世上真的没有后悔药吗?倒也未必。相爱的人要是错过了,或许会追悔莫及;但相伴的夫妻误解了彼此,这段未破裂的感情还有幸存的机会。离婚冷静期,就是深爱彼此的眷侣挽救婚姻的一剂"后悔药"。时间有时会磨灭热情,但时间也会解开误会、证明爱意。或许对于有些夫妻来说,只有到了爱情"死刑"前的最后30天,才会发现自己"分分钟都盼望跟他见面,默默地伫候亦从来没怨"。

二、她要离开,他却还爱

小美是个含着金汤匙出生的姑娘,父亲经营着一家上市公司。平日里,小美最爱做的事情就是驱车郊外,找一处风景优美的地方坐下来写生。寄情山水时,仿佛一切尘世的喧嚣都与自己无关。

大强是青草村人。成绩优异的他大学毕业后听从了父母的意见,选择回到生他养他的家乡。在一家民营企业的青草村分公司工作。工作稳定离家近,这种状态是很多人梦寐的。但大强一直有一颗翻越这座大山的心,他向往远方的那片天。

小美和大强的相遇说来也凑巧。这天,心烦意乱的小美背上画板来到了青草村,只有田野里的稻香能短暂地治愈她。小鱼、流水,随着小美的勾勒,一处处景观跃然纸上。就在小美全神贯注地上色时,她的一支画笔不小心掉落,掉进了水稻田里。小美正准备提起裙子下田拾笔时,一个青年拦住了她。只见这青年迅速挽起裤脚,娴熟地冲进了田里,捡起了小美的画笔,用自己的衣角擦干了笔上的泥,递还给了小美:"姑娘,你的衣裳这么好看,沾了泥就可惜了！"小美看着这个浑身是泥的青年，噗嗤一声笑了出来。一番介绍后，小美知道了这个青年叫大强。大强看向小美的画作，十分惊讶："这稻田我天天见，竟成了你眼里的美景了？"小美说："是啊，总比城市的高楼大厦美。""你厌倦的城市，说不定是别人遥不可及的理想呢……话说回来，我们村里比这稻田漂亮的风景可多了去了，你要是感兴趣，下次我带你去？""好啊！"小美一转头，差点撞上大强的鼻子，俩人间的距离不知何时已经如此贴近……小美看着这个乡村青年熠熠生辉的眼眸，心中一种说不清道不明的情愫冉冉升起。

之后的日子里，去青草村写生成了小美的生活常态。她还是那个"画痴"，不同的是，身边多了一个愿意痴痴陪她的青年。两人日久生情，终于到了谈婚论嫁的那一天。谈起对未来的规划，小美滔滔不绝说："大强，咱们俩结婚以后，你继续在村里上班，我继续在村里画画，咱们种几亩瓜果蔬菜，养些鱼……"看着对乡村生活无限憧憬的女友，大强欲言又止……

"开个条件吧，怎么样你才能离开小美。"小美的父母并不看好这段感情。"你要明白，由奢入俭难。你们俩不是一个世界的人，你拿什么给小美幸福？让她跟你一起回青草村去种田养鱼吗？""叔叔阿姨，我不会让小美的生活质量下降的，我会通过自己的努力走出这条村，闯出一片天。时间会证明你们把小美交给我是正确的选择！"

与其说被大强的真诚打动，还不如说是拗不过自己的女儿。小美的父母知道女儿有多喜欢大强，比起生硬地拆散他们让女儿心痛，倒不如成全他们。

第二天，小美拿着自己设计好的农村自建房图纸，满心欢喜地来找大强分享自己的成果，"你看啊，这个房间是我的工作室，这个是你的书房，这个是婴儿房……"大强打断了她，告诉了她这个"坏消息"："小美，我应聘公司总部的面试通过了，总部在市里，咱们以后可能还是得在市里定居……不过你要是想回村里，咱们随时可以回来！"小美的眼神黯淡下来，但无论如何这对于大强的职业生涯来说是个好消息，"好吧，那你可得答应我，每周至少陪我来村里一趟！"大强连声答应，把小美紧紧拥入怀中。

婚后，大强忙于交际应酬，渐渐地，大强彻底将青草村抛之脑后，也忘了那片和小美相遇的稻田。婚前的美好变成了婚后的争吵，再后来变成了沉默。大强不理解小美对乡村的执着，小美也不理解大强对城市的迷恋。

击溃这段婚姻的最后一根稻草，是寒假大强父母的一次拜访。大强父母一直看不惯小美的做派，在他们眼里，小美就是个恃宠而骄的城里姑娘。真正的好媳妇应该把丈夫伺候好，多生几个孩子，而不是追求自己那虚幻的艺术梦想。一天早上，小美被一股浓烟熏醒，她匆忙跑到厨房，才发现大强父母竟然把自己心爱的画架劈了当柴火。小美崩溃大哭，"爸妈，你们干吗呢！那是我的画架！那是大强费了好大心思买来的！"大强父母一脸无辜，"这城里的电磁炉俺们不会使，看你那屋有几块木头就砍来烧火了。""不就是几块木头吗，至于那么大惊小叫的吗？"

夜晚，大强应酬后醉醺醺地回来了。一到家，小美就激动地向他控诉他父母。小美说着说着，大强母亲竟也抹起了眼泪："别人家都是儿媳给公婆做饭，我们俩自己动手做饭不说，还要被你这好媳妇数落。"小美也不甘示弱："明明就是你们先烧了我的画架，怎么还有理了？"

大强被小美和父母吵得心烦意乱，直接歇斯底里地朝小美吼了起来："几块木头的破事也值得你闹？你不是喜欢农村吗，你不是要回青草村吗，我告诉你，这就是农村人的生活，受不了你也得忍着！""为什么我要想尽办法过来总公司工作，那还不是为了配得上你这个大小姐！"小美被大强突如其来的爆发震惊了，啜泣一会儿后,小美冷冷地冒出三个字,"离婚吧。"大强正在气头上,"离就离!我也受够了!"

几周后,小美和大强去民政局申请了离婚登记,静静等待着30天过去。大强父母见事情闹大了,反过来开始劝大强:"儿啊,别冲动,这事我们也有不对,我们确实不知道那画架是你送她的定情信物。"大强这才意识到,小美之所以那么生气,是因为那是自己送她的第一个画架,是小美所有画架里最不值钱的,却也是小美最珍视的。意识到自己的错误后,大强连忙在离婚冷静期内赶去民政局撤回了离婚申请,并给小美疯狂打电话发短信挽回。

对小美来说,她对这段婚姻的最后一丝憧憬,已经随着那副画架燃成灰烬。看着大强那不值钱的挽留,她只觉得悲哀和悔恨。大强撤回离婚登记申请的决定让小美感到无奈。小美喜欢田园风光和乡间满芳。在这个喧嚣世界里,大强当初展现出来的质朴更是让她觉得难能可贵。她追求的,就是这种简简单单的爱。但让她没有想到的是,比起婚姻中的小确幸,大强更热衷于其他方面的追求。他一心想要"逃离"的青草村,正是小美最向往的地方。这段婚姻从一开始就是错的。至此,他们两个彼此已经失去了信任和感情基础,再怎么挽回也无济于事,于是提起了离婚诉讼。

有人说,感情里先动心的人是输家。但感情结束时,先行动的人可能是赢家。爱错了人并不可怕,可怕的是一错再错。离婚冷静期内,虽有重归于好的眷侣,也有像小美和大强这样"你要离开我不愿"的怨侣——一方出于种种原因撤回了离婚申请,不愿结束婚姻,但另一方只想快刀斩乱麻,于是转向诉讼离婚。稻田里不慎掉落的画笔永远定格在了故事的开始,城市里的觥筹交错为这段故事画上了并不完美的结局。离婚诉讼的过程艰辛而漫长,两人的情感再度经历了一次考验。在这样的过程中,小美和大强都逐渐明白了彼此的心愿和追求。虽然他们最终离婚了,但是在此后的日子里,他们互相学会了宽容和理解，双方都开始了新的生活。他们意识到，婚姻并不是唯一的幸福出口，而是需要双方共同付出和理解的珍贵感情。小美和大强的人生会走向不同的方向，但是彼此在心中永远都有一个特殊的位置。

三、忍无可忍，大动干戈

　　大学毕业后，丽丽成为大厂打工人。短短五年，丽丽已经从实习生一步一步打拼到了部门总管的位置。看着江景独立办公室，丽丽为又朝理想的生活进了一步而感到高兴。打破丽丽幻想的是父母的一通电话："丽丽啊，小时候和你一起玩的小明哥哥你还记得吗？人家现在是大公司领导了喔，这周末我们和小明一家一起吃个饭叙叙旧。"虽然丽丽的父母没有明说，但聪明的她当然明白，所谓的叙旧其实是相亲局。丽丽这些年早已想明白了，与其跟不合适的人凑合过日子，还不如独善其身。至于那个记忆里的小明哥哥，丽丽只记得他是个腼腆的小胖子。这样的家伙能跟自己擦出什么火花？丽丽无奈地笑了笑，对这个"叙旧局"并不抱任何期待。

　　周末，丽丽如约而至。见男方还没来，丽丽有些不耐烦。此时，一对仪态端庄的老夫妻走进了包厢，紧跟着的是一个西装笔挺的中年男子。"不好意思不好意思，我们迟到了！小明这孩子工作上有点事耽搁了，快跟叔叔阿姨问好！"丽丽被眼前的小明震惊了，这还是那个爱哭的小胖子吗？真是男大十八变。"丽丽，好久不见，你还是小时候的样子呢。"花痴的丽丽如梦初醒："小明哥好啊，你倒是变了不少，以前的那个'小胖子'去哪了？"俩人就这样热火朝天地聊了起来。

　　通过聊天丽丽得知，小明这次是被高薪挖来当大中华区负责人的。双方父母见俩人聊得火热，便趁机撮合俩人平时一起多出去转转。丽丽想了想，工作啥时候都能做，让自己满意的男人可仅此一个。于是俩人约好，由丽丽带小明熟悉国内的环境。几个月下来，小明在丽丽的陪伴下渐渐适应了国内的工作环境，丽丽也在小明的劝说下开始调整自己的生活节奏，两人的感情在往某个方向悄然蔓延。

这天是丽丽第一次拜访小明家。"随便坐，大餐马上好。"小明边说边脱下西装，系上了围裙……一切准备就绪后，小明绅士地为丽丽拉开座椅，又神秘地端上来一盘盖着盖子的"特别招牌"。丽丽惊叹于小明精湛的厨艺，一边吃着一边半开玩笑地说："行啊你，亏我还找地道西餐厅带你去，原来最好吃的西餐就在你家！"晚餐进入尾声时，丽丽期待地问，"小明大厨，你的'特别招牌'可以打开了不？胃口都被你吊足了！"只见小明起身，正式地捧起那道"特别招牌"，随即单膝跪地，打开了盖子，里面居然是璀璨的钻戒，"丽丽，我知道我们才重逢半年，我这么做可能会很唐突，但是我真的很喜欢你。你愿意嫁给我吗？"丽丽怔住了，她没想到幸福来得如此突然。半年前她还是愁婚恨嫁的大龄单身女青年，半年后她的男神居然在江景豪宅里向自己求婚？丽丽被小明的猛然攻势冲昏了头脑，她来不及思考，几乎是下意识地说出了那句"我愿意"……

几个月后，在双方父母的见证下，丽丽和小明步入了婚姻的殿堂。但婚后，奇怪的事情越来越多。比如，小明几乎每天都有"应酬"，有时半夜才回来，有时甚至彻夜不归。再如，小明的衣柜总会"自动更新"。即便是工作狂丽丽也感觉到了不对劲——工作那么忙，小明哪有时间自己去购物？丽丽的疑惑越堆积越多。直到这天，丽丽找出了小明一套没拆封的新衣服，带着小票去商场要求退货，这才发现了小明的秘密。

这天深夜，小明蹑手蹑脚地回到家中。"说说看吧，凯西、辛娅、海莉、艾米丽是谁？"小明见瞒不住了，只得坦白，"丽丽，我是真的很爱你，但你也知道我在西方长大，从小接触的都是多边关系……""别说了，离婚吧。"丽丽将起草好的离婚协议甩在小明面前，"房子归我，车子归你，其余的各不相干。"小明翻看了协议，"这好像不大公平，车子是我买的，房子我出资更多一些，车和房应该都归我，我把房子一半的价款打给你。"丽丽只觉得恶心，"随意吧，赶紧滚出我的世界。"

去民政局申请离婚登记后，丽丽拼命工作，让自己没时间去想这段难以言喻的婚姻。一次，丽丽想回家收拾几件自己的衣服，敲门后屋内却传出一个女人的声音"谁啊，大白天的？"打开房门的是一个衣衫不整的女人，身后飘来小明那熟悉的声音："阿曼达，是外卖到了吗？"见到丽丽，小明赶紧尴尬地抓来一件T恤套上。丽丽苦笑着对小明说："冷静期是让你反思的，不是让你嗨翻天的。既然你死性不改，那我们法院见吧。"对于小明提出的财产分割方案，丽丽本来觉得无所谓，只想通过协议离婚赶紧结束这段关系，但看到小明再次出轨，甚至把对方带回了家中，丽丽忍无可忍："既然你恶心我，那我们就恶心到底。"丽丽转而提起了离婚诉讼。在律师的帮助下，丽丽提供了确凿的证据，证明了小明婚内和多个第三人同居的事实。作为无过错方，小丽用法律武器维护了自己的合法权益。

感情破裂时，如若能体面分手自然是再好不过，但面对那些得了便宜还卖乖的人，"化玉帛为干戈"也不失为一种惩治之策。离婚冷静期是末路夫妻停靠的驿站，也是人生的分岔口。经过这道关卡，有些人的感情可能被送上了断头台，也有些人破镜重圆，选择了互相包容、携手共度余生，还有的人自奔前程，不顾对方的留恋和纠缠……无论最终的选择是相逢还是离散，离婚冷静期都是一段珍贵的旅程，在这段旅程里，过程如何并不那么重要，想清楚后走向自己心中的终点更重要。

第四节 协议离婚谈判，律师要出现吗？

与对方谈判离婚事项时，要不要带律师？反对者可能会觉得，就算是协议离婚谈判，终归是两口子谈私事，一个外人在场怪尴尬的。支持者则可能认为，律师既是矛也是盾，万一对方欺负自己不懂法，瞎开条件，自己被忽悠了怎么办？律师要不要出现在谈判桌上，这个问题也没有固定的答案，出现有出现的好处，不出现有不出现的好处。终归还是要看自身情况具体分析。

一、律师出现的好处

在专业事项上，律师在场可以保证谈判的严谨性和客观性，使得双方能够清楚了解自己的权益和义务，确保离婚协议条款的有效性和可执行性。比如，有些女方当事人可能会要求男方在离婚协议中承诺："男方保证离婚后绝不再婚，如果再婚绝不再生育子女，如果再生育子女，则再生育的子女对男方的财产无继承权。"但实际上，类似这种限制人身权利的条款在法律上是无效的，此时律师及时地介入并释明就非常重要了。再如，在财产分割问题上，当事人可能会笼统地起草离婚协议中的财产分割条款，如只写了"双方财产归各自所有"。这种情况下就需要律师协助解决"双方财产"到底包括哪些财产等细节问题，确保协议内容清晰明确，防止模糊不清或解释不一致的情况。

在谈判过程中，律师作为中立第三方的存在，还可以提供一些客观的建议，帮助缓解当事人的紧张和情绪化，避免矛盾升级。比如，双方因为态度不好起争执时，律师可以告诉双方，"我们谈判的目标是达成一个公平公正的协议，所以让我们集中讨论问题本身，摒弃彼此情绪上的抱怨吧"。在财产分割问题上，夫妻双方谈判时可能会争执不下，一方认为自己对某一笔资产有更大的贡献，因此应该获得更多份额；而另一方则认为自己应该得到更多，因为其在婚姻中承担了更多家庭开支。在两方互不相让、不肯妥协的情况下，律师可以告知双方法律对夫妻共同财产分割的规定，让双方出示相关证据以确定各自的贡献，从而作出合理的划分。子女抚养问题也往往会成为双方争执不下的焦点，那么律师就可以站在孩子的角度从中调解，告知当事人要从最有利于子女成长的角度出发，制订一个合理的抚养计划，使孩子得到双方的关爱。

总的来说，律师在协议离婚谈判中出席，不仅可以提供法律知识和专业建议，还可以确保谈判的公平性、客观性，帮助当事人作出明智的决策，并促进双方之间的合作与理解。律师的出现有时可以让离婚谈判变得更加顺利和高效，保护当事人的合法权益，确保离婚过程尽可能平稳与和谐。

二、律师不出现的好处

有些当事人认为协议离婚谈判是夫妻间的私事，非常注重协议离婚谈判的隐私保护，生怕婚姻细节被第三人知晓。有律师在场的情况下，很多当事人会对谈判过程感到不自在，有些私事不愿在律师面前袒露，如出轨、夫妻生活等。若律师不在场，当事人会更自在地相处，有些话也就更好说出口了。

此外，由于律师这个身份太严肃、太敏感，在谈判时出现容易"挑起事端"，导致矛盾被激化。虽然说，专业的事要交给专业的人，但协议离婚谈判不仅涉及专业法律问题，还与情感交织。有时本来两口子念下旧情就能谈妥的事情，律师的出现可能会起到反作用。比如，在财产分割问题上，一方可能会念及另一方多年来操持家庭，准备在谈判时作出让步。结果一到场发现对方把律师都给带来了，瞬间有种"我想和你谈感情，你却跟我讲法律"的背叛感。如果双方当事人相互信任，相信彼此会在谈判中开诚布公和公平对待，或者已经在很多问题上达成一致，只需要在协议中进行确认和总结，这种情况下引入律师反而会拉低双方的信任度，还不如"远程遥控"，为当事人出谋划策。

但值得注意的是，有一种情况，律师是必须要出席的，那就是对方的律师出席了。否则双方在谈判中就"武器不平等"了，一方可能占据优势，从而影响另一方的权益。

三、"一边倒"还是"调解员"：律师角色之争

律师在协议离婚谈判中的角色是什么？大部分当事人会认为，我的律师只能为我做主，己方律师当然要尽全力和对方拼个头破血流，为我争取利益。虽然律师的职责是最大限度地维护当事人的合法权益，但是这与律师在离婚谈判过程中的中立并不冲突。律师其实完全可以充当一个调解员的角色。没有律师在场时，双方可能更容易陷入争吵和僵持。律师作为第三方的中立代表，可以在谈判中保持客观，避免情绪化处理问题。试想，比起双方争个你死我活，

如果在律师的调解下双方心平气和地把事情谈妥，从而实现双赢的局面，何乐而不为呢？

在协议离婚谈判中，有时可能会发现双方的感情其实还能挽回，或者如果解决了某些问题之后，其实这段婚姻还可以继续下去。比如，一对夫妻本身感情深厚，但因为长期与男方父母同住，两代人的生活习惯不同，导致婆媳矛盾升级，双方频繁爆发争吵从而协议离婚。但实际上男方还有其他兄弟姐妹愿意与其父母共同生活，双方当事人赌气要离婚，谁也不肯道歉，而且由于都在气头上，在财产分割和子女抚养问题上也互不相让。这种情况下律师完全可以充当和事佬，劝男方做好婆媳关系的桥梁，从而化解双方的矛盾，帮助夫妻重归于好。这样既为当事人节省了时间和后续的诉讼成本，也是在维护当事人的权益。正如笔者一直强调的那样，一个合格的离婚律师必须有不离婚的产品，否则导向就错了。

第五节 预判他(她)的预判,模拟谈判怎么做?

离婚谈判通常涉及复杂的情感和利益问题。在正式的协议离婚谈判前,当事人与律师团队可以进行一次模拟谈判。通过模拟谈判,当事人和律师可以练习谈判技巧,提升沟通能力、应变能力和问题解决能力,帮助当事人理性地处理情绪。更重要的是,模拟谈判中,当事人可以尝试不同的谈判策略,了解哪种策略更适合自己,同时也更好地理解对方的需求和立场,从而为实际情境中做出更明智的选择做准备。模拟谈判结束后,当事人可以和律师共同评估不同的解决方案,了解每种方案的优劣,从而为实际谈判提供参考。

一、知己知彼,百战不殆

所谓预判对方的预判,首先必须做到知己知彼。一方面,要先明确自己的目标和诉求,在梳理出己方的各项诉求和依据后,对之进行先后排序。例如,对某些当事人来说最优先的是子女抚养权,也有些当事人最希望的是尽量多分财产。另一方面,也要分析对方的诉求。对方的诉求往往反映出其在现阶段最为紧迫的东西,很可能成为他（她）在谈判中的软肋。比如，在对方看来时间就是金钱，最紧要的是尽快离婚，其他一切都好说，那么在财产分割等方面己方就可以尽量多争取一些。摸清双方的诉求、底牌和软肋，设定明确的目标，有助于确立谈判的方向和重点，为谈判实战做好充分的准备。

二、知法懂法，未雨绸缪

在确定自己的诉求时，当事人必须考虑"最坏的结果"是什么，即如果谈判破裂，双方需要到法院进行诉讼离婚的话，法院可能会作出怎样的判决，这一点至关重要。在离婚谈判之前，可以收集相关法律法规和案例，咨询专业律师，了解离婚后可能面临的问题和解决方案，这有助于作出明智的决策。

例如，由于长期被家暴，小美试图与丈夫小帅协议离婚，但对方坚决不同意离婚。此种情况下小美应当知晓，家暴不仅是准予离婚的法定情形，而且是无过错方有权请求损害赔偿的法定情形。如果小美已经掌握了伤情鉴定、出警回执等对对方不利的证据，在与对方谈判时就可以硬气些。因为就算对方不同意协议离婚，诉讼离婚也大概率是一样的结果。

但如果客观情况对己方不利，就可以适当让步。比如，小帅和小美结婚后，小帅用婚前个人财产出资付了房屋首付款，然后夫妻用共同财产还贷。几年后两人因性格不合离婚。小美在协议离婚谈判前认为，小帅作为男方应该绅士一些，将这套房屋分给自己。但如果是诉讼离婚，根据《民法典》司法解释相关规定，小美可能只能就这套房屋的共同还贷及其增值部分获得折价补偿款。在知晓法律规定和司法实践的情况下，小美在谈判时就可以适当做出妥协，而不是硬要争房导致谈判破裂转而诉讼离婚，从而面临更不利的判决结果。

概言之，模拟离婚谈判必须对案件进行一个整体的分析，在掌握法律规定、评估诉讼结果的情况下制定谈判策略。

三、掌握沟通技巧，打"心理战"

良好的沟通是离婚谈判的基础。离婚谈判中双方应学会倾听对方的意见，表达自己的需求，尽量避免过度情绪化的争吵，保持冷静和理性，以达成更好的解决方案。

首先，要学会用方案代替情绪。离婚谈判与商业谈判不同，双方都夹杂了个人情感，因此谈判气氛很可能会达到剑拔弩张的冰点。很多当事人可能会被对方的态度激怒，立刻站起来指责，使谈判变成吵架和翻旧账。举个例子，谈判时男方指责女方在婚姻里不够贤惠，太过强势，自己在家里得不到想要的温情。这种言论很可能会刺激到女方，反过来指责男方"你出轨倒成了我的错了？"离婚谈判不是吵架，而是双方各取所需。指责或许能在气势上压倒对方，但对谈判结果毫无帮助。比起宣泄情绪，不如冷静下来提供一个理性的方案，告诉对方：我们今天坐在谈判桌上是来解决问题的。我知道你这么多年在外打拼挣钱不容易，但你出轨已经是事实了，现在争论谁对谁错没有意义。如果闹到法院去你也是过错方，可以对你少分或不分。念在夫妻一场，我觉得合理的财产分法是……离婚谈判中，双方可能会因情感问题而产生矛盾和冲突。学会避免使用攻击性言辞，采取善意和理智的态度，能够帮助谈判双方更加理性和冷静地处理情感和利益问题，从而使离婚谈判进行得更顺利。

其次，尝试用合作代替敌对。谈判实际上是各取所需，即便是离婚谈判中，也可以试着代入中立的视角，采用合作性谈判的策略。比如，在子女抚养权归属问题上，双方可能会争执不下。此时比起双方争吵谁更需要孩子，不如都站在孩子的角度考虑"孩子更需要谁"，并站在对方的角度考虑一下如何弥补对方亲权的缺失。例如，女方可以尝试表达孩子跟随自己生活的必要性和合理性：孩子还小，离不开母亲。自己的工作相对轻松稳定，有更多的时间可以陪伴孩子。孩子长期由外公外婆照顾已形成习惯，归女方抚养对孩子成长更有利……但同时也可以给对方一个解决方案，如在离婚协议中约定对方的探望权，明确对方在节假日可以探望孩子等。总而言之，双方可以共同商讨解决问题的办法，尽量避免竞争和敌对态度，以寻求双赢的结果。

四、总结复盘，灵活应变

离婚谈判结束后，可以总结和回顾谈判的结果和过程，评估是否达到了己方的目标，为未来的谈判实操积累经验。如果发现模拟谈判的结果远低于自己的期望，如自己对共同财产分割的方案是要价70%、底线50%，结果发现经过谈判后自己不得不让步到了20%，那么就可以尝试调整谈判策略，提高一开始的"报价"，降低对方的心理预期。

如果发现谈判可能会陷入互不相让的僵局，则可以尝试给对方选择权，但实际上几个选择都是符合己方需求的。这种方法，既不伤害谈判双方的和气，又尽可能满足了双方的需求。即便达不到最初的预期，也没有让这场谈判以失败告终。概言之，谈判中要灵活应对，根据情况调整谈判策略，以求得更好的解决方案。

离婚谈判可能面临复杂的情况和问题，双方可以通过运用这些谈判技巧和策略，更加理性地面对问题，减少冲突和争吵，增加彼此的理解和尊重，从而使离婚谈判进行得更加顺利。

第六节 "到底离不离？"

前面说过，"反复横跳"是离婚当事人的基本心理活动。说好不离又离了，离着离着后悔了，撤回申请不离了，吵完一架又离了……即便是到了协议离婚的阶段，仍然有不少当事人在谈判完之后，甚至在起草完离婚协议之后，选择了不离婚。出现这种情况主要有以下几个原因。

一、太贵了

小杰是富二代，小璐是知名女明星，两人在朋友的婚礼上一见如故，迅速坠入爱河，随后举行了一场世纪婚礼。婚后，小璐冒着生命危险为小杰生下了两个子女。小杰甚是感动，答应一辈子守候小璐，还豪掷千金为小璐在其家乡购置了一套豪宅。但因工作原因，两人长期分居两地，再加上婆媳矛盾，双方渐渐产生了隔阂。结婚十一年后，两人的情感日渐淡漠，走到了协议离婚的地步。

谈判过程中，小璐拿出了两个孩子近年来的开支票据，显示每个月光是课外兴趣班就要花掉20万元，贵族学校的学费更是高达百万元。小璐以此为由，要求小杰每个月支付子女抚养费和经济补偿共计 100 万元。小杰这才发现，按照小璐的方案，离婚后自己不仅要付孩子的抚养费和给小璐经济补偿，还要独自还豪宅的房贷，即便是身为富二代的他也有些吃不消。更何况，自己公司的生意近年来不容乐观。权衡之下，小杰向小璐坦白自己没有那么多钱，而小璐虽与婆婆关系不好，但也知道离了婚之后没了婆婆，自己无法承受一家子的经济重担。协商后，两人决定暂时搁置离婚事宜。

很多当事人在决定离婚时也豪言壮语："只要能离，花多少钱都行！"但真的进行到协议离婚谈判时，才发现离婚后的开支难以承受，思考再三后还是决定先放一放。名人离婚支付天价分手费的例子并不少见，而就一般家庭而言，离婚的成本往往也是当事人难以承担的。在房价高企的时代，房屋是离婚财产分割的主要对象。一方要房，另一方要钱。在一线城市，房屋动辄上千万。扣除掉剩余贷款，要房的一方通常需向另一方支付数百万的折价补偿款。一般的家庭能随随便便躺着几百万现金吗？真要离这个婚，可能还得去借一笔钱支付补偿款。如果房屋需除名，可能还得借钱涂销抵押……其实离婚是及时止损，不离婚也是及时止损，与其迫于情面允诺超出了正常标准的抚养费，或者负债累累只为了支付房屋折价补偿款，不如先权衡自己的经济实力再决定要不要离、要不要给、该给多少。

二、太麻烦了

大刘和梅梅是一对典型的"马大哈"夫妻，俩人唯一的共同特点就是怕麻烦、图省事、爱犯迷糊。因为一次单位聚餐喝多了酒，俩人迷迷糊糊地导致梅梅意外怀孕。孕期到了第六周，梅梅还以为自己是吃胖了，直到去医院做了检查才发现大事不妙，赶忙拉着大刘"补了票"。婚后，俩人为了省事，全家只办了一张银行卡，双方把自己婚前的现金积蓄、婚后的工资奖金以及父母给的礼金和嫁妆，全取成现金存进了新银行卡里。

后来，大刘把梅梅的避孕药和治感冒的退烧药弄混了，把避孕药分给了邻居朋友，把退烧药给梅梅吃了。结果，梅梅因为喜提二胎错失了升到总部的机会，一气之下决定要跟大刘离婚。大刘觉得自己只不过是好心办了坏事，梅梅太小题大做，但反正俩人也没什么感情基础，离就离。

周末，大刘和梅梅跑到民政局申请离婚，结果吃了个闭门羹。"啥？民政局周末不上班啊？"周一俩人又跑了一趟，被工作人员告知离婚登记需要提前预约。"啥？还需要预约！"听到大刘不耐烦的抱怨，工作人员向俩人详细介绍了协议离婚的流程：先线上预约，再来申请，回去等30天后，双方再一起来登记离婚。此外，双方还得形成一份离婚协议，对财产分割、子女抚养等问题达成一致意见。

大刘和梅梅傻了眼，俩人都没想到离个婚居然这么麻烦。大刘跟梅梅说，"大宝跟我，二宝跟你，钱一人一半。"梅梅这下可不乐意了，"你想啥呢？肚子里这个还没出生呢，万一有个好歹的，谁给我养老！卡里的钱一人一半也不对，结婚时我爸妈给了60万元，你爸妈才给了20万元，凭啥我和你平分？"大刘思来想去，觉得梅梅说得也在理，于是俩人调出了银行卡流水决定一笔一笔梳理。但面对横跨了七年之久的账单，俩人傻眼了，沉默了一会儿后，梅梅先发话了，"要不咱还是别离了吧……"大刘点点头，"我也觉得……"于是乎，两个迷糊蛋继续凑合过日子了。

协议离婚过程中，很多当事人迟迟无法就子女抚养、财产分割等问题谈妥，但又觉得起诉离婚太麻烦，下不了打官司的决心，出于爱面子、怕折腾等原因，选择了搁置离婚。如果怕麻烦，继续在婚姻里省事，也不失为一种选择。

三、又爱了

小雅是个清秀的南方姑娘，大学时与同校的壮壮相识相恋。毕业工作后，俩人携手走入了婚姻的殿堂。壮壮是个粗线条的北方汉子，一直用自己的方式，笨拙地爱着小雅。小雅爱吃烧鸡，他就跑去农村逮了十几只活鸡拿回家杀，小雅一回家看到一地的鸡血鸡毛，差点没吓晕过去。小雅喜欢首饰，他就攒了几个月的工资买了条大金链子，小雅气不打一处来，质问他哪有女生戴那么粗的金链子，他就委屈地跟小雅撒娇，"我就是觉得那些细的太便宜了，我媳妇值得最好的！"

两个人的婚后生活虽有矛盾，但也还算幸福。只是有一件事，小雅很不满意壮壮的做法——吃饭时，壮壮总喜欢夹着菜在盘子上方抖一抖再夹走。每次小雅提醒壮壮，他总是不当回事。因为这事俩人没少吵架。这天，小雅带壮壮参加高中同学聚会，壮壮看见餐桌上有烧鸡，夹了满满一筷子，又在盘子上抖了抖，准备夹给小雅。小雅见到周围同学异样的眼神，直接在饭桌上跟壮壮翻了脸，摔了碗筷就走了。回到家，两人大吵一架，小雅抱怨壮壮永远不把自己的话当回事，在同学面前让自己丢脸；壮壮指责小雅狗咬吕洞宾，就为了这点鸡毛蒜皮的小事在饭桌上跟自己撕破脸，不识大体。双方都觉得对方不可理喻，气头上的俩人决定离婚，去民政局办理了离婚申请。

等待离婚的这段日子对小雅和壮壮来说并不好过。小雅仔细回想起同学聚会那天的情景，才发现壮壮夹的那道菜是自己爱吃的烧鸡。壮壮通过与老同学们叙旧才得知，小雅当年在高中是校园女神，追求她的男生能从教学楼排到校门口。时过境迁，当年班里几个没小雅受欢迎的女生后来嫁给了富商大贾，这次聚会都期待看看小雅的丈夫是何方神圣。结果壮壮连基本的餐桌礼仪都不懂，让小雅的自尊心极度受挫……认识到自己的错误后，壮壮找到小雅，向她诚恳地道歉并表明自己以后一定会改。小雅回忆起壮壮对自己的好，也心软了："原谅你也不是不行，拿两根大金链子来！"两人会心一笑，恩爱如初。

离婚总会有一根导火索，但也有些情况下，导火索还没引燃，双方的那道气就过去了，感情也修复了，这时候后悔也为时不晚。

但值得注意的是，就算双方因为嫌贵、怕麻烦等种种原因重归于好了，如果双方已经到了协议离婚的阶段，就说明感情已经出现了裂痕。哪怕不离婚，这段婚姻的风险也比较高了，因此一定要做好风险防范。比如，保存好对方出轨、家暴的证据，尽量厘清夫妻共同财产和共同债务等。

第七节　如何辅导当事人协商解决子女抚养问题？

对于大部分家庭，尤其是独生子女家庭来说，子女抚养问题向来是协议离婚的重中之重。毕竟，存款可以一人一半，房子可以折价补偿，但孩子只有一个。因此，子女抚养权的归属也往往成为"兵家必争之地"。当事人在跟对方沟通子女抚养问题时，必须知道法律的基本规定，这就要求律师对当事人有一个清晰的辅导。

一、抚养权的归属

协商抚养权归属时，律师应当告知当事人法律规定及司法裁判形成的几个规则。首先，子女的年龄、性别、数量等基本信息非常重要。根据《民法典》第一千零八十四条以及《民法典婚姻家庭编解释（一）》第四十四条规定，不满两周岁的子女以由母亲直接抚养为原则。满两周岁不满八周岁的子女，法律虽没有明确规定，但司法实践中总体更偏向女方，因为年幼的子女往往更需要母亲的照顾。如果子女已经满八周岁，则会考虑子女的意愿。但也不是说子女想跟谁就能跟谁，只有在双方都争抚养权，且双方都具有抚养子女的条件时，法院才会考虑孩子的意见。如果孩子想跟爸爸，但爸爸并不想争取抚养权，或者爸爸因为犯了事在监狱里，那抚养权的归属结果就显而易见了。除年龄外，孩子的性别也是重要因素。如果是女孩，法院一般会考虑到由男方照顾不便，因而更偏向于判给女方。此外，如果有两个已过哺乳期的子女，出于经济责任分摊、孩子成长、家长精力角度考虑，原则上法院会判决夫妻双方一人一个。

其次，父母的情况也非常重要。父母是否再婚、是否有其他子女、是否有生育能力、是否患有严重疾病等信息，都影响着子女抚养权的判断。如果是生父与继母离婚，或者生母与继父离婚，如果继父母不同意继续抚养，根据《民法典婚姻家庭编解释（一）》第五十四条规定，子女仍应由生父母抚养。如果一方已做绝育手术或者因其他原因丧失生育能力，则该方根据《民法典婚姻家庭编解释（一）》第四十六条可予优先考虑。此外，如果双方抚养子女的条件基本相同，都要求直接抚养子女，但子女单独随祖父母或者外祖父母共同生活多年，且祖父母或者外祖父母要求并且有能力帮助子女照顾孙子女或者外孙子女的，根据《民法典婚姻家庭编解释（一）》第四十七条，该种情形可以作为父或者母直接抚养子女的优先条件予以考虑。

影响抚养权的因素和细节还有很多，一言以蔽之，律师需在当事人谈判前充分做好辅导工作，帮助当事人掌握这些判断子女抚养权归属的基本原则和考虑因素，从而让当事人在协商时更有底气。比如，男方可能会以为女方不懂法，告诉女方"你要么拿一半钱走人，要么孩子归你，但你得净身出户"，但实际上双方子女还不满两周岁，即便是诉讼离婚也是以女方直接抚养为原则。知晓法律规定后，女方就不会被"唬住"，可以更硬气地跟对方谈条件。

二、抚养费和探望权

离婚并不宣示着夫妻双方全部权利义务的终结，反而会催生出一系列新的法律关系，抚养费的变更、探望权的执行，就是典型的离婚诉讼及离婚后的争议焦点。抚养费和探望权纠纷往往涉及父母双方具体的经济情况和家庭情况，更关涉孩子的成长和教育，因此通常情况下，抚养费与探望权最好通过双方协商解决。

在抚养费方面，法律规定抚养费只支付到子女十八周岁，法院判决的话也只会判到十八周岁。另外，法院判决的抚养费是固定的，它已经包含了子女日常学习、生活和医疗的费用。既有司法裁判表明，子女参加兴趣爱好班的费用不属于未成年人成长所必需的教育支出，不应计入抚养费之中。[①] 但实际上，孩子的开销远不止这么多。根据《民法典婚姻家庭编解释（一）》第五十八条规定，一般情况下法院对于双方协议或判决所确定的抚养费数额是不做变更的，只有在子女由于生活和受教育费用增长的情况下，或父母双方的经济情况有较大变化的情况下才可以进行变更。

因此，协议离婚时，直接抚养子女的一方可以向另一方释明，子女满18周岁以后还要上大学甚至出国留学，为了让子女接受更好的教育，双方可以在协议中写清楚，除基本的固定抚养费外，其余重大支出（包括但不限于重大医疗、教育、商业保险等费用）各付一半。当然了，还有一些案例中当事人对抚养费的构成、变更进行了事无巨细的约定。例如，双方当事人对抚养费的标准划分为五周岁之前、五周岁到十八周岁、十八周岁之后三个阶段，并对保姆费、保费、学费、重大疾病医疗费等开支的承担作出了非常细致的约定

[①] （2022）京民申195号民事判决书。

(见下例1)。

例1 离婚协议中子女抚养条款示例

1 子女抚养

1.1 直接抚养权

1.1.1 男、女双方育有一子,姓名为张小五,身份证号……。

1.1.2 经双方协商,男方同意儿子的直接抚养权归女方所有。

1.2 抚养费及相关费用

1.2.1 男方每月支付儿子固定抚养费(包括生活费、部分医疗费、部分教育费等)人民币伍仟元整(¥5000),自双方领取离婚证之日起每月的18号前支付当月抚养费,直至儿子年满十八周岁。

儿子年满十八周岁当月起至二十四周岁期间的生活费、学费,经男女双方协商一致,由男女双方各承担50%,各方自行于每月18号前支付当月相关费用。

1.2.2 男方同意:自双方领取离婚证之日起至儿子年满五周岁,男方每月支付儿子的保姆费人民币陆仟伍佰元(¥6500),儿子年满五周岁起至七周岁,男方每月支付儿子的保姆费人民币叁仟元(¥3000),自双方领取离婚证之日的次月起每月的18号前向女方支付当月保姆费。

在支付保姆费前,女方应向男方提供保姆身份证复印件、联系电话及微信,且女方应于男方支付每期保姆费前,将女方向保姆支付保姆费的记录按照本协议约定的送达方式发送给男方。若女方未按前述约定履行或提供的资料及陈述不真实,男方有权拒付保姆费,如已支付的,男方有权要求女方予以返还。

女方有权单方决定保姆人选,女方应本着合理、节约的原则与保姆或第三方中介机构商定保姆费。

1.2.3 男方同意为被保人为儿子张小五的重大疾病保险缴纳保

(保险公司：友邦人寿保险有限公司；保险合同编号【××××】)，直至儿子年满二十五周岁止，每年保险费不高于人民币壹万伍仟元（￥15000），男方应在收到女方通知之日起两日内向女方支付相应款项。

1.2.4 男方每月支付儿子固定抚养费已包括生活费、部分医疗费、部分教育费等，女方应将本协议项下男方支付的全部费用进行存储并真实、合理地用于儿子的生活、学习、医疗健康及成长等，不得挪用。

1.2.4.1 当社会医疗保险或商业保险理赔后仍无法覆盖儿子的医疗费用时，若额外支付的医疗费用超过当月固定抚养费的，超过部分由男、女双方各承担50%。男方应在收到女方通知之日起两日内向女方支付相应款项。

1.2.4.2 儿子优先选择就读公立幼儿园及公立学校，除保教费、伙食费外的其他教育费用（包括但不限于赞助费、学杂费、课后托管费、校服费、校车费、校内辅导班等），男方同意承担55%。若需就读民办或私立幼儿园及学校的，须经男、女双方协商一致，民办或私立幼儿园及学校的相关费用，男方同意承担55%。男方应在收到女方通知之日起两日内向女方支付相应款项。

1.2.4.3 儿子报名参加兴趣班、辅导班，经男、女双方协商一致后由男、女双方各承担50%，男方应在收到女方通知之日起两日内向女方支付相应款项。男、女双方也可根据儿子兴趣及实际需要，单独为儿子报名相关兴趣班或辅导班，费用自行承担。

此外，法院判决的抚养费是固定的，并不会因为通货膨胀、物价上涨就自动递增。但双方协商时可以约定离婚后子女抚养费按照一定的比例递增，咱就不说给孩子"一个小目标"了，至少得跑赢通胀吧。比如，双方可以约定子女上小学后增长20%，上初中后增长 20%，上高中后增长 30%。一言以蔽之，律师在辅导当事人处理抚养费问题时，可以建议客户根据实际情况细化抚养费的数额、变更、支付等要求。

探望权也是同样的道理。对于探望权这种比较私密、难以执行的事项，法院通常不会判得那么细，有可能只判一周一次、一个月两次之类的固定次数，或者只明确双方必须遵守的原则或规则，从而给日后探望权的具体行使预留一定的、合理的调整空间。探望权的行使虽以子女利益为首要考虑因素，但也不能因此忽视对父母行使探望权便利性的考虑。如果单方面考虑子女利益，而对父母行使探望权时的现实可行性及其自身利益缺乏关注，可能会导致判决确定的探望权无法顺利行使，反而对子女利益并无好处。但在协议离婚时，双方可以对探望权的次数和行使作出灵活化、细致化处理。例如，具体规定行使探望权的次数、时长，并明确男方父母的探望权，以及探望前的通知义务：

（1）男方每周可以探望儿子 1 次，具体探望的日期男女双方协商，每次探望的时间不多于 24 小时；每年达 5 日及以上的法定节假日（包含假日前后休息日及调休日在内），男方均有权探望儿子 1 次，探望的时间不多于国家法定节假日放假安排天数（包含假日前后休息日及调休日在内）的一半，如春节 7 天中可探望的时间不多于 3.5 天。

（2）儿子寒暑假期间，男方的探望次数和时间都可适当延长，但最长不多于教育机构（幼儿园或学校）确定寒假或暑假总天数的一半，具体时间双方友好协商，且男方需要充分考虑女方意愿及保证不影响儿子正常生活及学习。

（3）男方及男方父母行使探望权的，男方或男方父母应提前 3 日通知女方，双方协商接送儿子的具体时间及方式，且男方及男方父母需要充分考虑女方意愿及保证不影响儿子正常生活及学习。

（4）女方理解同意男方的父母对其孙子享有与男方同等的探望权。男方父母可在男方享有探望张小五权利的期间对其予以探望。双方确认，女方、女方父母或女方指定的人员在男方及男方父母行使探望权时有跟随照顾的权利。

（5）女方有特殊情况不便于照看儿子时，经女方要求，男方或男方父母可以照看儿子。

此外，离婚协议中还可以按照子女的年龄阶段，区分非直接抚养一方行使探望权的次数及时长，并对"过年去谁家""暑假在哪过"等问题予以明确，这样更有利于双方遵守和执行。例如：

（1）婚生子陈小明满三周岁之前，每隔三个月非抚养一方可探望三个月。

（2）婚生子陈小明满三周岁及之后（满三周岁就会开始上幼儿园，因此，以这个时间作为上学的开始时间），每月可以探望4天。探望具体时间为每周的周六早上9时至周日中午12时，探望当天早上9时由非抚养一方到抚养一方住处接陈小明，周日中午12时由非抚养一方送回抚养一方的住处。

（3）单数年，国庆期间婚生子与陈大明共同居住，春节期间婚生子与梁美美共同居住；双数年，婚生子国庆期间在梁美美处，春节期间在陈大明处。探望方式为假期开始的第一天早上9时由非抚养一方到抚养一方住处接陈小明，探望时间结束之日晚上8时由非抚养一方将婚生子陈小明送回抚养人住处。

（4）暑假期间非抚养一方可与婚生子共同生活25天。探望方式为假期开始的第一天早上9时由非抚养一方到抚养一方住处接陈小明，探望时间结束之日晚上8时由非抚养一方将婚生子陈小明送回抚养人住处。

（5）其他假期（元旦、清明节、端午节、五一劳动节、中秋节），非抚养一方可以在单数年的元旦、端午节、中秋节期间探望婚生子陈小明，在双数年的清明节、五一劳动节期间探望婚生子。探望方式为放假的第一天早上 9 时由非抚养一方到抚养一方住处接陈小明，放假最后一天晚上 8 时由非抚养一方将陈小明送回抚养一方的住处。

第八节　如何辅导当事人谈财产问题？

律师能够在辅导当事人谈财产问题时起到至关重要的作用，为当事人提供法律咨询、分析财产情况、制定谈判策略、协助谈判等方面的帮助，以确保当事人的权益得到最大限度地保护，并尽力达成公平合理的财产分割协议。

一、掌握财产状况，确定底线方案

双方的资产构成有哪些？其中哪些是个人财产、哪些是共同财产？如果房屋归一方所有，需要支付的补偿款如何计算……这些基本问题是谈判财产分割前必须想清楚的。谈判的底气，来源于对事实的探知和对法律的掌握。一方面，谈判前需要做到对双方的财产基本情况"知己知彼"，才能百战百胜。另一方面，律师要辅导当事人掌握夫妻财产认定及分割的法律规定和司法裁判规则，让当事人明晰如果去了法院，财产会怎么分割、补偿款会怎么支付，这样在谈判的时候就可以清楚知道自己的底牌。先把己方的底线想清楚，才能在谈判时确立一个基本点，避免在谈判时受情绪或状态的影响答应对方不合理的要求。

二、掌握谈判筹码，灵活调整策略

确立基本路线后，谈判时还要抓住对方的"痛点"进行沟通，根据各种因素灵活调整财产分割比例。首先，财产分割比例可以根据双方的过错程度进行调整。比如，对方婚内出轨，那么对方的这个"痛点"就是己方谈判时的筹码。律师可以辅导当事人利用对方对出轨行为的愧疚心理，在谈判时尽可能展现出轨这件事对己方当事人造成的伤害，让双方对这段婚姻的定性有明确的共识——是谁出轨？谁是过错方？谁导致的感情破裂婚姻终结？力求让当事人在道德上占据制高点，进而在财产分割上占据有利地位，让对方主动妥协。

其次，还可以根据子女抚养权归属，对财产分割进行调整。很多当事人觉得"孩子和钱只能要一样"，其实不然。如果是非直接抚养子女的一方，谈判时当然可以给对方灌输"养儿防老"的观点，要求己方多分。如果是要求直接抚养子女的一方，也可以明示对方现在养育孩子的成本太高，自己多分些财产是为了给孩子提供更好的物质生活。如果对方在财产分割上不肯妥协，那么我方当事人就可以灵活调整对财产分割的要求，哪怕少分一点财产也要抚养权。无论采取什么策略，重要的是在沟通中说服对方，让其认为我方当事人的策略是合理的。

再次，可以根据双方当事人对于离婚的急迫程度进行调整。如果你急着离，对方不急，那你就可以适当做出财产方面的让步；如果对方赶时间，你就可以告知对方"我知道你很急，但你先别急，我们谈谈财产分割问题……"变相地让对方主动做出妥协。总而言之，财产分割的方案不能是唯一的，而应该是灵活的。

最后，如果双方在谈判中对财产的所有权、财产补偿的数额无法确定，僵持不下，也可以考虑协商把财产留给孩子。这个折中的办法或许可以更高效地解决矛盾。若离婚协议已明确将特定财产给予子女，除非一方有证据证明签订离婚协议时存在欺诈、胁迫等情形，否则该协议条款是无法撤销的。

三、收集证据材料，做到有备无患

很多当事人认为协议离婚时证据并不重要，双方彼此心里有数就行，甚至有些当事人在谈判时"情绪涌了上来"，念及旧情把对方写的《出轨悔过书》都给撕了。然而，如果双方已经走到了协议离婚这一步，就说明双方的婚姻已经是定时"炸弹"了，随时会有离婚的风险。就算事实对己方再怎么有利，如果谈判失败转向诉讼离婚，缺乏充分的证据，己方的赢面也不大。双方对财产状况的掌握、诉讼结果的预测、彼此痛点的运用、谈判策略的调整，都建立在充分的证据基础上。因此，当事人谈判时的取证能力、对证据材料的准备至关重要。即便不是为了诉讼离婚做准备，谈判时也可能面临过错方嘴硬的情况：你说我偷藏了私房钱，有证据吗？你说我出轨，有证据吗？你说我家暴，有证据吗？这种情况下，如果能拿出有力的证据，就可以狠狠"打脸"对方，灭一灭对方嚣张的气焰。总体来说，财产分割方面，当事人的谈判前辅导非常重要，早点咨询律师、做好充分准备，才能从容应对，最大化为自己争取利益。

第九节　夫妻共同负债应该怎么约定？

在婚姻存续期间内，夫妻是同甘共苦的命运共同体。那么离婚后，是不是真的可以老死不相往来了呢？并非如此，至少在夫妻共同债务方面，即便是离婚后的夫妻也得"风雨同舟"。

一、夫妻共同债务的认定

《民法典》第一千零六十四条规定，"夫妻双方共同签名或者夫妻一方事后追认等共同意思表示所负的债务，以及夫妻一方在婚姻关系存续期间以个人名义为家庭日常生活需要所负的债务，属于夫妻共同债务。夫妻一方在婚姻关系存续期间以个人名义超出家庭日常生活需要所负的债务，不属于夫妻共同债务；但是，债权人能够证明该债务用于夫妻共同生活、共同生产经营或者基于夫妻双方共同意思表示的除外"。从上述规定来看，《民法典》确立了三条确定夫妻共同债务的规则。

首先，夫妻双方"共债共签"，即基于夫妻共同意思表示所负的债务应被认定为夫妻共同债务。比如，在借贷合同中，双方都在借款人处签了名；或者虽然只有一方的签名，但另一方事后承诺债权人"我和我爱人一起还钱"，这样的事后追认也可以作为共同负债的意思表示。需要注意的是，如果夫妻一方只是在配偶与他人签订的借条上作为"见证人"或"证明人"的身份签字，根据司法裁判的观点，不能以此认为夫妻双方有负担债务的合意，该借款不能认定为夫妻共同债务。[①]

其次，为家庭日常生活需要所负的债务属于夫妻共同债务。比如，老公去小卖部打了瓶酱油回家做饭，老婆在直播间买了件裙子，这些与衣食住行、医疗保健、交通出行、文娱活动等家庭日常生活所必要的消费属于夫妻共同债务。至于什么是"家庭日常生活需要"，那就是事实判断了。比如，在"吃穿用度"方面，一顿八千元的高级料理、一个上万元的包包，可能对于月薪一千元的打工人来说超出了"家庭日常生活需要"，但对于家财万贯的富豪来说就是日常开销。总而言之，不同家庭的消费数额相差甚远，价格只是认定"家庭日常生活需要"的参考标准之一，而非唯一。法院还需根据夫妻的生活水平（如双方的职业、身份、资产、收入、兴趣、家庭人数等）和当地的社会生活习惯、经济水平等因素予以综合判断。

最后，夫妻一方在婚姻关系存续期间以个人名义超出家庭日常生活需要所负的债务，如果债权人能够证明该债务用于夫妻共同生活、共同生产经营或者基于夫妻双方共同意思表示的，就属于夫妻共同债务，否则应当属于一方个人债务。比如，夫妻双方打算一起开间包子铺，丈夫向朋友借了三万元作为启动资金，结果包子铺因经营不善倒闭，此时如果丈夫的朋友可以举证证明这笔钱是用在夫妻双方的共同生产经营，即两人一起开的包子铺上，这笔债务就可以作为夫妻共同债务，债权人可以要求夫妻双方共同偿还。

[①] （2018）苏0923民初587号民事判决书。

二、虚构的借条有没有法律效力？

首先，离婚时夫妻一方为了避免名下财产被分割，与第三人恶意串通，虚构共同债务坑害另一方，是否具有法律效力？2017年，广州曾经发生"母子联手坑儿媳"的案件。该案中，夫妻双方婚变，男方母亲把夫妻二人告上法庭，让二人偿还用于购置婚房的债务260万元，还有模有样地提供了男方亲手写下的"借条"和银行流水。由于女方一直在上海工作，且忙于离婚案，并不知道婆婆在异地起诉做的手脚，丈夫还拦下了相关诉讼信息和材料，导致女方"人在家中坐，债从天上来"，从此踏上了三年的维权路。三年后，法院判决男方少分夫妻共同财产约40万元，并认定男方的行为严重扰乱司法秩序，妨害民事诉讼，处罚男方5万元。此外，根据《刑法》第三百零七条的规定，母子二人的行为构成了虚假诉讼罪，该案正在进一步办理当中。

《民法典》第一百五十四条规定，行为人与相对人恶意串通，损害他人合法权益的民事法律行为无效。可见，虚构夫妻共同债务的行为是无效的。《民法典婚姻家庭编解释（一）》第三十四条也明确规定，夫妻一方与第三人串通，虚构债务，第三人主张该债务为夫妻共同债务的，人民法院不予支持。夫妻一方伪造夫妻共同债务，严重损害夫妻共同财产利益的，如果发生在婚姻关系存续期间，可以依据《民法典》第一千零六十六条规定，向法院请求分割夫妻共同财产；如果发生在离婚时，可以依据《民法典》第一千零九十二条规定，主张对该方少分或者不分财产；如果发生在离婚之后，可以依据《民法典》第一千零九十二条规定，提起离婚后财产纠纷诉讼。害人之心不可有，防人之心不可无，即便夫妻感情不再，即便想多分财产，也要通过正当的手段在法律的框架内进行，试探法律的边界只能是自讨苦吃。

其次，夫妻双方为了躲避共同债务，内部约定由一方偿还全部债务，这样是否有法律效力？一般情况下，离婚时夫妻约定或法院判决对共同债务的分担方式仅在夫妻内部有效，仅具有对内的约束力，对第三人不具有法律约束力。所以，夫妻内部的约定不能对抗债权人，债权人依然有权就夫妻共同债务请求夫妻双方偿还，夫妻双方对共同债务承担连带清偿责任。但是此种约定具有对内效力，即夫妻一方承担了超过约定或法院判决承担的部分，可以向另一方追偿。

三、想借钱，先离婚？

《民法典》实施前，司法实践曾一度将"发生在婚姻存续期间内"作为认定夫妻共同债务的标准，只要借贷行为发生在婚姻关系存续期间，不论举债人的配偶是否在借款协议中签字，也不论其是否对该笔借款知情，债务都首先推定为夫妻共同债务。[①]

在《民法典》明确了"夫妻共债共签"规则后，除了为夫妻共同生活和共同生产经营开支所负的债务，如果夫妻另一方没有在借款协议上签字，事后也没有对该债务进行追认，那么非借款方便没有还款义务。从银行的角度来看，其无法知晓借款人所借资金的最终是用作个人经营还是家庭开支。因此，为了规避风险及维护非借款方的利益，一般情况下，银行等贷款机构在向已婚人士提供贷款

[①] 例如，在某新能源科技有限公司与温某、严某追收未缴出资纠纷一案〔（2017）川 11 民初 60 号〕中，法院因严某出资不到位形成的债务发生于夫妻关系存续期间认定该案涉债务为夫妻共同债务，判决彭某以其与严某的夫妻共同财产为限承担连带责任。而对于彭某所提出的并不知晓也未实际参与债务人严某的投资经商活动，以及严某未将投资收益用于家庭生活的主张，法院并未接受。

或金融服务时，会根据夫妻共同财产制度的规定，要求夫妻双方作为共同借贷人出席签字，贷款资质评估时直接评估夫妻双方的贷款资质，贷款由双方一起还本付息。

"我想办理银行贷款，又不想让老婆知道，可以单独签字办理贷款吗？"很多做生意的已婚当事人需要资金周转，但由于不想让配偶知情或配偶不同意签字等原因难以办理。在过去法治教育还不普及的时代，一些人为了顺利向银行借钱哄骗配偶共同签名，有些人不知道签字的法律后果，糊里糊涂就签了，结果背上了共同债务。如果举债方没有财产可供执行，那共同签字的一方就惨了，甚至连自己的个人财产也无法幸免。在当下，随着教育水平的提高，夫妻"共债共签"已被更多人熟知，人们"没那么好骗了"，很多夫妻陷入信任危机，不再轻易共同签署借款合同。但如果一方急需用钱，配偶又不愿意签字，这个时候离婚就成了唯一的解决办法。有人问瞒着婚姻状况行不行？大数据时代，银行会查验贷款人的征信报告，一查便知。那伪造离婚证行不行？这种方法就更不可取了，一旦查到就涉嫌骗贷，后果非常严重。如果伪造离婚材料向银行贷款，一旦被查出，不仅钱贷不出来，还会影响个人征信，银行有权追究借款人法律责任，甚至可能触犯《刑法》，构成贷款诈骗罪。所以，与其冒着违法的风险瞒天过海，不如与配偶打开天窗说亮话，向其说明贷款的缘由，得到对方的支持。

还有些当事人不是为了借钱，而是为了"省钱"选择了先离婚。比如，夫妻双方已购买首套房，正在还第一套房的贷款，计划买第二套房改善生活条件，结果发现买二套房首付要付一半，且贷款利率很高，增加的支出有些吃不消。很多人束手无策，只能选择假离婚，让不是主贷人的一方买房，这样就可以按照首套房执行了，不仅可以只付三成首付，利率也会降低。

不论是通过离婚借钱还是省钱，实属下策。在身份关系的解除上，不存在所谓"假离婚"，都是"真离婚"，当事人不能通过诉讼方式主张离婚无效，恢复婚姻关系。感情上你们是"假离婚"，但法律层面就是"真离婚"，如果一方"假戏真做"不愿复婚，那么另一方的人身权益就难以得到保护。从法律而言，每个人都应该为自己规避国家政策等原因的行为承担法律后果。总之，"假离婚"操作有风险，为了借钱而离婚须慎之又慎！

四、离婚协议关于夫妻共同负债的约定

有人说世上最遗憾的事就是"人没了，钱还在"，殊不知更痛苦的是"婚离了，债还在"。很多当事人就是因为未能在离婚时妥善处理债务问题，落得个人财两空的结局。那么，离婚协议中的夫妻共同负债应如何约定？

首先，就是要把双方名下的债务全部列出来，写明出借人、借款金额及用途。并写清楚哪些属于个人债务，哪些属于共同债务。例如，"经男女双方确认，截至双方办理离婚手续时的债务共有以下三笔：（1）2021年1月1日，男方因公司经营需要，以自己名义向小明（身份证号：×××；住址：×××）借款人民币五十万元整，尚有本金及利息共计三十万元整未偿还，该债务属于男方个人债务，不属于夫妻共同债务。（2）2022年2月2日，女方因弟弟结婚，以自己名义向小花（身份证号：×××；住址：×××）借款人民币十万元整作为彩礼之用，尚有本金及利息共计五万元整未偿还，该债务属于女方个人债务，不属于夫妻共同债务。（3）2023年3月3日，双方因儿子小明手术治疗所需，以夫妻共同名义向大牛（身份证号：×××；住址：×××）借款人民币二十万元整，尚有本金及利息共计十万元整未偿还，该债务属于夫妻共同债务。"即便是离婚时双方确认都没有债务，也最好写一条保护条款控制风险，防止一方隐瞒债务导致另

119

一方离婚后被追责："双方确认在婚姻关系存续期间无任何夫妻共同债务。一方在婚前或婚后所负的债务由该方全额承担，与另一方无关。若另一方因法院判决或调解等司法程序确认需对外共同承担以上债务的，则在己方支付后有权就自己承担的全部债务向另一方追偿。"

其次，需要向大家强调的是，离婚协议所约定的债务归属只是对内的约定，不能对抗第三人。哪怕双方约定了"各自名下债务由各自承担"或"双方债务由一方承担"，如果债权人有充分的依据证实该笔债务为夫妻共同债务，照样可以将双方都告了。如果最终该债务被认定为共同负债，当事人承担了不应由其承担的债务，可以凭这份对内的协议向另一方进行追索。

所以，夫妻共同债务的重点不是在约定上，而在于从根源上定性。不是配偶说不用你还钱，你就真的不用还。签订离婚协议时双方必须从一开始就洞悉债务的风险。

第十节 "别这样写，无效的！"

大部分当事人都知道，协议离婚以离婚协议为基础，但也不是什么条款写进离婚协议里都有效。实践中，仍然出现了很多令人哭笑不得的离婚协议，五花八门的协议条款层出不穷。需要注意的是，离婚协议中的以下约定是无效的：

一、限制人身权利的条款

"离婚可以，但不准再婚！"有些当事人抱着"我得不到，别人也休想得到"的心理，在离婚协议中限制对方再婚。要知道，婚姻自由是《宪法》赋予公民的权利。在不违反法律法规的前提下，公民享有结婚、离婚的自由，不受他人干涉。如果离婚协议中约定了限制再婚的条款，则该条款会因违反法律规定而无效。谨记一句话：得不到，别毁掉，毁掉也无效。既然已经一别两宽，不如祝福彼此各生欢喜，何必让过去的仇怨阻碍未来的幸福呢？

"再婚可以，但不准生孩子！""再婚生子无继承权！"生育权也是法律赋予公民的人身权利，公民享有生育与不生育子女的自由，不受他人的限制。离婚协议中约定的禁止生育条款，是对公民生育权的人为限制，因违反生育权的法律规定而无效。子女是法定第一顺位继承人，享有法定的继承权，除非是被继承人以遗嘱的形式予以取消某继承人的继承资格，或者继承人故意杀害被继承人、为争夺遗产而杀害其他继承人、虐待遗弃被继承人、篡改遗嘱情节严重或者以欺诈、胁迫手段迫使或者妨碍被继承人设立、变更或者撤回遗嘱，情节严重，否则其继承权不受他人干涉。因此，夫妻离婚时限定一方再婚后所生育子女的继承权，违反了法律规定，属于无效条款。

"离婚后一方无权探望子女！"探望权是父母基于亲子关系而享有的身份权，根据法律规定，父母与子女间的关系不因父母离婚而消除，离婚后不直接抚养子女的一方有探望的权利，任何人不能剥夺或者限制。探望子女既是权利也是义务，不仅不能被协议剥夺，也不能主动放弃，如果双方在离婚协议中约定不和孩子共同生活的一方无权探望，则属于违反法律规定的无效条款。

二、无权处分和无法执行的条款

"离婚之后，你爸妈的房子/宅基地所有权归我！"有些缺乏法律常识的夫妻在离婚时喜欢打肿脸充胖子，出于面子或者补偿对方等想法，心安理得地约定父母或案外人的财产归对方所有，或者约定农村宅基地的所有权归一方所有。要知道，夫妻双方只能对自己的财产进行处分，包括婚前和婚后的财产都可以在离婚协议中进行约定，但是不得处分他人、集体或国家所有的财产。管好自己的钱，做好自己的事，对无权处分的财产约定一般属于无效条款。

"离婚之后，厕所归你，卧室归我！"有些夫妻只有唯一一家庭住房，在离婚时便决定房屋的某几个组成部分归一方，其余归另一方。

即便夫妻双方对离婚协议中房产分割方案都同意，但在办理房屋过户手续时也会受阻。举个例子，徐姐和小杨哥原系夫妻，婚后两人共同在农村修建了一幢房屋，产权登记在小杨哥名下。后来，双方因各种琐事影响了感情，决定协议离婚。两人在《离婚协议书》中约定，"男女双方共同房产分割：位于广东省广州市白云区太和镇白山村××号的住宅一幢，双方离婚后，房屋中第一层中间卧室、厨房、卫生间、阳台全部归女方所有；第一层进大门左侧卧室、楼上住宅以及其他部位全部归男方所有"。结果两人去房产局办理房屋过户手续时未能成功，徐姐便将小杨哥告上了法院，请求法院确认上述协议内容有效。虽然徐姐和小杨哥在婚姻关系存续期间修建的房屋属于夫妻共同财产，双方对此亦无争议，离婚时可以进行财产分割。但根据《不动产登记暂行条例》第八条，"不动产以不动产单元为基本单位进行登记。不动产单元具有唯一编码。不动产登记机构应当按照国务院国土资源主管部门的规定设立统一的不动产登记簿……"案涉房屋只办理了一个房屋产权证，属于一个基本单元，不能再对房屋进行权属分割并分别办理房屋产权证，只能对房屋的份额进行分割。因此，双方在离婚时达成的《离婚协议书》对房屋进行权属分割，违反了《不动产登记暂行条例》，不能办理房屋过户登记手续，其诉讼请求不合法。最终法院认定协议内容为无效条款，判决驳回了原告的诉讼请求。由此可见，一套房屋范围和界域内只能确定一个所有权，夫妻双方可以划分份额或以一方享有所有权、另一方支付补偿对价的方式对房屋进行分割，而不是坚持要求"厕所归你，阳台归我"，这样的约定属于无效条款。

"离婚后，我持有的公司股权全部/部分给你。"市场经济的发展使得公司股权分割问题走入了千家万户。如果是夫妻一方或双方拥有公司股份，通常的做法是在离婚协议中约定持股一方名下的股份保持不变，但给予另一方对价补偿，并明确股份的价款和支付方式。

这样的约定当然没问题。但是，如果夫妻双方协商决定要将一方名下的股权全部或部分给付给另一方的，光是夫妻二人同意可能还不够。基于对有限责任公司人合性的考量，《中华人民共和国公司法》（以下简称 2023 年修订后版本为"新《公司法》"，修订前版本为"旧《公司法》"）赋予了其他股东对转让股权的优先购买权。具体而言，旧《公司法》第七十一条规定，股东向股东以外的人转让股权，应当经其他股东过半数同意，而且经股东同意转让的股权，在同等条件下，其他股东有优先购买权。新《公司法》第八十四条仍然规定了其他股东的优先购买权，但形式上不再要求对外转让股权时需过半数股东同意，简化了优先购买权的行权程序，同时明确了书面通知的具体内容。

这也就是说，如果离婚案件中分割的夫妻共同财产涉及一方在有限责任公司（该公司除夫妻二人外还有其他股东）的股权转让，而另一方不是该公司股东的，只有在其他股东不行使优先购买权的情况下该股东的配偶才可以成为该公司股东。如果夫妻双方协商一致将出资额部分或者全部转让给该股东的配偶后，有股东主张行使其优先购买权，那么法院可以对转让出资所得财产进行分割。如果其他股东 30 日内未答复，则视为放弃优先购买权，该股东的配偶可以成为该公司股东。

针对上述情况，目前《民法典婚姻家庭编解释（一）》第七十三条仍然停留在旧《公司法》时代，要求"其他股东过半数同意，并且其他股东均明确表示放弃优先购买权"，同时规定了股东会议材料、股东书面声明可以作为上述意思表示的证据。随着新《公司法》的落地，该条可能会在不久的将来作出相应修改，取消"过半数同意"的条件。

总而言之，在协议离婚中，你说要把股权给我，首先我得对经营公司有兴趣，不然请你把补偿款给我。其次，假设我真的对公司的股权有兴趣，你也同意把股权转让给我，光在离婚协议上约定可不行，还得保存好其他股东"放弃优先购买权"的证据，否则就算暂时有了股东之名，也有可能转瞬即逝。

三、写了不做等于没写的条款

"离婚之后，房子归孩子！"夫妻在离婚协议中约定共同房产归子女所有，实际上这个房子相当于是对孩子的赠与。但是，离婚协议中关于房屋赠与的约定与一般意义上的赠与合同不同，与离婚协议书中的其他内容属于一个整体，不可分割，具有身份关系和道德义务的性质，不能任意撤销。然而，如果离婚协议约定房屋归子女所有但未过户，能否排除在后形成的债权强制执行？举个例子，小美和小帅于2010年办理离婚登记，二人签订离婚协议一份，约定位于中国广东省广州市天河区某小区××号房屋归女儿小小美所有，但未就该房屋办理过户登记等手续。2014年，小帅与广州某公司、东莞某公司签订《自然人信用反担保合同》，小帅向广州某公司提供连带责任反担保，生效裁决裁决小帅对东莞某公司的借款债务向广州某公司承担连带清偿责任。2016年，广州公司基于金钱债权请求查封案涉房屋。小小美提起案外人执行异议之诉，认为根据离婚协议，案涉房屋应归自己所有，广州公司则认为虽然离婚协议约定将案涉房屋赠与小小美，但小小美一直没有办理房屋过户手续，案涉房屋的物权没有转移。法院经审查认为，离婚协议书中对案涉房屋的约定虽然不直接产生物权变动的法律效力，但案涉房屋作为原婚姻关系存续期间的夫妻共同财产，双方在婚姻关系解除时约定案涉房屋归女儿小小美所有，具有生活保障功能。小小美享有将案涉房屋的所有权变更登记至其名下的请求权。综合比较小小美的请求权与广州公司的金钱债权，小小美的请求权具有特定指向性，且该权利早于广州公司形成的金钱债权，小小美的请求权应当优于广州公司的金钱债权受到保护。最高人民法院的裁判虽然明确了"离婚协议约定房屋归子女所有，可排除在后债权强制执行"，[1] 但是，哪怕在法律上站得住脚，哪怕有司法案例支持，在满足过户条件的情况下一直拖着不过户，最终涉诉，无异于搬起石头砸自己的脚。没有风险非要给自己制造风险，没有困难非要给自己制造困难，这又是何苦呢？为了避免纠纷，最好还是及时办理变更登记，这样才能发生物权变动。

还有的离婚协议中约定了房屋归属以及过户时间，但是忽略了没有还清贷款、涂销抵押之前房屋无法过户，约定了也是白费力气。正确的做法是在离婚协议中约定清楚剩余贷款由谁承担、满足过户条件时如何过户等具体内容。举个例子：男女双方于婚后以按揭方式购买了位于某市的804号房屋（以下简称804房），房屋登记在男女双方名下，双方同意该房屋在离婚后归女方所有，房屋的剩余贷款由女方自行承担，女方无须就该房屋对男方进行补偿，男方无权对该房屋主张任何权利。当804房满足过户条件时，女方应通过书面方式告知男方，男方应在收到上述通知后3日内，无条件配合女方办理房屋过户手续，房屋过户所产生的相关费用由女方承担。当女方将房屋向第三人出售时，男方应无条件配合女方办理相关手续，房屋出售所产生的相关费用由女方承担。

"离婚之后，把户口迁走！"已离婚的夫妻要是户口还在一块，多少有点尴尬。因此，部分当事人会在离婚协议中约定户口迁移条款。例如，"双方经协商决定，位于××市××区××路××小区××栋××××号的房屋归女方所有，女方一次性支付男方房屋折价补偿款三百万元，男方在收到女方支付的补偿款之日起30天内将其户口从该房屋内迁

---

[1] （2021）最高法民申7090号。

出。逾期未办理户口迁移手续的，男方须支付违约金一百万元……"那么问题来了，如果男方就是不迁户口，女方能起诉到人民法院要求男方将户口迁出吗？根据《中华人民共和国户口登记条例》（以下简称《户口登记条例》）第三条第一款，户口登记工作，由各级公安机关主管。而且司法实践中也早已明确，户口迁移问题不属于法院主管范围，[①] 法院对于离婚案件处理户口问题的处理方式为"迁移户口的问题不属于法院主管，故该项诉讼请求本院不予支持"。另外，如果对方不按照离婚协议约定迁出户口，可以起诉要求对方支付违约金吗？根据北京市第三中级人民法院作出的（2022）京03民终1756号民事判决书，法院认为离婚协议中针对户口问题约定的违约金条款，对双方均有约束力，人民法院可以根据夫妻双方的约定以及结合履行情况酌情判决违约方承担违约金。男女双方在离婚协议中约定男方逾期未迁移户口的违约金为50万元，最终法院酌情判决男方支付违约金5万元。由此可见，双方可以在离婚协议中设置一定金额的违约金，让违约方承担违约责任，以此来督促对方迁出户口。

"孩子跟我，但户口跟你。"离婚后，子女的抚养权归属和户口问题也是困扰很多当事人的疑难杂症。首先，有些夫妻积怨已久，如果户主方在离婚大战中争夺抚养权失败，可能会以阻挠孩子户口迁移来惩罚对方。如果一方不配合办理子女户口迁移的话，基于上述迁移户口不属于法院主管范围的原因，另一方也无法到法院起诉要求法院判决迁移户口。虽然说一般情况下，户口管理机关需要父母双方一致同意后方可办理迁户手续，但如果一方拒不配合办理，另一方可持法院的判决书、调解书或离婚协议，到自己户籍所在地的公安派出所联系办理迁至事宜，一般情况下，公安机关会予以办理。根据《户口登记条例》第十九条，"公民因结婚、离婚、收养、

[①] （2014）宝民三（民）初字第582号民事判决书。

认领、分户、并户、失踪、寻回或者其他事由引起户口变动的时候，由户主或者本人向户口登记机关申报变更登记"。因此，在离婚的前提下是可以由本人向户口登记机关申报变更登记的。同时，户主或家庭成员一方因家庭内部矛盾不愿将本户居民户口簿交与其他家庭成员使用、以致该家庭成员无法办理个人相关事务，且经户口所在地公安派出所说服无效的，公安派出所可凭该家庭成员的书面申请以及相关证明，为其制发仅含首页和其本人常住人口登记卡的居民户口簿，并在常住人口登记表和人口信息系统中注明相关情况。其次，基于"要么要钱，要么要孩子"的想法，很多当事人选择了带着孩子净身出户，把房子留给了不直接抚养子女的一方，但这就带来了抚养权和户口分离的问题。由于直接抚养子女的一方需要为孩子办理身份证、入学材料、买保险等，子女日常学习生活中需要用到户口的地方非常多，需要不直接抚养子女一方的配合。如果对方不积极配合，双方很容易产生矛盾。

总体来说，夫妻间的恩怨最好不要迁怒于孩子，应当尽可能地从子女利益出发考虑问题，非直接抚养方应积极配合直接抚养方到公安机关进行子女的户口迁移，为孩子的生活学习和成长发展提供便利。最后，离婚后子女的户口最好是跟随直接抚养人走，为了防范户口迁移风险，可以在离婚协议中约定，在办理完毕离婚协议手续的一段时间内，将子女户口迁至直接抚养方，另一方应积极配合。因一方不配合而导致子女迁户不成的，应支付相应的违约金。这样一来，在另一方不履行协议内容时，直接抚养一方就可以以此起诉，要求对方支付违约金，并以法院的生效判决书为依据寻求公安机关的帮助。

四、为了"假离婚"签订的离婚协议有效吗？

实践中，一些夫妻选择"假离婚"来钻国家政策的漏洞。虚假离婚一般包括两种情形：一是通谋离婚，婚姻当事人双方为了共同的或各自的目的，串通暂时离婚，约定等目的达到后再复婚的行为；二是欺诈离婚，一方当事人为了达到离婚的真正目的，采取欺诈手段向对方许诺先离婚后再复婚，以骗取对方同意"暂时"离婚的行为。由此引发的纠纷并不少见——一方心怀鬼胎企图弄假成真，另一方却傻傻地期盼离婚后再复婚，人财两空时才惊觉上了枕边人的当。那么，为了"假离婚"签订的离婚协议有效吗？

《民法典》第一千零八十条明文规定："完成离婚登记，或者离婚判决书、调解书生效，即解除婚姻关系。"在"假离婚"案件中，婚姻当事人动机层面的通谋虚伪并不影响双方就"终止婚姻关系"形成合意并办理离婚登记，双方对离婚的法律效果是积极追求的，其效果意思和表示行为没有任何瑕疵。因此，就身份关系而言，"假离婚"符合《民法典》第一千零七十六条"自愿"离婚的要求，具有法律效力。

但财产分割协议是否有效，则需要单独考察当事人签订协议时的真实意思，若符合民事法律行为的无效或可撤销事由，如通谋虚伪、违背公序良俗或者存在欺诈、胁迫的情况，则财产分割协议无效或可撤销。例如，在李某诉郭某离婚后财产纠纷案中，原告李某和被告郭某于1990年结婚，2004年起原告开始领取低保。后，因被告退休，原告不再具备领取低保的资格，因此二人协商假离婚，以便原告继续领取低保，并约定将双方婚后动迁安置房屋（登记在双方名下）归被告所有。在民政局办理离婚手续后，双方仍以夫妻名义继续共同生活。2009年2月，原告为申请廉租房，将系争房屋产权从双方名下变更登记为被告一人名下。2009年11月，被告因情感问题写下承诺书，承诺"系争房屋90%的产权归原告所有，并于2018年1月前向原告支付房款"。后，因双方矛盾升级，被告搬离系争房屋至今。原告诉至法院，称双方系"假离婚"，请求对系争房屋进行析产,将90%产权归原告所有。被告郭某辩称,双方是自愿离婚,不是假离婚;双方已签订离婚协议书,明确系争房屋归被告所有,并办理过户登记手续;承诺书系赠与,现被告撤销对原告的赠与;离婚后,原告不肯搬离住所才一起居住一段时间,现被告已搬离系争房屋。法院经审理查明,原、被告婚后因动迁安置系争房屋一套。2005年9月起,原告领取城镇最低生活保障金。2006年8月,被告退休领取养老金。2006年8月21日,双方签订离婚协议书,约定"系争房屋产权归被告所有,原告自愿放弃房屋产权",并办理了离婚手续。离婚后,双方仍共同居住在系争房屋内。2009年2月,系争房屋产权变更登记至被告一人名下。同年11月,双方分别购买了人身保险,受益人均是对方,保险合同上分别以"丈夫""配偶"称呼对方。2010年2月,被告向原告出具书面承诺一份,内容为:"今郭某(被告)因系争房屋作价90%归李某(原告)所有,在2018年1月前给李某。"

  法院经审理认定,根据原告作出上述举动的内容、时间节点的连贯性,结合当时政策的规定,其主张上述行为是为了达到申请廉租房的条件,从而达成能够获批廉租房的目的,符合客观情况和常理,本院予以采信。故,综合考虑上述因素,本院认定,原告与被告办理离婚登记手续的目的是原告能够继续领取城镇最低生活保障金。虽然当时双方夫妻感情并非彻底破裂,但离婚涉及身份关系,原、被告向民政部门办理离婚登记之日即双方离婚之时,不能回转。在原告具有上述继续领取城镇最低生活保障金、申请廉租房目的的情况下,结合上述离婚后双方共同生活中的种种举动,本院认为双方达成的离婚协议中关于系争房屋归被告一人所有的内容显然不是双方当事人的真实意思表示,本院认定无效。[①]

[①]　(2018)沪0115民初61409号民事判决书。

该案中的原告还算是运气好的，在大量的假离婚案件中，当事人由于无法举证证明对方存在欺诈行为，不仅在婚姻关系上"弄假成真"，而且协议中财产分割的部分也被认定有效。还有的当事人为了真离婚不惜自断其臂，财产不要了也没关系，只为了与配偶假离婚后一刀两断，再也不复婚。另一方却一直心心念念这段感情，比起财产其更希望复婚，但离婚已成事实，拿对方一点办法都没有。由此可见，"假离婚"具有"真效力"，存在非常大的法律风险，并不被提倡。

五、余论：无效条款到底能不能写？

说了那么多离婚协议条款无效的情形，很多当事人可能会认为无效条款一定不能出现在离婚协议中。根据《民法典》第一百五十六条规定，"民事法律行为部分无效，不影响其他部分效力的，其他部分仍然有效"。协议离婚本质上是一种民事法律行为，这也就是说，就算某一条款是无效的，或者其效力是待定的，写在离婚协议中也不影响其他条款的效力，离婚协议并不因为个别条款无效而全部无效。

哪怕这些条款可能在法律上不一定有效力，却也不妨碍它们在事实上对双方起到了一定的约束作用，一定程度上可以促进双方守约、履约。例如，上文提到的无法执行的户口迁移条款，就算法院不管、公安不办，但写在协议里对当事人也是一种心理上的约束。而且增加违约金的条款，还有被法院支持的可能。这些条款，与其说是写在离婚协议上，还不如说是写在双方当事人的心中。

章结语

人们总是因为不了解而结婚，然后因为了解而离婚。结婚证不能保证婚姻的质量，离婚证也可能开启的是新的篇章。协议离婚是一场综合实力的较量，对双方信息的把握、对法律法规的理解、对谈判技巧的运用、对心理活动的窥探，影响着双方未来的走向。但同时，协议离婚也是一种理性的智慧、一场爱的解放，是在冷静中寻求真爱与美满的坚决，是宽广的心胸和睿智的眼光。未来的人生路还长，与其作为两造对簿公堂、互相对抗，不如冷静地坐下，敞开两颗心交换真诚，用对过往最美好的祝福，为对方送上自由的明天。在爱与不爱的问题上，协议离婚给了双方一个增进彼此了解的机会。"我要的是一个家庭，而你注定是一个传奇。"在协议离婚的过程中，双方或许会明白，爱并不是捆绑与束缚，而是给予彼此追寻自由和幸福的权利。从前祝我们，今后祝你我。在分别的时刻，愿所有末路夫妻都能以一颗感恩的心对待彼此的深情厚谊，将各自的未来展开成两片绵延的云。

第四章
诉讼离婚庭前辅导

第四章　诉讼离婚庭前辅导

　　离婚，是生活中一个极为复杂和充满挑战的决定。诉讼离婚，更是一场智识与心理的恶战。多少怨偶理想中的离婚过程是"从此春秋两不沾，风月不相关"，只想与对方心平气和地好聚好散。但真走到对簿公堂这一步，才发现是"春秋无义战，风月也难安"。作为一种解决婚姻破裂问题的法律程序，诉讼离婚不仅需要理解法律条文和司法程序，还需要处理情感纷争和家庭动荡，稍有不慎便会对离婚双方和涉及的子女产生深远的影响。

　　正是由于诉讼离婚是一个涉及法律、财务、子女抚养、财产分割和情感等多层面的复杂过程，因此，律师对当事人进行诉讼离婚庭前辅导才显得格外重要。庭前辅导不仅是帮助当事人坦然应战的必然要求，更是为当事人提供情感支持和心理帮助的关键服务。在本章中，我们将深入探讨诉讼离婚庭前准备的各个方面，包括当事人不愿意诉讼离婚的原因、起诉前的准备、模拟庭审如何进行、律师绝不能踩的红线，以及解除婚姻关系、子女抚养权归属、夫妻共同财产及债务、离婚损害赔偿等关键问题。指导当事人在开庭前做好充分的准备，理解他们即将面对的挑战，才能更好地应对这些挑战，在庭审中立于不败之地。

第一节　为什么当事人不愿意诉讼离婚？

一、为什么当事人不愿意离婚？

（一）为什么男方不愿意离婚？

电影《失恋33天》里有一句经典台词："我们那个年代的人，对待婚姻就像冰箱，坏了就反复地修，总想着把冰箱修好。不像你们现在的年轻人，坏了就总想换掉。"而事实上，并不是所有的年轻人都想"换冰箱"，不愿离婚的也大有人在。最高人民法院离婚纠纷司法大数据专题报告数据显示，在全国2016年至2017年的离婚纠纷一审审结案件中，73.4%的案件原告的性别为女性，26.6%的原告为男性。[1] 这组数据可能在一定程度上颠覆了人们的认知，本以为婚

---

[1] 中国司法大数据研究院：《司法大数据专题报告之离婚纠纷（2016-2017）》，载 https://data.court.gov.cn/filepath/%E5%8F%B8%E6%B3%95%E5%A4%A7%E6%95%B0%E6%8D%AE%E4%B8%93%E9%A2%98%E6%8A%A5%E5%91%8A%E4%B9%8B%E7%A6%BB%E5%A9%9A%E7%BA%A0%E7%BA%B7（2016-2017）.pdf，最后访问时间：2024年5月28日。

姻这座"围城"里,想逃出去的大部分是男性,但事实却证明,更多的男性想留在围城里。

1. 经济成本太高

为什么即便没有夫妻感情了,那么多男性还是不愿意离婚?最重要的原因可能是离婚成本太高,男方觉得这笔账不划算。经济层面,结婚时男方大多信誓旦旦地画大饼,告诉女方:"我的就是你的",一离婚却图穷匕见:"连你都是我的"。离婚意味着夫妻共同财产的分割,如果是收入较高的男性,肯定不愿意将一半收入拱手让给一个不爱的女人,更别说那些婚姻中的"渣男"了。作为过错方的男性,在离婚时可能会被少分或不分夫妻共同财产、支付离婚损害赔偿。对于五体不勤的男方来说,离婚就等于失去了一位免费保姆,子女抚养、照顾父母、操持家务全都会落在自己头上,可能还要支付女方一笔家务劳动补偿。况且如果离婚后再娶,彩礼、车房对男方来说又是一笔不菲的开销。作为婚姻中获益的一方,作为一个正常的理性人,男方只要算一算这笔账,就不会让自己陷入无利可图的地步,所以部分男性不愿意同意离婚这笔"亏本的买卖"。

2. 为了孩子考虑

钱不是万能的,也有些男性不愿离婚不是看重财产,而是为了孩子考虑。一方面,父母离婚,孩子就失去了一个完整的家庭,缺失了父母一方的关爱,可能会使得孩子的性格变得孤僻、叛逆、敏感,对孩子的成长百害而无一利。家境优渥的男士往往对自己的子女有较高的责任感,即使配偶出轨,他们可能也不愿意破坏家庭单位,因为他们更关心子女的成长和幸福。另一方面,离婚争夺子女抚养权对男方来说也是一大难题。在大部分家庭里是女方承担了给孩子做饭、接送孩子上下学等照顾子女生活起居的任务,而男方只留下一句"爸爸去哪儿了?有事找妈妈。"也就是说,如果双方离婚,男方在子女抚养权归属上大概率是不占优势的,孩子归女方不说，自己还要按时足额支付抚养费。万一女方离婚后再婚，男方只能眼睁睁看着自己的孩子叫别人"爸爸"……为了孩子，也为了自己的父亲身份，不少男士还是会选择咬咬牙接着过。

3. 担忧"风评被害"

除了经济考虑和子女因素之外，社会压力也是男性不愿离婚的一大原因。男方一般会被视为家里的"顶梁柱"，社会期望中的男方有责任维持家庭的稳定和幸福。因此，家庭动荡、婚姻失败对于男方来说是一种消极的声誉信号，会降低男方的社会评价，更是会让自己的私事沦为别人茶余饭后的谈资，这对于有社会地位或者处于上升期的人来说无疑是事业的拦路虎。为了保全自己良好的形象，就算是婚姻已经名存实亡，男方依然不愿意离婚，因为那样会"丢面子"，影响到他们"好男人""一家之主"的身份和人设。

4. 情难自抑

多年来，社会上关于男性的各类负面事件层出不穷，人们对已婚男性出轨、嫖娼、家暴已经见怪不怪，一股悲观的怀疑论风气席卷了互联网。有人说，不要相信男人，否则会变得不幸。也有人说，哪有什么浪子回头金不换，只不过是累了上岸缓一缓。但是，感情中很多事出乎意料，却又在常理之中。即便是"科幻片"也取材于现实生活，哪怕只是人群中的千分之一，也仍然有些男性是由于深爱着配偶不愿离婚。他以为双方会相濡以沫到白头，可她却自己偷偷焗了油。他万万没想到，自己会被爱情辜负，被婚姻抛弃。在婚姻中，男方可能与配偶建立了深厚的情感依赖，妻子已经成为自己生活中不可或缺的一部分，相伴多年，风雨兼程，一朝移情忘旧，往后难还初心。因此，即使夫妻关系出现问题，一些男士宁愿选择低声下气、道歉挽回，也不愿意放弃这段来之不易的情感历程。

(二) 为什么女方不愿离婚?

如前所述,司法大数据表明,当今社会中提起离婚诉讼的大多数是女性,这与女性意识的觉醒息息相关。女性不再囿于家中那小小的一方天地,不再被三从四德的观念拘束,更多的女性走出了厅堂、厨房,走向了职场、课堂,越来越多的女性身居高位,掌握了更大的话语权。在婚姻关系里,面对不如意的郎君,她们选择了不再沉默忍让,而是勇敢地说再见。可即便如此,还是有相当一部分女性,宁愿忍受生活的苦,也坚决不离婚。为什么呢?不是她们不想离,而是阻碍因素太多。

1. 为了孩子,能忍则忍

婚姻里的女性有着世界上最伟大的特性,但也是世上最脆弱的软肋,那就是母性。身为母亲,她们对"女子本弱,为母则刚"深信不疑,她们把孩子视为人生唯一的寄托、一辈子的牵挂,只要"为了孩子好",什么追求都可以放弃,什么苦都能忍。一个混蛋丈夫、一段不幸的婚姻,在孩子的成长需要面前不值一提。因此,为了让孩子不被贴上"单亲家庭"的标签,无数女性在苦不堪言的婚姻里用力挣扎。作为母亲,对孩子用心良苦固然可以理解,但把孩子当成维持一段婚姻的救命稻草和唯一理由,却值得商榷。对孩子来说,最好的教育便是父母相爱,孩子成长需要的是幸福、健康的家庭,而不是一个虽然有父母但没有爱意包裹的家庭。如果孩子知道父母感情早已破裂,却美其名曰"为了孩子"苦苦支撑,这只会让孩子感到痛苦和压抑。所以,一段婚姻是否要继续下去,应该取决于当事人对婚姻的感受,而不是孩子。所谓的为了孩子不离婚,其实很大程度上是自我感动,自以为孩子离不开这个"健全"的家庭,实际上是自己离不开一段破碎的婚姻。孩子固然重要,但孩子的成长和自己的幸福并不一定是矛盾的,与其全家人深陷泥潭,不如带着孩子早日脱离苦海。

2. 缺乏独自生活的能力

还有很多女性坚守着一段不幸的婚姻，是因为她们"离不开"。所谓"离不开"，大部分是没有独立的经济来源导致的。这部分女性往往是全职太太或者工作收入微薄，家里的收入主要靠丈夫，经济大权也掌握在丈夫手里，房子、车子都是丈夫购买，登记在丈夫名下。这些名利双收的丈夫有的还运用金融工具，或者连哄带骗地采取法律手段将财产隔离。一旦离婚，女方在财产分割方面完全不占优势，多年与社会的脱节也使自己丧失了收入能力。自己清贫尚可接受，要是孩子跟着自己受苦，又有几个母亲忍得了？所以，对于财务支持完全依赖于男性的女性来说，与其"离婚即入贫"，倒不如"忍一时衣食无忧"。

但是，当下社会不乏收入可观的女性，她们在事业上是一把好手，吃苦耐劳，头脑精明，但在婚姻里宁愿养着一个拖油瓶一样游手好闲的男人，也离不开鸡零狗碎的婚姻。这是为什么？原因可能是她们虽然在经济上独立了，但是在精神上还不独立。很多优秀的女性靠自己的双手实现了财富自由，事业有成但总想着有个人可以依靠，哪怕靠不住也总比没有好。她们始终认为婚姻是女人一生的归宿，丈夫的爱是女人生存的唯一动力，一旦夫妻感情破裂，泡沫被戳破，她们就觉得天塌了，自己的人生失去了全部的意义。相反，只要自己还有个婚姻的躯壳能守着，哪怕内里已经溃烂不堪，人生也还算是圆满。人格不独立的女性，多半是没有自我的，就算这次打赢了婚姻保卫战，夫妻关系也很容易变得畸形，感情破裂只是时间问题。

3. 恐惧离婚后的境况

相当一部分女性不愿离开婚姻是因为害怕，既害怕自己成为别人口中那个"离了婚的女人"，也害怕离婚后形单影只的孤独与落寞，更害怕一切变成未知数，自己从此与爱情和婚姻不再相关。

离婚，在社会对男性和女性的评价体系中具有不同的重量。同样是中年、单身，男性被称为"钻石王老五"，女性就是"大龄剩女"。同样是离异，男性离了婚好像无伤大雅，可以分分钟迎来人生又一春；而离过婚的女性却往往被置于风口浪尖，仿佛一段不幸的婚姻代表着这个女性人生的失败和个体价值的贬损。从一些社会事件也可看出，在得知另一半出轨时，男性会毫不犹豫地揭露事实、选择离婚，而女性则选择了"家丑不可外扬"，声称"且行且珍惜"。因此，由于害怕别人的眼光，女性更倾向于隐忍不发，坚守婚姻。

此外，很多女性难以忍受离婚后的未知和孤独寂寞冷，宁愿安于现状。相对于直面婚姻带来的痛苦，她们更不敢面对独自生活的孤独，因为哪怕在婚姻中过得不好，对她们而言至少是熟悉的，还有个人在身边，但离婚后的一切都是未知和陌生的。比如，房子会归谁？房子要是归男方了，自己住哪里？房子要是归自己了，怎么还房贷？孩子会归谁？要是归男方了，男方再娶后孩子会不会受影响？要是归自己，身为单亲妈妈，怎么给孩子提供更好的成长环境……对于依赖性比较强的女性来说，习惯了大事问丈夫，这些问题是她们无法承受和独自解决的。

俗话说，一朝被蛇咬，十年怕井绳。一次离婚对女性带来的心理打击可能是一辈子的。经历了从满怀憧憬到劳燕分飞的大起大伏，尤其是遇到了男方出轨、家暴等情况，女性很容易"不会再爱了"，丧失了对异性、爱情和婚姻的信心。她们很可能陷入失落、悲观的情绪中无法自拔，继而产生"天下乌鸦一般黑""和谁过不是过"的消极想法，认为世间婚姻都是不幸的，哪怕离了婚也还是会重复这场悲剧。所以与其来回折腾，倒不如听天由命，得过且过。

4. 认为对方还有救

由于女性在婚姻中的沉没成本太高，她们在夫妻感情破裂时会倾向于能救则救，救不了就"赖活着"聊以卒岁。丈夫出轨了，这些女性相信枕边人会浪子回头，或者退而求其次觉得"只要他还记得回家就行"。被丈夫家暴了，不少女性忍着身心痛苦，一次次被丈夫看似真诚的悔过打动，选择了相信鳄鱼的眼泪，但身上的淤青只多不少。这类女性可能是对爱情和婚姻抱有不切实际的幻想，总对对方所说的"下次一定"深信不疑，认为只要丈夫还在、家还在，总有幸福的那一天，自己受点委屈没什么。其实这类女性和上文提到的情况具有同根性，说到底还是被社会规训得人格不够独立，在人心险恶面前选择了单纯地相信，在自身权益受损时习惯性忍让。她们明明在婚姻里不幸福，甚至是苦不堪言，但还是考虑到种种因素后选择了按兵不动。这样的选择看似发自内心，实则身不由己，老思想的根深蒂固、社会舆论的压力、亲朋好友的规劝、离异女性的标签，让她们失去了"潇洒走一回"的勇气。

二、为什么当事人不愿意诉讼离婚？

电视剧里经常上演这样的情节：豪门富二代男主四处留情、婚内出轨，女主处理善后、痛不欲生。终于有一天，女方忍无可忍，质问男方与其像这样互相折磨，为什么不直接离婚。但男方只是不屑地一笑：想离婚？在我这不可能，大不了你去法院起诉！虽觉得婚姻是一滩烂泥，但女方想到诉讼离婚的种种阻碍，还是选择了忍气吞声，继续痛苦地当好豪门太太的角色……夫妻感情到了尽头，协议离婚谈不拢，为什么当事人都到了离婚这一步，就是不愿意再往前一步踏入法院的大门呢？

(一) 等不起

根据《中华人民共和国民事诉讼法》（以下简称《民事诉讼法》）第一百五十二条、第一百六十四条等相关规定，人民法院适用简易程序审理案件，应当在立案之日起三个月内审结，特殊情况下经本院院长批准可延长一个月；普通程序审理的案件，应当在立案之日起六个月内审结，特殊情况下经本院院长批准可延长六个月。如果起诉时被告"玩失踪"，还必须走完公告送达程序。实践中，在一些案件堆积较多的法院，一个审判阶段历时一年多也不足为奇。

离婚，往往是因为当事人急于脱离苦海，但是诉讼离婚无异于告诉当事人："我知道你很急，但你先别急。"本来就已经吃够了婚姻的苦，又让苦主在"苦海"里泡上几个月，这对于只想赶快离婚的当事人来说是一种折磨。

(二) 付不起

诉讼离婚，诉讼费只是其经济成本的冰山一角。根据《诉讼费用交纳办法》第十三条第二款规定，离婚案件受理费按照下列标准交纳："离婚案件每件交纳50元至300元。涉及财产分割，财产总额不超过20万元的，不另行交纳；超过20万元的部分，按照0.5%交纳。"不论第一次起诉是判离还是不判离，法院都会收取一定的诉讼费。如果判决离婚，法院一般会按照夫妻共同财产分割比例来分配双方当事人承担的诉讼费用，如果没有判决离婚，则一般由原告承担诉讼费。

与诉讼费相似，离婚案件的律师代理费也是根据案件所涉及的财产标的、案件复杂程度等因素确定。例如，在山东省高院再审的某案件中，法院虽然否定了离婚案件风险代理的合法性，但也同时依据已生效的民事判决及资产评估报告书，酌定本案律师服务费数额按照《山东省律师服务收费标准》规定的律师服务费的90%计算，即 W 男士向 B 律所支付的律师服务费应为 627502.54 元［（2000元+90000 元×6%+900000 元×5%+4000000 元×4%+5000000×3%+16741252.21 元×2%）×90%］。[①]

此外，如果案件涉及分割房产，但双方对房产价值存在分歧，就需要一方当事人提出评估申请，由法院委托有资质的机构进行房产评估，评估费用一般为房价的 1% 至 5%，具体需根据房屋价格按比例分段计算。也就是说，一套价值一千万元的房屋，光是估价费用就要十万元。此外，如果在司法程序中申请财产保全、鉴定等，还需要缴纳保全费、鉴定费等费用。

由此可见，诉讼离婚的经济成本对部分当事人来说还是比较高昂的。因此，在很多当事人看来，与其花钱去法院折腾还未必能得偿所愿，倒不如在婚姻里苦中作乐，省下这笔钱给自己消费。

（三）伤不起

诉讼离婚就像一笔风险投资，虽然一方可以为胜诉做好充分的准备，但判决结果却未必如其所愿。许多案件中，女方收集了男方有过错、双方感情破裂甚至对方有私生子的证据，自认为已经做好了万全的准备，但第一次起诉时法院仍然不判决离婚。离婚，本就是一场消耗战，如果拿到不判离的结果，就要继续做好与对方"耗"的准备。但对于很多当事人来说，输了官司事小，继续深陷泥淖事大，如果无法胜诉，达不到离婚的目的，还不如一开始就别迈进法院的大门。

诉讼离婚的痛苦在于，在整个漫长的过程中，双方很可能要在法庭上针锋相对、互揭短处，在一些事项上的争论更是容易让双方反目成仇、身心俱疲，让本就破碎的婚姻雪上加霜。比如，在双方感情尚好的时候，女方把所有金器都放在男方父母家中，但在离婚

[①] （2020）鲁民再 156 号民事判决书。

诉讼中男方对此矢口否认，女方由于缺乏相应的证据，最终要求返还金器的主张未能得到支持。这些当事人往往要等到离婚图穷匕见时，才对温存时的信任追悔莫及。但说真的，谁在寄放金器的时候会让公婆写个收条呢？曾经最爱的人利用自己无条件的信任反过来伤害自己，这对于当事人的心理打击无疑是沉重的，在法庭上一来二去，最后两人会加深彼此的矛盾。如果涉及子女抚养权的争夺，让子女目睹父母相互折磨的这一幕，还要子女给出"想跟爸爸还是跟妈妈"的答案，势必会给孩子造成心理和情感上的创伤。

　　普遍的观念认为，诉讼离婚，不仅伤心气，还伤名声。比起悄无声息地协议离婚，去法院打官司在旁人看来影响面更广一些。由于根深蒂固的厌讼观念，打官司被人们视为不体面、伤和气的做法，就算一个人有理，闹到公堂之上解决问题也变成了无理，更何况离婚还是夫妻内部的私事。经此一役，就算是法院调解离婚了，当事人也可能会变成别人口中那个"打过离婚官司"的人，自己在婚姻中的伤痛成为别人口中的谈资，无异于反复在伤口上撒盐。所以说，诉讼离婚对双方来说都是一个较为痛苦的过程，由于等不起、付不起、伤不起，许多当事人对于诉讼离婚存在许多心理障碍。但到底离不离、用哪种方式离，要根据当事人的具体情况做出理性的选择，诉讼离婚并不一定是想象中的折磨，协议离婚也未必就是一团和气。因此，与其无休止地内耗、徒增悲伤，不如咨询专业律师，在律师的指导下选择最适合自己的方案。

第二节　起诉前应该让当事人知道什么？

与律师不同，对于当事人来说，上法庭犹如上战场，一生难得一回，因此特别容易心里没底。在离婚起诉前让当事人知晓必备的知识与流程，能够更好地消解当事人慌张不安的情绪，一定程度上打消当事人的顾虑，从而更好地与律师相互配合，做好诉讼的准备。

一、起诉的流程

一般来说，作为原告方，离婚诉讼会经历立案、审理、判决、执行四个阶段。其中，立案是离婚诉讼的起点，也在某种程度上影响着离婚诉讼的结局。简单来说，立案的流程分为：准备材料、确定法院、立案受理。

（一）准备起诉材料

起诉离婚需要准备的材料包括证明当事人主体资格的材料，如身份证、户口本、居住证、结婚证、子女出生医学证明等材料的复印件。另外，还要撰写和提交民事起诉状，在起诉状中写明原被告

第四章　诉讼离婚庭前辅导

的身份信息，并明确诉讼请求，如解除婚姻关系、分割夫妻共同财产、子女抚养权归属及探望权、夫妻共同债权债务的处理等问题。同时，还要围绕诉讼请求阐明相关的事实和理由，如夫妻婚姻状况、子女状况、解除婚姻关系的理由、夫妻共同财产的情况等。如果涉及离婚损害赔偿的，原告作为无过错方需将损害赔偿请求同时提出，但如果被告是无过错方，既不同意离婚也不提起损害赔偿请求，可依据《民法典婚姻家庭编解释（一）》第八十八条①，在离婚后单独就此起诉。此外，原告还需要准备证明诉讼主张的证据材料，制作一式两份证据清单，详细列明提交证据的名称以及证明对象。例如，在财产分割和债权债务事项上，原告可以准备好房产证、车辆登记信息、工商登记信息、银行卡号、债权文书等。

（二）确定管辖法院

准备好离婚诉讼所需的起诉材料后，就需要确定向哪个法院起诉了。在级别管辖上，基层人民法院管辖第一审民事案件。在地域管辖上，根据《民事诉讼法》及其司法解释的规定，离婚案件管辖法院的确定可以概括为：先看被告居住地，后看被告户籍地，被告不在看原告。首先，离婚案件由被告住所地即公民的户籍所在地人民法院管辖。其次，被告住所地与经常居住地不一致的，由经常居

---

① 《民法典婚姻家庭编解释（一）》第八十八条　人民法院受理离婚案件时，应当将民法典第一千零九十一条等规定中当事人的有关权利义务，书面告知当事人。在适用民法典第一千零九十一条时，应当区分以下不同情况：

（一）符合民法典第一千零九十一条规定的无过错方作为原告基于该条规定向人民法院提起损害赔偿请求的，必须在离婚诉讼的同时提出。

（二）符合民法典第一千零九十一条规定的无过错方作为被告的离婚诉讼案件，如果被告不同意离婚也不基于该条规定提起损害赔偿请求的，可以就此单独提起诉讼。

（三）无过错方作为被告的离婚诉讼案件，一审时被告未基于民法典第一千零九十一条规定提出损害赔偿请求，二审期间提出的，人民法院应当进行调解；调解不成的，告知当事人另行起诉。双方当事人同意由第二审人民法院一并审理的，第二审人民法院可以一并裁判。

住地人民法院管辖。经常居住地是指公民离开住所地至起诉时已连续居住一年以上的地方，但住院就医的除外。最后，特殊情况下可采取"被告就原告"的管辖例外。如果被告不在国内居住、下落不明、被宣告失踪、采取强制措施、监禁的，可以向原告经常居住地人民法院提起诉讼。此外，根据《民事诉讼法司法解释》第十二条第一款：夫妻一方离开住所地超过一年，另一方起诉离婚的案件，可以由原告住所地人民法院管辖。但如果夫妻双方都离开住所地超过一年，一方起诉离婚的，仍然以原告就被告为原则。

总而言之，在确定管辖法院方面，律师应当尽可能详细地向当事人阐明相关规则，帮助当事人厘清可能的受诉法院。特别是对急于解除婚姻关系的当事人来说，如果另一方提出管辖权异议，可能导致诉讼拖延，不必要地延长当事人的痛苦。妥善辅导当事人结合自身情况确定管辖法院，可以让诉讼程序进行得更顺利、更高效。

（三）法院立案受理

如果说前期的文书准备、管辖确认是离婚诉讼的敲门砖，那么立案则是跨入法院大门的第一步。准备好相关的法律文书并确定好受诉法院后，就到了立案起诉环节。整个流程可以大致概括为"立案——审核——缴费——送达——排期——开庭"。在立案方面，当事人既可以请律师代为立案，也可以自行立案；既可以线下到法院立案，也可以在"移动微法院"小程序等平台进行网上立案。在当事人履行必须的手续和交齐有关证据材料之后，对符合立案条件的，法院立案庭会在七天内办理立案手续，出具案件受理通知书；对不符合立案条件的，则依法裁定不予受理。收到受理通知书之日起，当事人应预交案件受理费和其他诉讼费用，如果确实有困难的，可以在期限内向法院提出减交、缓交、免交的书面申请，否则逾期不交的法院会按自动撤诉处理。当事人缴费后，法院会完成起诉状及答辩状的送达工作。如果一切都进行得顺利，双方会如期收到法院传票，就可以着手准备后续流程了。

有当事人问，法院立案受理后是不是就要直接开庭审理了？非也。根据《民法典》第一千零七十九条以及《民事诉讼法司法解释》第一百四十五条，人民法院审理离婚案件，应当进行调解。调解是人民法院审理离婚案件的必经程序。而且，离婚案件的调解是贯穿离婚诉讼全程的，既包括了诉前调解和庭前调解，也包括诉中调解。在离婚案件中进行调解，有利于劝导当事人妥善、审慎地处理婚姻关系。而且对于调解所达成的协议，当事人一般更愿意主动执行，这不仅有效预防了纠纷的进一步恶化，也减少了法院的执行工作。

诉前调解，顾名思义，就是起诉立案前的调解。具体而言，就是法院在收到当事人的起诉材料后并不当即立案，而是先收下起诉材料并分给具体的调解员。调解员主要了解双方的基本信息、离婚意愿、子女抚养以及财产分割的诉求。若双方针对调解事项达成一致，法院会引导原告提出撤诉申请。如果调解后双方同意和平分手，法院会按照双方达成的协议内容制作调解书并开具诉讼费单据。如果双方分歧过大，案件将转为正式立案，排期开庭。

调解的前提是自愿。如果当事人明确不同意调解，或者确实有不宜调解的情形的，法律规定法院不得强制调解。很多当事人会觉得，拒绝调解会给法官留下"不识好歹"的初印象，自己会成为让法官加班的罪魁祸首，从而导致己方在庭审中处于不利地位。也有些当事人觉得，调不调解绝对是自己的自由，不想调解不需要理由，强硬拒绝就行。其实，过于强硬或一味妥协，都是当事人对离婚调解存在的误区，律师需要做的就是疏导当事人的心理，结合当事人的具体情况，帮助其正确对待诉讼离婚调解。如果双方感情基础好，有和好的可能，或者一致同意离婚，在其他方面有争议但不大的，调解离婚不仅可以省下一笔诉讼费，还可以高效、及时地化解矛盾，促进双方对协议的履行，这种情况下调解对当事人来说是最佳选择。但如果存在不宜调解的情形，如对方有转移夫妻财产的行为，或者多次实施家庭暴力且屡教不改等，那么律师应当在文书中详细说明情况，告知法官双方没有协商基础，调解不会有任何结果，并辅导当事人如何有理有据地明确拒绝诉前调解，尽快推进诉讼离婚的进程。

二、大概需要的时间

　　结婚，可能半个小时就够了。但如果想要离婚，却没那么容易，特别是在另一半不愿放手的情况下。在起诉前，律师工作的重点之一就是帮助当事人建立合理的诉讼预期，其中就包括了对诉讼时长的预期。当然了，这个时间很难确定，毕竟法院的流程时长是律师难以掌控的，我们只能告知当事人一个大概的时间。总的来看，刨除法院案件积压较多的极端情况，起诉离婚一审从立案到出判决一般需要六个月到九个月，二审一般三个月左右。如果当事人是第一次起诉离婚，对方不同意离婚，并且对方也没有重婚、与他人同居、家庭暴力、虐待遗弃家庭成员等法律规定的应该判决离婚的情形，那么大概率法院在第一次起诉时，是不会判决离婚的。法院第一次判决不离的话，当事人六个月之后才可以重新起诉。实践中，第二次起诉法院一般情况下都会认定为确实感情破裂无法挽回，判决解除婚姻关系。按照这个期限计算，如果起诉两次才能达到最终离婚目的，那就需要一年半左右的时间。如果再涉及涉外离婚、管辖权异议、资产评估、司法鉴定，或者被告不到庭要公告送达的，那么离婚需要的时间会在此基础上进一步延长。

三、应该支出的成本

钱买不到幸福，但有时候钱可以结束不幸福。离婚诉讼中，律师应当明确向当事人说明离婚诉讼可能涉及的法律费用，包括律师费、法院费用等，并让当事人了解相关费用的可能变化和预算。

（一）诉讼费

离婚案件的诉讼费，少则 50 元，上不封顶。根据《诉讼费用交纳办法》第十三条第二款第一项的规定，离婚案件的受理费每件 50 元至 300 元。涉及财产分割，财产总额不超过 20 万元的，不另行交纳；超过 20 万元的部分，按照 0.5% 交纳。例如，某离婚案件中仅涉及一套价值 500 万元的房屋分割，那么应当缴纳的诉讼费可能就是 300+4800000[①]×0.005＝24300 元。诉讼费由原告在立案被受理时预缴，最后由人民法院确定原被告双方对诉讼费的承担比例。如果最终以调解的方式结案，由法院出具调解书的，减半收取诉讼费用。

（二）律师费

律师费用没有固定的标准，具体会根据所在城市经济发展水平、案件标的及复杂程度、律师工作时长及办案经验等由双方协商确定，具体可能在几千元至几十万元不等。但需要注意的是，律师应向当事人告知可能存在的败诉风险，并明确具体的律师费构成，否则可能会使当事人对律师代理产生误解，影响双方之间的信任基础。

此外，在离婚案件中，一方支出的律师费应当如何认定和分割？是夫妻共同债务吗？属于家庭合理开支吗？这个问题在实践中尚存

---

① 超过 20 万元部分才开始收财产部分的诉讼费，所以这里是 500 万元减去 20 万元。

争议，有的法院倾向于认定律师费应作为夫妻共同财产进行分割。[1]但也有法院认为律师费用支出后不应当作为夫妻共同财产进行分割。[2] 总的来看，在离婚诉讼过程中，如果一方用夫妻共同财产支付律师费，另一方完全可以在诉讼中主张该支出款项为一方个人支出，应当由委托方自行承担，并在夫妻共同财产减少的范围内对己方进行补偿。

有人说，那我不请律师不就能省下这笔钱了吗？在离婚诉讼中，双方当事人存在人身与财产的双重纠葛，有着明显的对抗性，而律师正是当事人的情绪冷静剂、取证先锋和策略军师。可以不夸张地说，钱并不是通过不请律师省下来的，而是通过请律师"挣回来"的。是否有律师的参与，可能会对案件产生截然不同的效果。要知道，如果没有律师的指导，单单就举证对方存在婚内出轨行为这一项，就可能让当事人碰一鼻子灰。因此，律师费对于离婚诉讼来说是一笔必要的开支。

（三）保全费

如果一方担心对方转移资产，可以要求人民法院查封财产，但提出申请的一方要先行垫付保全费。根据《民事诉讼法》，诉前财产保全和诉讼中财产保全都必须交纳保全费，并依照《诉讼费用交纳办法》执行。保全费交多少，要看实际保全的财产数额：财产数额不超过 1000 元或者不涉及财产数额的，每件交纳 30 元；超过 1000

---

[1] 详见（2019）沪 0109 民初 8698 号民事判决书、上海市宝山区人民法院（2020）沪 0113 民初 13953 号民事判决书等。

[2] 详见（2020）粤 0606 民初 31283 号民事判决书、（2021）粤 06 民终 10575 号民事判决书。需要说明的是，该案中二审法院认为"朱某 2018 年至 2020 年因离婚诉讼支付的律师费 95000 元……即使上述费用均属实，也是钟某与朱某离婚诉讼判决生效之前为家庭生活或与家庭生活相关的事项所支出的费用……本院采信钟某关于 1603 房的出售款非用于支付上述款项的主张。综合上述情况，本院对朱某主张从 1603 房出售款中扣减上述费用不予支持"。

元至 10 万元的部分，按照 1%交纳；超过 10 万元的部分，按照 0.5%交纳。但是，当事人申请保全措施交纳的费用最多不超过 5000 元。申请保全还需要提供一定的担保，即向法院保证，如果保全错误给对方造成了损失，由我承担。实践中担保有两种方式：一种是当事人按照保全金额的比例支付一笔现金给法院作为担保；另一种是由中介机构出具保函作为担保，费率一般在担保数额的千分之一内。

（四）评估费、鉴定费

如果离婚案件涉及分割房产、股权、字画古玩等资产，但双方对资产价值存在分歧，就需要一方当事人提出评估申请，由法院委托有资质的机构进行资产评估，评估费用一般为房价的 1%至 5%，具体需根据资产价格按比例分段计算，费用由双方共同承担。也就是说，一套价值一千万元的房屋，评估费可能要十万元以上。

此外，离婚案件还可能涉及亲子关系确认、家暴伤残等级评定、声像资料检验等，因此还可能需要支出一笔鉴定费。我国各地区都明确规定了鉴定收费项目和收费标准，因此具体费用需要查阅当地规定。以广东省为例，《广东省司法鉴定收费项目和收费标准表》显示种属 DNA 检验收费标准为 1000 元/样本，损伤程度鉴定为 700 元/例。

四、可能出现的结果

如果案件进入正式审理程序，最终法院会根据事实和法律，对是否判离、财产如何分割、子女抚养权归属及抚养费支付、探视等内容作出裁决。律师需要告知当事人诉讼可能出现的结果，不仅应当向当事人释明法律是怎么规定的，还要通过对过往案例的分析，辅导当事人对案件事实和法律依据形成清晰、全面的认识，从而对诉讼结果产生合理的预期。

(一) 判不判离

对于法院是否会判决解除婚姻关系，律师应当先让当事人对短期结果和长期结果形成一个宏观的认识——"感情确已破裂"是法院准予离婚的标准，如果第一次起诉离婚，对方不同意离婚，己方又无法证明存在"感情确已破裂"的情形，那么大概率法院是不会准予离婚的。而如果双方在法院第一次判决不准离婚后，又分居满一年，一方再次提起离婚诉讼的，那么根据《民法典》相关规定，法院应当准予离婚。在司法实践中，第一次判决不准予离婚后六个月，当事人第二次起诉离婚，法院一般都判离。那到底什么时候启动第二次诉讼比较好？是六个月后还是分居一年后？这也需要律师结合实际情况给予当事人中肯的建议。所以说，如果面临对方不同意离婚的情况，要争取到满意的结果，很有可能是长期的博弈。

《民法典》第一千零七十九条明确列举了准予离婚的情形，即(1) 重婚或者与他人同居；(2) 实施家庭暴力或者虐待、遗弃家庭成员；(3) 有赌博、吸毒等恶习屡教不改；(4) 因感情不和分居满二年等。但当事人很可能对这些法定情形存在误解，如认为配偶出轨与别人过夜就属于"重婚或者与他人同居"，但实际上要符合此种情形需要配偶与第三人建立持续、稳定的同居关系，而如何收集合法、有效的证据证明存在上述情形又是一门学问。概言之，在法院是否会判离的问题上，律师需要下足功夫，既要让当事人正确认识法律规定，还要帮助当事人全面了解司法实践，从类案判决结果和本案特殊情形多方面入手辅导当事人。

(二) 子女抚养

很多当事人认为，在只有一个子女的情况下，法院对子女抚养权归属的判决无非两种情况：第一，孩子归女方。根据《民法典》

第一千零八十四条规定，不满两周岁的子女，以由母亲直接抚养为原则。第二，孩子归男方。根据《民法典婚姻家庭编解释（一）》第四十四条，如果女方存在严重疾病、有抚养条件不尽抚养义务等子女确不宜随母亲生活的情形，而男方请求直接抚养的，人民法院应予支持。此外，《民法典》及其司法解释还明确规定了几种判断抚养权归属的考虑因素，包括已满八周岁子女的真实意愿、一方是否已丧失生育能力、祖辈对抚养子女的条件和意愿等。概言之，在离婚诉讼中，法院一般情形下都是判决子女由一方抚养，由另一方支付抚养费。

但除了"你死我活"的结局之外，还有一种可能，就是判决子女由双方轮流抚养。根据《民法典婚姻家庭编解释（一）》第四十八条"在有利于保护子女利益的前提下，父母双方协议轮流直接抚养子女的，人民法院应予支持"之规定，理论上只有在双方均同意的情况下法院才能判决轮流抚养子女。但司法实践中已经出现了一些突破。例如，山东泰安中院就报道了该院审理的一起离婚案件，在该报道中提到"如果维持轮流抚养的状态，对孩子们的生活影响不大，也更有利于孩子成长。虽然现行法律仅规定了调解情形下婚生子女可以轮流抚养，但结合实际情况，鉴于双方均无不利于子女成长的明显障碍，双方均强烈要求子女随自己生活，且子女已实际由双方轮流抚养的现状，从最大限度保护未成年人健康成长角度出发，承办法官大胆突破，参照法律对轮流抚养的立法精神，判决轮流抚养婚生子女"。[①] 由此可见，子女抚养权归属的结局并不是固定的，律师必须帮助当事人结合个案情况进行灵活判断。

[①] 《法官说法｜"你养"还是"我养"？别争了，离婚后孩子可以轮流抚养》，载"泰安中院"微信公众号，发文日期：2023年3月30日，最后访问日期：2024年5月28日。

(三) 财产分割

离婚诉讼对财产分割问题的处理无非一句话：个人的归个人，夫妻的对半分，付出多可补偿，有过错少点分。作为律师，需要告知当事人哪些财产可以分、这些财产怎么分。例如，根据《民法典》第一千零六十二条以及《民法典婚姻家庭编解释（一）》第二十五条规定，夫妻共同财产的范围包括婚姻关系存续期间取得的以下财产：（1）工资、奖金、劳务报酬；（2）生产、经营、投资的收益；（3）知识产权的收益；（4）继承或者受赠的财产，但是《民法典》第一千零六十三条第三项规定的除外；（5）一方以个人财产投资取得的收益；（6）男女双方实际取得或者应当取得的住房补贴、住房公积金；（7）男女双方实际取得或者应当取得的基本养老金、破产安置补偿费等。由此可见，一方的婚前财产、一方因受到人身损害获得的赔偿或补偿、遗嘱或者赠与合同中明确规定只归一方的财产、一方专用的生活用品等不属于夫妻共同财产，不参与离婚时的财产分割。

第三节　当事人本人应该做些什么？

一、做好心理建设，保持健康良好的心态

离婚诉讼可能是一个混乱且充满情绪的过程，尤其是在处理抚养权之争和财产纠纷时，很多当事人会有"离婚焦虑"：担心离不掉婚，又担心离了婚便宜了对方；自己委屈、怨恨对方，但又幻想离婚后对方过得比自己好，因此感到愤怒；明明已经深受这段婚姻所害，但又担忧离婚对孩子产生不利影响，来回动摇……心理医生雷米·多德将离婚案件当事人的心路历程概括为五个阶段：第一阶段，否认。否认就是不接受离婚的现实。它是一种心理防御机制，因此人们不会感到情绪上不堪重负。第二阶段，愤怒。在上一阶段当事人会选择压抑情绪，而在这一阶段则情绪高涨，人们在愤怒阶段容易将这些情绪转化为仇恨和责备。第三阶段，磋商。离婚进程中的夫妻经常回顾他们的婚姻，重温共同的回忆，或者"翻旧账"。其中会导致"讨价还价"一方试图解决问题并承诺做出改变，以争取"休战"并恢复如初。双方在这个过程中可能会怀疑离婚的决定或挽

回婚姻的尝试是否正确。第四阶段，抑郁。当事人往往会在发现问题无法解决时陷入抑郁状态，心理学家认为抑郁是最艰难且通常持续时间最长的阶段。第五阶段，接受。接受是指当事人能与现状和平相处，并能为未来找到希望。人们可能会开始感觉又找回原来的自己，或者重新有了自由和解脱的感觉。接受并不意味着所有负面情绪都消失了，但人们会看到道路尽头的曙光。

离婚并非易事，离婚诉讼当事人的情绪可能会如潮水般汹涌澎湃，一波又一波。而许多声称离婚后过得不好的当事人，往往都是因为离婚过程中积攒的负面情绪太多，产生了心理问题，没有得到及时排解，才导致一直深陷在情绪漩涡里无法自拔。律师能做的就是给当事人一些积极的心理暗示，共情他们的无助，纾解他们的无解，帮助其以一颗强大的心脏伫立于风暴中心，扛到拿到判决结果的那一天。

（一）离婚，只是时间问题

从法律层面上来说，不论是在调解中动之以情，还是在庭审中晓之以理，只要想离婚，就没有离不掉的婚。想要脱离婚姻的泥沼，一要有技术，二要有态度。技术层面，聘请并配合专业律师打好离婚攻坚战为上策；态度层面，要坚定离婚的信念，不要不想清楚就反复横跳，也不要畏惧可能的败诉结果，因为哪怕第一次起诉的结果不理想，还可以在半年后再次起诉离婚。所以说，没有离不掉的婚，只有不清醒的人。相信只要自己想，就可以离开错的人，这就是一种积极的心理暗示，可以帮助当事人在漫长的诉讼过程中建立信心和意志。

（二）用最好的心态，做最坏的打算

傻子只会盲目自信，而聪明人洞若观火，全面掌握信息后预判别人的预判。离婚对于双方当事人来说，不仅是一场法律博弈，更是一场心理较量。很多当事人通过一哭二闹三上吊向对方宣泄情绪，让双方都不得安生，以此表达自己的委屈，试图让对方心软妥协。但试想，都走到打官司这一步了，比的是谁的心更软，还是谁的心更硬？有些当事人明明在道德上占优势，但却误认为道德优势就是法律优势，如果冲动地在法庭上发了疯地折腾，只会被对方抓住把柄，利用当事人的心理弱点，把最后一点优势变成了刺向当事人的利刃。例如，一位女方当事人想争夺孩子的抚养权，多年来都是女方照顾孩子多一些，但女方的经济条件落后于男方。庭审中男方拿女方的生活条件、文化水平大做文章，此时如果女方气急败坏，当庭对男方破口大骂，很可能会给法官留下情绪不稳定的印象。本来双方势均力敌，但当事人只要一次情绪崩溃，在心理战上落了下风，就很有可能造成不利的后果。总的来说，打离婚官司，心态要好，但理性也要有——枕边人已不再是眼中只有你的少年郎，不会因为你的哭闹分你套房。该争取的地方要争取，该妥协的地方见好就收。哪怕最后的结果于己不利，下一步的计划和打算是什么？做好最坏的准备，才能打出最好的战役。

（三）轻舟已过万重山，前路漫漫亦灿灿

诉讼离婚过程中，当事人难免伤怀，少不了忆往昔峥嵘岁月，谈今朝物是人非。虽然少不了要与过去和伤痛打交道，但与其完全让自己沉浸在离婚的负面情绪中，深陷在过去的回忆和悲伤中无法自拔，不如对过去看开一些——离婚是为了更好的生活，而更好的生活就是抓住当下的每一秒。当事人可以尽量让自己从离婚中短暂脱离出来，与朋友一起把酒言欢，和父母一起旅游散心，尝试一些新的兴趣爱好，从现在开始享受生活的每一刻，而不是等到离婚后才能"脱离苦海"。要知道解救你的是你自己的心，而不是那一纸判决书。从心底释怀，与过往拜拜，充分认识到婚姻的破裂不是自己人生的失败，自己在诉讼中的一些妥协或失利是为了更好的未来，这样才能及时调整好心态，让自己投入前路灿灿的新生活中去。

二、按照律师的指引收集相关证据

打官司就是打证据，大部分当事人都知道证据对于诉讼离婚的重要性，但同时也对什么是证据、怎么收集证据一知半解。笔者在经办案件过程中，就曾有当事人出示其自己记录的"老公夜不归宿日历"一份，认为这份自己记录的日历可以证明配偶存在出轨乃至与他人同居的行为。试想，如果当事人自己产出的信息都可以作为证据，案件还有什么客观真实性可言呢？因此，当事人在收集证据时一定要与律师充分沟通，了解什么是证据、要收集哪些证据。比如，对于聊天记录、手机短信这类可能被对方随时删除的易失证据，要尽快对其进行固定，如果可能应当委托公证部门对此类证据进行公证，实在困难也应该尽量自己固定保存起来，对这些信息进行拍照留存、截屏等。对方自己写下的承认自己过错行为的"悔过书""保证书"等文字材料，也属于有效的证据。此外，当事人还可以尽量收集司法行政机关等官方介入处理的笔录材料，如对方嫖娼、赌博、吸毒的行政处罚决定书、刑事判决书等，或者用人单位对其私人作风问题的通报文件、处理决定等材料。

需要注意的是，当事人还应当严格按照律师的指引取证，千万不要自作聪明，人为制造证据或是通过非法的手段取证。比如，通过非法方式入侵系统、非法侵犯个人信息的方式取得对方开房或者其他出轨的证据，通过"私家侦探"暴力闯入住所取证……这些证据不仅采集难度极大、容易引发冲突，而且在司法实践中很可能因其采集手段的合法性存疑而导致证据被排除，甚至有当事人因采集证据涉嫌侵犯个人隐私而涉诉甚至涉刑的先例。因此，在证据采集方面，切记要听从律师的指引。而作为律师，一定要守住底线和职业操守，对当事人进行正向的引导。

第四节 离婚案件当事人一定要出庭吗？

一、原则上必须出庭

由于婚姻关系具有极强的人身属性，不仅关系到婚姻关系的存续或解除，而且涉及家庭矛盾的化解和社会的稳定。因此为了查明案件事实和做好诉讼中调解工作，在当事人能够表达自己意思的情况下，法律要求离婚案件当事人原则上应当亲自出庭，毕竟感情的事只有当事人自己清楚，其他人无从知晓。《民事诉讼法》第六十五条规定，"离婚案件有诉讼代理人的，本人除不能表达意思的以外，仍应出庭；确因特殊情况无法出庭的，必须向人民法院提交书面意见"。《民事诉讼法司法解释》第一百四十七条规定，"人民法院调解案件时，当事人不能出庭的，经其特别授权，可由其委托代理人参加调解，达成的调解协议，可由委托代理人签名。离婚案件当事人确因特殊情况无法出庭参加调解的，除本人不能表达意志的以外，应当出具书面意见"。由此可见，不论是诉中调解还是正式开庭，当事人都应当出庭。实在因特殊情况不能出庭的，也必须提交书面意见。但在实践中，很多离婚案件当事人却无视该条法律规定，有些被告以在外地出差、要上班等为理由拒不到庭，其中部分被告会委托代理人出庭，有些干脆连代理人也不找，直接让被告席空空如也。

二、被告拒不出庭的法律后果？

之所以司法实践中经常出现空荡荡的被告席，很可能是因为法律只规定了当事人必须到庭，却没有规定当事人不到庭的法律后果。那么如果被告拒不到庭，会产生什么后果？一般而言，在离婚案件中，如果法院已经将相关法律文书和传票送达被告，而被告明明具有完全民事行为能力，却出于种种原因拒不到庭，法院会分两种情况处理。

（一）缺席判决

《民事诉讼法司法解释》第二百四十一条规定："被告经传票传唤无正当理由拒不到庭，或者未经法庭许可中途退庭的，人民法院应当按期开庭或者继续开庭审理，对到庭的当事人诉讼请求、双方的诉辩理由以及已经提交的证据及其他诉讼材料进行审理后，可以依法缺席判决。"也就是说，经法院传票传唤未到庭参加诉讼，且被告本人确认不愿意出庭参与诉讼，但以书面形式向法院陈述意见的，这种情形下法院可以依法缺席判决。

但问题的关键在于，缺席判决的结果如何？理论上来说，被告缺席与法院是否判决离婚之间没有必然联系，因为被告缺席是程序问题，被告拒不到庭并不影响庭审活动的正常进行，法院可以依法作出判决；而法院是否判决离婚是一个实体问题，审理标准为夫妻感情是否破裂。也就是说，如果原告能提供证据证明夫妻感情已经破裂，即便被告不到庭，法院也应当判决准予离婚；相反，就算被告到庭了，如果原告不能证明夫妻感情已经破裂，法院也会判决不准离婚。然而实践中，如果是第一次起诉离婚，被告不到庭，法院出于谨慎考虑，一般不会作出缺席的离婚判决。这也造成了有些不同意离婚的被告开庭干脆不来。但实际上，对于那些在婚姻中的"三不"人员：不回家、不负责、不到庭，符合离婚条件的，也有判决离婚的案例。

（二）采取司法强制措施的可行性

《民事诉讼法司法解释》第一百七十四条规定："民事诉讼法第一百一十二条规定的必须到庭的被告，是指负有赡养、抚育、扶养义务和不到庭就无法查清案情的被告。人民法院对必须到庭才能查清案件基本事实的原告，经两次传票传唤，无正当理由拒不到庭的，可以拘传。"如果离婚案件中存在需要查明夫妻感情状况、财产状况、子女抚养状况等被告不到庭就无法查清案情的情形，而被告既不出具书面意见，又不出庭应诉，法律规定，对于这类不负责任的被告，经法院两次传票传唤后仍拒不到庭，法院可以依法拘传其到庭参加诉讼。但拘传到庭确实耗时耗力，离婚案件也鲜有拘传的先例。实践中，许多法院为了节约司法资源，如果是第一次起诉离婚的，会更倾向于直接判不离，而不是翻山越岭去把被告"五花大绑"带到庭上。

不论法律后果如何，既然法律规定了离婚案件当事人必须到庭，如果没有法律规定的特殊情况，当事人就必须到庭。很多被告为了投机取巧、逃避审判或者其他原因，选择只由代理人出庭，这是对法律规定的无视，对法庭的藐视，也是对自己这段婚姻的漠视。尤其是那些不同意离婚、主张夫妻感情尚未破裂的被告，连到庭这么基本的诉讼义务都不遵循，还冠冕堂皇地委托代理人说夫妻感情存在修复可能，这是什么逻辑？让律师帮你修复感情吗？哪怕真的有事来不了,现在线上开庭的设施设备也已经很完善了,不应当作为本人拒不到庭的借口。法律规定的柔性,司法实践中的异化,给了那些不负责任的当事人可乘之机,把拒不到庭变成了获取不予离婚判决的工具。这种投机取巧的做法,有待法律及司法实践进一步作出规制,明确当事人拒不到庭的后果,避免有心之人钻制度的漏洞。

三、原告不到庭的法律后果?

原告不到庭就更于理不合、于法不容了。你自己起诉主张的诉讼请求,更是应该亲自到法庭阐述观点、表明态度。《民事诉讼法》第一百四十六条规定,"原告经传票传唤,无正当理由拒不到庭的,或者未经法庭许可中途退庭的,可以按撤诉处理"。在司法实践中,如果原告是完全民事行为能力人,能够明确表达自己的意思,其在知悉开庭时间的情况下,无正当理由不到庭参加诉讼,法院一般会依法裁定将该案按撤诉处理。

但也存在一些特殊情况,原告确实有无法到庭的正当事由,如因为身体健康原因需要住院就医等。如果存在这种客观事由,无法到庭情有可原,但应该向法院提交书面意见,人民法院审查后认为理由成立的即可依法延期处理。

第五节　如何辅导当事人从容出庭

诉讼，是一个极其严肃的过程。我国《民事诉讼法》第六十五条规定："离婚案件有诉讼代理人的，本人除不能表达意思的以外，仍应出庭；确因特殊情况无法出庭的，必须向人民法院提交书面意见。"根据该条规定，离婚案件原则上当事人应当出庭。离婚案件不仅涉及个人隐私，更夹杂着浓厚的个人情绪，当事人出庭的意愿往往也更加强烈。然而，当事人没有受过专业训练，可能由于对庭审流程不够了解、对法庭抱有畏惧心理等原因，在庭审时缺乏自信、吞吐赘述，导致庭审拖延，扣减法官对当事人的"印象分"。更有甚者，可能因缺乏规则意识而违反法庭纪律或作出不利自认。日常生活中的夫妻斗嘴，时而出言不逊，时而滔滔不绝，多一句少一句都无关紧要。但如果换作在庭审中，当事人情绪涌上来时口无遮拦的一句话甚至一个字，都有可能逆转整个案件的结果。所以，当事人在庭上说的每一句话、每一个字都应当小心谨慎。在当事人必须出庭的情况下，为取得良好的庭审效果，律师在开庭前应当对自己的当事人进行必要的庭前辅导，帮助当事人从容不迫地出庭。

一、做好庭前准备，让当事人"知根知底"

如前一节所述，最重要的是做好充分的庭审准备工作，让当事人进行模拟庭审，有备无患。绝大多数当事人是第一次经历庭审，如果没有做好这方面的准备，他们面临的将是茫然与未知。律师应当告知当事人最基本的法庭秩序和司法礼仪。例如，禁止携带管制刀具、易燃易爆物等可能危害法庭安全或妨害法庭秩序的物品，不可当庭喧哗、吵闹、讥笑、人身攻击、未经允许中途退庭等，否则很可能被法官训诫或要求强制退庭。

此外，庭审流程也是当事人必须熟知的重要内容。庭审实践中，许多当事人由于不熟悉庭审流程，不知所云者有之，打断法官者有之，强行抢答者有之，其后果往小了说是闹笑话，令法官印象不佳，往大了说是扰乱司法秩序。如上文所说，对正式庭审进行模拟是帮助当事人快速适应庭审节奏、掌握庭审流程的有效方法，由此可以避免正式庭审时不必要的拖延，保证庭审顺利进行。对于需要当事人当庭陈述案件事实的案件，当事人应当就相关事实提前拟好事实经过，由律师团队审阅当事人的模拟陈述，观察其陈述是否完整、清楚、符合逻辑。为了让法官更容易了解当事人陈述的事项，加深法官对当事人陈述的印象，可以对当事人陈述的内容安排、先后顺序、陈述方式提出合理的建议，保证当事人的陈述能取得更好的效果。

当然，律师辅导当事人进行陈述、接受询问时也需要坚守职业伦理底线，坚持实事求是的基本原则，在任何时候都不能以任何方式诱导当事人作虚假陈述。在了解法庭秩序和庭审流程的基础上，律师在开庭前也需要辅导当事人在一定程度上掌握证据规则，与当事人就本案的事实、证据、诉讼策略进行充分沟通，让当事人了解本案中有哪些证据、其证明目的是什么、举证责任由谁承担，以及对方可能提出哪些对己方不利的证据、针对这些证据如何回应，从而确保当事人在庭审中与律师步调一致，避免当事人在庭审中出现"有口难言""语无伦次"甚至不经思考"自损八百"的情况。

二、做好心理疏导，助当事人稳定发挥

在庭审前对当事人进行心理疏导也至关重要。离婚诉讼往往是最戏剧化的案件，当事人在诉讼过程中很难做到情绪稳定，可能会累积诸多负面情绪，把庭审视作与对方"拼个你死我活"的场合。如果当事人在庭审时"情难自抑"，可能会失控做出过激行为。实践中就有很多离婚案件当事人在法庭上辱骂对方，甚至大打出手，不仅违反法庭秩序，还可能影响法官对当事人的印象。例如，在争夺抚养权案件中，如果当事人情绪失控、出口成"脏"、挥拳拢袖，可能会被认为有暴力倾向，不利于子女的身心健康，其后果可想而知。

因此，离婚案件中的律师不仅是诉讼代理人，也要充当事人的"心理医生"，必要时应当在开庭前与当事人进行"走心"的沟通，让当事人在庭审前尽可能宣泄负面情绪，并告知当事人庭审是解决问题的，而不是来吵架的，提醒其克制情绪、谨言慎行，从而在庭审中保持冷静和理性。还有一类当事人性格内向，不擅长表达，在肃穆的庭审中更容易畏惧、紧张、语无伦次。这就需要律师帮助其做好心理疏导，以克服对出庭的担忧和恐惧，避免出庭时的慌乱和不适，防止当事人当庭怯场或者有些该表达出来的情绪和陈述没有表达出来。

三、设计造型穿搭，为当事人立好人设

对绝大部分人来说，离婚庭审是"一生唯一"的大事情。有人

正是秉持着这样的心态,觉得在这种屈指可数的"大日子"里,不好好打扮一番,少喷一泵香水都对不起这样的"大场面"。于是乎,男士凌晨五点起床梳妆打扮,穿上一身帅气西装;女士提前一周做了医美项目,从头到脚都要争当最精致的无过错方。殊不知,二八背头不能帮他洗脱出轨、家暴的罪行,光子嫩肤也不能帮她夺取孩子的抚养权或家务补偿。庭审不是比美现场,法官不会因为谁穿得好就倾向于谁。

诚然,当事人的穿着在一定程度上会影响法官的判断。但过于随便、邋遢,或过于浓妆艳抹,都不是正确的选择。因此,律师必须告诫当事人,庭审时衣着打扮最重要的标准,是有利于塑造当事人在案件中的"人设",帮助当事人佐证案件事实。例如,在争夺子女抚养权案件中,当事人的文化水平、经济条件是法官判定抚养权归属的重要因素。在这种情形下,衣着并不是越"壕"越好,穿着端庄、谈吐大方,就可以佐证自己能够给孩子的成长提供更好的经济条件,从而在抚养权争夺中给法官留下有利的印象。女性不需要浓妆艳抹,更不要穿着暴露,如穿着吊带出庭,而是应当尽量整洁朴素。要想佐证自己有能力养得起子女,可以树立"职业女性"人设,展示一个职场精英的形象。同样,男性也别穿着夸张,大金链子最好还是别戴了,但更不能太随便,要尽量营造出成熟稳重、彬彬有礼的形象。

总而言之,虽然法院裁判以事实为依据、以法律为准绳,但庭审是一个双方当事人向法官"说故事"的过程,律师应当辅导当事人根据自己的案情和主张塑造相应的形象,从而在法官面前"把故事说好"。

第六节 模拟庭审怎么做？

庭审是诉讼案件的核心，庭审准备工作则是律师工作的重心。在离婚案件中，人身关系与财产关系错综复杂，夫妻生活里"家长里短""鸡毛蒜皮"的小事往往会成为法庭探寻真相、剖析人性的重要因素，进而影响法官的自由裁量。因此，对于诉讼离婚案件的代理律师和当事人来说，庭审既是机遇也是挑战。对庭审进行充分演练，便是正式庭审时制胜的法宝。

一、什么是模拟庭审？模拟庭审有什么作用？

模拟庭审，说白了就是律师和当事人在正式庭审之前共同演绎的一场小型"真人秀"。张三演法官，李四演对方当事人，己方出庭律师和当事人最好是"本色出演"，此外还可以拉上其他观众扮演一下书记员或人民陪审员，看一看律师和当事人的"演技"如何，评一评最终的效果如何。"演员"们熟悉剧本、各就各位，对庭审全流程进行完整、规范的模拟演练和事后复盘，这就是一场模拟庭审的大致流程。

模拟庭审看似是生动有趣的角色扮演，实则是一件严肃的事情。对于离婚案件庭前准备来说，其重要性不可小觑。在收集和整理证据、检索司法案例、分析案件情况、制定诉讼策略等前期准备工作的基础上，通过对法庭审理进行可视化的全真模拟，律师团队可以把握案件症结、梳理案件重要事实和证据、准确适用法律，从而检验诉讼策略，对案件多维度进行思考。而对于当事人来说，离婚庭审或许是他们一生只经历一次的"修罗场"。上场前，大多数人难免心神不宁，模拟庭审可以让当事人提前感受庭审的氛围，告诉当事人庭审并没有他们想象的那么"窒息"。给当事人打好"强心剂"和"预防针"，帮助其把控和呈现诉求，也有利于增强律师和当事人之间的互信互通。

二、模拟庭审如何进行？

模拟庭审在诉讼离婚中的重要性不言自明，那么应当怎样进行模拟庭审呢？诀窍是把握一个"真"字。模拟庭审模拟的是离婚案件法庭审理的全流程，所以无论是从形式上还是氛围上，最好都能做到"全真"模拟。

（一）场景仿真，蓄势待发

从场域来看，模拟庭审应当尽可能还原真实的法庭原貌——高高的天平椅庄严肃穆，鸣响的法槌声清澈坚定……法庭的空间布局和装饰关乎诉讼参与人的心理活动和诉讼制度机能的有效发挥，因此具有重要的法律性、人权性、秩序性、稳定性、庄严性和权威性等制度特征，兼具司法理论价值和实践意义。

在真实的民事法庭中，审判法官应当居中听审，审判席前方是书记员席，左边是被告席，右边是原告席（如图1所示）。但凡换成了大圆桌、小板凳，都达不到这种"秩序森严""公正严明"的氛围。现如今，很多律师事务所都会参照法庭布局设置模拟法庭演练室，但如果条件有限，律师团队也可以自己按照真实的法庭布局摆放席位，给模拟庭审的环境增添真实感和氛围感。

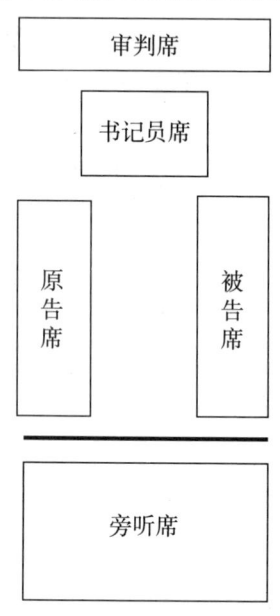

```
          ┌──────────────┐
          │    审判席     │
          └──────────────┘
             ┌────────┐
             │ 书记员席 │
             └────────┘

    ┌──────┐          ┌──────┐
    │ 原   │          │ 被   │
    │ 告   │          │ 告   │
    │ 席   │          │ 席   │
    └──────┘          └──────┘
    ━━━━━━━━━━━━━━━━━━━━━━━━
          ┌──────────────┐
          │    旁听席     │
          └──────────────┘
```

图 1　人民法院民事法庭布局图

(二) 全流程演练，有备无患

在流程上，模拟庭审应当完全复制法庭审理的流程。在离婚案件庭审中，书记员会在开庭前宣读法庭纪律，再由审判长核对当事人，宣布案由，宣布审判人员、书记员名单，告知当事人有关的诉讼权利义务，询问当事人是否提出回避申请。正式开庭后，首先进入的是法庭调查阶段，由原告、被告分别陈述其诉讼请求和答辩意见，法官会根据当事人陈述对案件的争议焦点进行归纳并询问双方意见，再要求双方举证质证，在法庭调查结束后，双方进入法庭辩论阶段，由双方发表辩论意见进行驳斥、对抗。

在模拟庭审前，律师必须预设法官可能问当事人的问题，并在模拟庭审时向当事人进行提问，锻炼当事人在模拟庭审的过程中完整回应法官的能力，尽量帮助当事人做到发言逻辑清晰、条理清楚、突出重点。

以争夺子女抚养权案件为例，判定抚养权归属的基本原则是"最有利于子女成长"，因此，法官在庭审中会围绕这个原则，问及双方当事人一系列的问题。比如关于经济情况，法官会问当事人现在在哪里工作、收入情况如何，当事人需如实阐述。但经济收入情况只是判定抚养权归属的其中一个依据，而不是全部。在子女抚养方面，"谁付出得多"也很关键。法官会通过这类问题了解到哪一方为抚养子女付出了更多时间和精力，孩子平时与哪一方相处的时间较多、更为亲密，哪一方对孩子更为上心、对孩子更加了解。针对这类问题，律师需要引导当事人收集并梳理日常与孩子生活的点滴，结合亲子照片、作业本家长签名、参加家长会记录、孩子日常开支支付凭证等提交的证据，尽力说服法官"我在孩子成长的过程中确实付出了更多"。在模拟庭审前，律师必须为之做好充分的准备，避免出现当事人"做了很多，但说不出来"的情况。值得一提的是，在笔者经办的一个案件中，法官问了双方当事人一个非常细节的问题："你们的女儿最喜欢看什么动画片？"结果女方很快回答出来是《冰雪奇缘》，而男方现场编也编不出来，或许他还停留在《数码宝贝》的时代。在此后每一次模拟庭审中，这个问题都进入了准备清单，但遗憾的是正式庭审中这个问题没有出现第二次。虽然动画片的问题没能再次出现，但为我们开展模拟庭审提供了参考，为此我们增加了最喜欢的动物等问题。

除经济收入、抚养状况外，抚养规划也是重头戏。抚养规划问题的详细内容可参见后续章节。总而言之，在此需要强调的是，有准备和没准备，在法庭上呈现的效果绝对是截然不同的。

（三）未雨绸缪，预判对方的预判

知己知彼，方能百战不殆。套路千千万，拆招需预判。提前在模拟庭审中学会"见招拆招"，是正式庭审中的杀手锏。律师必须提前准备好对方当事人可能提出的主张，以及针对我方主张所进行的回应，在模拟庭审中予以展示。例如，在我方主张对方是婚姻中的过错方时，可以通过提供对方的聊天记录、消费记录等证据证明对方存在婚内出轨的行为。然而众所周知，离婚案件的过错方，往往全身骨头都是软的，只有嘴是硬的。对方当事人很可能对此予以否认，拒绝承认其出轨事实，并称自己与第三人只是萍水相逢，关系只停留在言语上，或者只存在金钱交易关系，没有发生实际出轨行为。碰到类似这种"死鸭子嘴硬"的情况，就需要当事人和律师打好"事实+法律"的"组合拳"——一方面由当事人对事实部分进行有力回应，提高对方出轨事实的可信度；另一方面由律师对何谓过错、认定后果等法律适用问题进行解释，增强庭辩说理的清晰度。要想实现当事人和律师互相配合达到"动之以情，晓之以理"的效果，就需要律师提前在模拟庭辩中预判对方策略并对当事人进行辅导。

（四）身临其境，代入角色情感

在模拟庭审中，无论是律师还是当事人，都要尽量做到角色代入和情绪代入，还原法庭严肃紧张的气氛。具体而言，可以从人员安排和物料上着手。例如，选配"书记员"承担模拟庭辩的记录工作，安排诉讼经验丰富的"法官"主持模拟庭审并对当事人进行询问，选择最熟悉案件材料及诉讼策略的团队成员模拟"对方当事人"，实现双方律师的"隔离"，最大程度还原庭审的真实情况并检验出庭律师的准备工作。

　　此外，还可以增添模拟庭审的仪式感，让团队成员穿着律师袍，嘱咐当事人着装整洁、坐姿端庄，让模拟法庭最大程度逼近真实庭审，从而更好地进行庭审陈述、举证和质证、庭审辩论，完善在庭审中的语言表达和整体状态。

第七节 这些"红线",千万不能踩!

在处理离婚案件时,律师的目标是尽力为当事人获得胜诉结果,这无可厚非,但须知律师不仅是当事人的军师,也是法治国家和社会公平正义的化身,律师的责任是为当事人提供合法、公正、公平的法律服务。利益驱动之下,律师也有一些绝对不能触碰的"红线",任何时候都不能逾矩。

一、辅导,应是正向引导

离婚是一段艰难的旅程,而律师则是帮助当事人走出沙漠的向导。依据我国《律师法》的规定,律师应当维护当事人合法权益,维护法律正确实施,维护社会公平和正义。在整个离婚过程中,我们应该注重积极引导当事人,帮助他们理性看待问题,减轻情感负担,而不是助推当事人陷入仇恨的情绪,非要与对方斗个"你死我活"。例如,在解除婚姻关系的问题上,很多人认为离婚律师就是"宁拆十座庙,必毁一桩婚"的讼棍,一定会把当事人往必须离婚、必须诉讼离婚、必须不计一切代价赢得诉讼的极端方向上引导。但其实这是一种误解，律师带给当事人的，应当更多地是一种以解决问题为导向的正向引导。如前文所述，离婚律师也会提供不离婚的产品。如果当事人明明感情深厚、有和好可能，离婚律师就不该一味地"劝分不劝和"；如果当事人都愿意离婚，也愿意坐下来心平气和地协商，离婚律师更不应当激化矛盾，非要让双方在法庭上见；如果当事人坚定了离婚的想法，离婚律师也要引导当事人通过合法、正当的手段提出自己的诉求、维护自己的权益，而不是用伪造、构陷、谎言堆积出一座看似美满的假山……说白了，离婚诉讼没有赢家，当昔日爱人在法庭上针锋相对、互相伤害时，双方就都已经输了。所以，离婚律师的价值并不是帮助当事人打赢官司，而是帮助他们用最低的成本、最高效的方式解决问题，用短暂的痛苦换来长久的幸福。只有时刻铭记着离婚律师服务当事人的本心，才不至于误入歧途，给当事人带来消极、极端的负面影响。

二、教当事人说谎，知道后果吗？

诚实是法庭信任的基石，诚信不仅是对当事人陈述的要求，也是律师执业的准则，更是法庭发现客观真实、公正处理案件的必要前提。根据《律师法》相关规定，律师执业必须遵守宪法和法律，坚持以事实为根据、以法律为准绳，恪守律师职业道德和执业纪律。《最高人民法院关于民事诉讼证据的若干规定》第六十三条规定，当事人应当就案件事实作真实、完整的陈述。当事人的陈述与此前陈述不一致的，人民法院应当责令其说明理由，并结合当事人的诉讼能力、证据和案件具体情况进行审查认定。当事人故意作虚假陈述妨碍人民法院审理的，人民法院应当根据情节，依照《民事诉讼法》第一百一十四条的规定进行处罚。

作为律师，我们可以帮助当事人梳理事实、改善其表达，从而让当事人的陈述更有条理性和说服力，但是律师教唆当事人作虚假陈述是不可触碰的红线。教当事人说谎，一方面属于妨害司法的行为，法院可以根据情节轻重予以罚款、拘留，构成犯罪的，依法追究刑事责任；另一方面也是违反律师职业伦理的行为，可能会被法院投诉，被律协处以中止会员权利乃至取消会员资格的纪律处分。更严重的是，如果连知法懂法的律师都知法犯法，明知不可为而为之，当事人又该如何相信国家司法制度会给其带来公平正义？当法庭沦为充斥着谎言的名利场，法治的根基被腐蚀殆尽，曾经教唆当事人说谎的律师还能独善其身吗？

三、教当事人作伪证？你"刑不刑"？

作伪证是一项严重的罪行，律师教当事人作伪证更是害人又害己，不仅违反司法秩序、损害职业声誉，可能让案件败诉，还可能会让当事人和自己构成刑事责任。根据《最高人民法院关于民事诉讼证据的若干规定》第九十八条第二款规定，当事人或者其他诉讼参与人伪造、毁灭证据，提供虚假证据，阻止证人作证，指使、贿买、胁迫他人作伪证，或者对证人、鉴定人、勘验人打击报复的，依照《民事诉讼法》第一百一十三条、第一百一十四条的规定进行处罚。我国《刑法》第三百零七条规定，以暴力、威胁、贿买等方法阻止证人作证或者指使他人作伪证的，处三年以下有期徒刑或者拘役；情节严重的，处三年以上七年以下有期徒刑。帮助当事人毁灭、伪造证据，情节严重的，处三年以下有期徒刑或者拘役。司法工作人员犯前两款罪的，从重处罚。

我国司法实践对律师违反职业伦理的行为严惩不贷，别说教唆了，哪怕只是"帮个小忙"都有构成犯罪的风险。例如，在朱某甲辩护人妨害作证一案中，辩护律师朱某甲仅因帮助当事人与其亲属传递含有威胁、引诱证人作伪证内容的纸条,就被法院认定"该行为已经侵犯了正常的司法秩序,被告人朱某甲的行为已构成犯罪"。① 离婚案件中,更是有些不清醒的律师因为帮助当事人通过虚假诉讼将夫妻共有财产用于清偿债务而获刑。在陈某东、何某强、陈某根妨害作证,沈某明帮助伪造证据案中,审理法院认为,"妨害作证罪的犯罪对象不仅限于证人,还包括案件当事人。法律工作者为帮助行为人达到在离婚诉讼中使对方少分财产的目的,而指使行为人串通他人伪造证据并提起虚假的借款诉讼,致使法院作出错误的裁判。此时,应当认定法律工作者的行为构成妨害作证罪,而行为人的行为亦严重妨碍了法院的审判活动,扰乱了审判秩序,依法亦构成妨害作证罪,且属于情节严重"。② 最终,该案中的代理律师何某强被认定构成妨害作证罪,获有期徒刑三年六个月。

律师的职责是利用法律规定维护当事人的合法权益,维护社会的公平正义,而不是利用小聪明和法律漏洞,无底线地为委托人谋取利益的最大化。如果以此为目的做出违法行为,律师自然也会受到法律的制裁。所以,执业道路千万条,遵纪守法第一条。律师在任何情况下都不应该教唆或鼓励当事人作伪证,不然,最后的结局只能是流下两行铁窗泪。

四、这些弄巧成拙的建议,你给过吗?

(一)教客户转移财产

很多律师教当事人转移财产,是为了在离婚财产分割中把"蛋糕"做小,让对方少分。但转移财产的行为一旦被发现,很可能是

---

① (2016)鲁08刑终57号刑事裁定书。
② (2010)浙杭刑终字第357号刑事判决书。

偷鸡不成蚀把米，聪明反被聪明误。《民法典》第一千零九十二条规定，夫妻一方隐藏、转移、变卖、毁损、挥霍夫妻共同财产，或者伪造夫妻共同债务企图侵占另一方财产的，在离婚分割夫妻共同财产时，对该方可以少分或者不分。离婚后，另一方发现有上述行为的，可以向人民法院提起诉讼，请求再次分割夫妻共同财产。转移夫妻共同财产是一种妨碍诉讼正常进行的违法行为，作为律师，可以帮助当事人保护好属于自己的那一份财产，但对于夫妻共同财产，应该坚决拒绝并劝阻当事人采取任何非法手段对其进行转移。要知道，审理法官都是经验丰富的老手，在关公面前耍大刀，无异于自掘坟墓。

（二）教客户装跟踪器

有些当事人怀疑配偶出轨但没有实质性证据，于是就有律师出馊主意，让客户在车辆上安装跟踪器，记录配偶的行踪轨迹，但到头来只是竹篮打水一场空，甚至有可能触犯刑法。《民事诉讼法司法解释》第一百零六条规定，对以严重侵害他人合法权益、违反法律禁止性规定或者严重违背公序良俗的方法形成或者获取的证据，不得作为认定案件事实的根据。根据该条规定，通过长期跟踪他人而取得的视听资料可能会被认定是非法证据，从而在诉讼中予以排除。

此外，根据《最高人民法院、最高人民检察院关于办理侵犯公民个人信息刑事案件适用法律若干问题的解释》，公民个人信息指的是以电子或其他方式记录，能够单独或者和其他信息结合识别特定自然人身份或者反映特定自然人活动情况的各种信息。因此，行踪轨迹也属于公民个人信息，非法获取、出售或者提供行踪轨迹信息的行为侵犯了个人隐私权，很可能构成侵犯公民个人信息罪。在陆某非法获取公民个人信息案中，陆某于2013年3月受雇于赵某，对赵某的丈夫进行跟踪偷拍，从中非法获利8000元，上虞市人民法院以非法获取公民个人信息罪对陆某判刑。① 律师不应该参与或鼓励当事人用跟踪等非法手段窃取个人信息，一方面是因为就算跟踪了也没法作为证据使用；另一方面还可能涉及违法犯罪。客户利益固然重要，但公民个人信息也不容侵犯。

(三) 指导客户做其他非法取证

由于婚姻关系的私密性，离婚案件中的当事人在举证层面往往困难重重，这并不意味着律师应当指导客户通过非法手段取证，但也并不意味着所有以"秘密手段"获取的证据都是无效的。作为律师，需要做的是根据既往案例总结裁判思路，结合具体案情给予当事人可靠的取证思路。例如，在张某与肖某离婚纠纷案②中，张某在家中客厅偷偷安装的录像设备，录制了配偶肖某与婚外女性多次发生不正当关系的视频。法院认为，"综合衡量取得证据方法的违法性所损害的利益与诉讼所保护的利益，原审中被上诉人张某提供的视听资料的证据效力和证明力应予确认。上诉人肖某在被上诉人张某身患重病期间与婚外女性多次发生不正当关系，对被上诉人的身心健康造成极大伤害，且被上诉人张某始终没有原谅上诉人的意思表示，经调解无效，视双方夫妻感情现状，已无和好可能，被上诉人张某要求与上诉人肖某离婚的请求应予支持"。同样是偷拍偷录，在陈某某与江某甲离婚纠纷案③中，法院认为，"陈某某提供了视频资料一份及截取视频资料打印的照片 22 张，拟证明江某甲与他人同居，有过错，但该部分证据系通过非法手段在他人出租房屋外偷拍取得，侵害了他人的隐私权，因其来源不合法，本院不予采信"。由此可见，对于以秘密手段获取的证据是否为合法证据，司法实践中

---

① (2013) 绍虞刑初字第 747 号刑事判决书。
② (2015) 枣民一终字第 441 号民事判决书。
③ (2015) 渝三中法民终字第 02030 号民事判决书。

通常会通过法益衡量进行判断，即对取证所损害的法益和它所保护的法益进行平衡，结合取证主体、取证场所、取证手段等多个方面对证据进行全面审查。但无论如何，通过非法方式进行取证，无论是过程还是结果，都有很大风险。

在律师执业中，遵循法律伦理和道德规范是至关重要的。通过合法手段解决问题，不仅有助于案件的公正处理，还有利于维护律师的职业声誉。在任何时候，律师都要时刻提醒自己，执业过程中需要有底线，无论如何都不能踩这些法律的"红线"。

第八节　关于解除婚姻关系

如前所述,根据《民法典》第一千零七十九条之规定,法院是否判处解除婚姻关系,唯一的标准就是"夫妻感情是否确已破裂"。该条列举了重婚或者与他人同居;实施家庭暴力或者虐待、遗弃家庭成员;有赌博、吸毒等恶习屡教不改;因感情不和分居满二年这四种情形和其他导致夫妻感情破裂的情形。法律虽然规定得较为清晰,但如何证明本案中的事实符合上述情形,还需要律师进一步辅导当事人。

一、如何证明夫妻感情破裂？

世界上可能没有比感情更虚无缥缈、反复无常的存在了。他说年少时,我们因谁因爱或是只因寂寞而同场起舞;你说沧桑后,我们何因何故寂寞如初却宁愿形同陌路。得不到的总是挂念,共朝夕的总是厌倦,感情到底破没破裂,终是如谜难言难解。所以爱是否消失究竟谁说了算？怎么证明？

诗歌和文学弯弯绕绕,法律的逻辑简洁明了。诗人跟你说得之我幸，不得我命；律师跟你谈婚姻基础，离婚原因。法庭不是兰亭，讲究用事实和证据量化抽象的感情。司法实践中一般会从双方当事人的婚姻基础、婚后感情、离婚原因、夫妻现状以及有无和好的可能等方面综合分析。

（一）基础不牢，地动山摇

婚姻基础，就是夫妻双方缔结婚姻的根基。如果根基本来就弱，那么感情破裂就更容易；如果根基深厚，那么主张感情破裂就要多下功夫。在考虑能否从婚姻基础角度出发主张感情破裂时，律师可以引导当事人问自己这些问题——我们是走过了多年恋爱长跑才修成正果，还是一时冲动、不假思索就草草步入了婚姻殿堂？我们是男女平等基础上的自由恋爱，还是被逼无奈的包办婚姻？我们是因为爱情结婚，还是为了金钱、资源、地位、权力、颜值？我们是慎重考虑后才决定结婚，还是感情不深、奉子成婚？我们的婚礼是张灯结彩、八抬大轿、十里红妆、宴请八方，还是门可罗雀、愁云惨淡……一般来说，如果起诉离婚一方能够举证证明双方婚姻基础差，如恋爱时间短、一时冲动结婚、结婚动机不纯、结婚流程简陋等，那么就等于告诉法官"我们的感情本就是一盘散沙，风都不用吹，走两步就散了"。而且正是由于婚姻基础差，双方投入的成本和精力有限，本来就没什么感情，更别说修复感情了，这样的情况下及时止损对双方来说更合理。

除了婚前基础之外，婚后的夫妻共同生活也是法官考量的因素。比如，结婚之后双方的生活习惯如何，性格特征如何，对彼此的感情如何，对彼此父母的态度如何，对子女的关心如何……实践中就有女方当事人因为受不了另一半严重口吃、三班倒工作、睡觉打呼噜而起诉离婚。[①] 结合这些夫妻生活中的点点滴滴，法官会对双方婚

---

① （2014）浙杭民终字第1587号民事判决书。

后的感情状况形成一个综合、全面的认识,从而进一步判断双方的感情是否已经破裂、有无和好的可能。

(二) 为何离婚?现状如何?

实践中,当事人离婚的原因千奇百怪、层出不穷。离婚的原因可能是单一的,也可能是多元的,多种离婚原因交织的情况下,可能有直接间接、远因近因之别。当事人提出的离婚原因可能是真实的,也可能是虚假的。因此,律师应当帮助当事人梳理产生离婚纠纷真正的、主要的、起决定作用的原因,分清双方的是非和责任,这样才能准确总结出夫妻感情破裂的内在原因,回答双方是否具有和好可能的问题。很多事情在当事人看来是不可忍受的,作为离婚原因很有说服力,但从法官的角度来看却未必如此。如果是协议离婚,双方协商一致倒也就算了。但如果是诉讼离婚,必须要考虑法律规定和司法实践中的做法,千万不能一意孤行。比如,2018年10月,江苏省南京市一名哲学博士与妻子办理了离婚手续,理由是妻子不同意自己的学术观点导致婚姻破裂,其在离婚理由一栏写道,他爱哲学胜过一切,不能跟一个学术观点和自己不一样的人生活。妻子王某也当天就在离婚协议书上签了字。但如果在法庭上,你说"吾爱吾妻,吾更爱真理",你当法官是康德还是黑格尔?会因为学术观点不合就判决准予离婚吗?还有的当事人主张性生活不和谐是夫妻感情破裂的原因之一。例如,在陈某与王某1离婚纠纷案[①]二审中,上诉人提出,"上诉人与被上诉人性生活的不和谐也是造成彼此夫妻感情破裂的加速器。被上诉人隐瞒病史,说夫妻性生活不和谐是常态,以此蒙骗性经验匮乏的上诉人,以至于上诉人多次感染泌尿系统疾病及妇科病,既压抑了上诉人获取性生活快乐的情感,也严重侵害了上诉人的身体健康"。但二审法院认为,"双方婚前感情

---

① (2023)豫16民终1800号民事判决书。

基础较好,离婚会对孩子身心健康造成不利影响。王某1本案一审、二审均未到庭参加诉讼,不能对两人进行调解。双方互相理解,相互包容仍有和好可能。本案陈某提供的证据不足以证明两人感情确已破裂,一审判决不予离婚并无不当",最终判决不予离婚。

总而言之,律师需要辅导当事人站在审判者的角度思考问题——双方真实的离婚原因是什么、这个原因是否真的导致了双方感情破裂、双方目前还有没有维持家庭生活的意向和行为等。

(三) 他们还有和好的可能吗?

夫妻是否还有和好的可能,要从双方感情的破裂程度、恢复感情的意愿和条件等方面判断,如双方对立情绪的大小、有无子女、坚持不离的一方有无和好的行动,或者有过错的一方有无和好的表现等。如果双方感情基础本就薄弱,婚后感情也不好,又是因为一方存在家庭暴力离婚,而且离婚时双方早已不在一起生活,也没有重归于好、共同经营家庭的意愿。综合判断下来,可以认定双方夫妻感情已经破裂,没有重归于好的可能。反之,只要双方还有恢复感情的希望,法院就不会轻易认定感情完全破裂。

二、分居真的能证明吗?

根据《民法典》第一千零七十九条,"因感情不和分居满二年"是判断夫妻感情破裂的标准之一。此外,经人民法院判决不准离婚后,双方又分居满一年,一方再次提起离婚诉讼的,应当准予离婚。问题是,怎么证明双方处于分居状态?每天带定位发一条微博吗?处在一个屋檐下但分房间住是不是分居?处在一个房间内但分床睡是不是分居?分居能不能累计计算?此外需要注意的是,这里的"夫妻分居"的前提是因为"感情不和",而非正常的工作调动、异地求学、生病就医等因素导致的客观分居。因此，不仅要证明双方分居，还要证明双方是因"感情不和"才分居，这对于很多当事人来说是难上加难。

作为律师，需要做的就是向当事人答疑解惑，帮助其收集"因感情不和而分居"的证据。首先，分居的时间应当连续计算而不能累计计算，不能这个月分居，下个月又团聚了。因为法律之所以规定分居作为认定夫妻感情破裂的情形，就是因为默认分居期间夫妻不会共同生活、互相不履行夫妻义务。如果一年分居一年共住，很难说到底是感情破裂还是藕断丝连。同样地，如果一方主张双方已分居满两年，但另一方举证证明双方在"分居"期间还经常一起去酒店开房，这就很难评价为"因感情不和而分居"了。其次，夫妻长期在一个屋檐下分床睡、分房间睡很难证明，也很难被认定为"分居"。分居是夫妻双方不再共同居住生活，是各自建立属于自己的生活方式的情况。双方在继续维持其夫妻关系的情况下，同居一处，在各自的房间睡，或者在同一房间住，各自在各自的床上睡，以此为由起诉离婚的，一般不会被人民法院认可为"因感情不和分居满两年"。

那么，哪些证据可以证明双方因感情不和分居呢？首先，一方在外居住的房屋租赁合同、分居期间同居人或者合租人的证言、一方分居期间在外办理的暂住证、居委会或物业公司开具的居住证明、搬家公司的订单记录、租赁房屋水电燃气费支付单据、宽带安装业务受理单、交通卡每天进出站的扣费记录等可以证明双方存在分居的事实。但除此之外，还需要辅之以证明双方感情不和的证据，如双方的聊天记录及往来邮件、了解双方感情状况及分居事实的证人证言、双方书面签订的《夫妻分居协议》以及邮寄凭证等。

三、起诉两次一定能判离吗？

在《民法典》出台前，许多地方法院会默认第二次起诉一般证明了夫妻一方离婚的意愿坚决，双方感情破裂，已无和好的可能，所以一般都会在一方第二次起诉时判决准予离婚。但也有法院秉持着"宁拆十座庙，不毁一桩婚"的原则，对于离婚案件是能调则调，久审不判。《民法典》第一千零七十九条第五款规定：经人民法院判决不准离婚后，双方又分居满一年，一方再次提起离婚诉讼的，应当准予离婚。该条实际上就是为了更有效地解决司法实践中一些"久调不判"的现象，让真正需要离婚的一方得到解脱，使离婚更加人性化。

《民法典》虽然规定了分居一年后二次起诉应当准予离婚，但《民事诉讼法》第一百二十七条规定："人民法院对下列起诉，分别情形，予以处理：……（七）判决不准离婚和调解和好的离婚案件，判决、调解维持收养关系的案件，没有新情况、新理由，原告在六个月内又起诉的，不予受理。"这也就是说，程序法规定法院判决不准离婚后满六个月可以再次提起诉讼，而实体法规定法院判决不准离婚后分居满一年再次起诉应判离。这两部法律是不是冲突了？到底该等六个月还是等一年？这可能会使很多当事人疑惑。

需要明确的是，《民事诉讼法》第一百二十七条解决的是"能不能起诉"的程序性问题，而《民法典》第一千零七十九条解决的是"能不能胜诉"，也就是应不应当判决离婚的实体性问题，二者并不冲突。但是当事人可能还是会疑惑——说了那么多，到底是等到六个月就再次起诉，还是老老实实分居满一年再起诉？根据司法实践，一般情况下，在绝大部分地区，第二次起诉离婚法院都会判离。但如果等得起，也希望确保万无一失，也可以"分居满一年"，因为这才是法定的第二次起诉必须判离婚的依据。作为律师，首先应当充分了解当地司法实践。其次应尽力全面辅导当事人收集证明双方感情破裂的证据。

四、撤诉算第一次起诉离婚吗？

司法实践中，不少法官会在第一次起诉离婚中劝原告撤诉，但如果真的撤诉了，这次起诉还算是第一次起诉吗？六个月后如果再起诉算是二次起诉吗？这个问题其实非常巧妙。从法律文本解释角度来看，相关法律规定的都是再次"起诉"，"起诉"只是一种行为，那么理论上来说只要当事人满足起诉过一次的行为，无论第一次起诉是如何收尾的，都应当视为一次起诉，留下的案号和档案也可以证明当事人起诉过一次。但同时，《民事诉讼法》第一百二十七条规定的是"判决不准离婚和调解和好的离婚案件"，而离婚案件中调解和好的案件可以不用制作调解书，原告申请撤诉后，法院只需要裁定准许撤诉即可。所以调解和好后，如果原告轻易撤诉，很可能就会变成从未起诉过，本来两次起诉能达成目的，这下就变成了三次。司法实践中倾向于认定起诉离婚后撤诉相当于从未起诉过，不构成第一次起诉离婚。例如，在秦某与郭某离婚纠纷案[①]中，原告在 2017 年 4 月 27 日第一次起诉离婚时撤诉，2018 年 6 月 11 日第二次起诉离婚被法院判决不准予离婚，2019 年第三次起诉才被准予离婚。由此可见，法院认为 2017 年原告撤诉的那次诉讼不算第一次起诉离婚，2018 年起诉被判决不准予离婚的才算第一次，而 2019 年的这次才算第二次。[②]

---

① （2019）豫 0581 民初 2297 号民事判决书。
② 持相同观点的案例还有（2019）冀 0184 民初 684 号、（2019）豫 0305 民初 1490 号、（2018）苏 0621 民初 7569 号等。

由此可见，对于当事人来说，了解法院对程序事项的看法与判决离婚的实体尺度同样重要。如果遇到法官劝撤诉的情况，最好的办法还是坚持把第一次起诉的流程走完，拿到不准予离婚的判决书，这样才不会导致第一次起诉"诉了也白诉"，从而减少当事人的时间成本。

五、如何辅导当事人做好"情感修复计划"？

对于不同意离婚的被告来说，光靠一张嘴说感情未破裂、双方有可能重归于好是不够的。2018年，广东省高院出台了《广东法院审理离婚案件程序指引》，其中第三十条对"情感修复计划"进行了表述："当事人作出主动修复情感承诺的，人民法院可以要求其结合婚姻关系实际情况，提出明确的情感修复计划。人民法院可以邀请有关单位和个人帮助当事人结合婚姻家庭关系、矛盾产生原因、心理测评结论等情况，制定有针对性的情感修复计划。当事人在情感修复冷静期内未积极履行情感修复承诺及计划的，应当作为人民法院认定夫妻感情是否破裂的不利因素。"事实上，"情感修复计划"在其他地区同样适用，哪怕法官没有要求提供，律师也应协助当事人制作完善的《情感修复方案》，让法官看到当事人挽回婚姻的真心实意。

"我依然爱你"并非说说而已，必须拿出诚意，证明自己为修复双方感情可以做出哪些努力。这无疑给婚姻家事律师提出了更高的要求，也就是说律师不仅要懂法，还要懂情，知晓婚姻和心理学，才能更全面地帮助离婚案件当事人。鉴于此，律师可以辅导当事人，协助其制订一份《情感修复计划》，详细列出当事人自身在婚姻中的做法欠妥之处，并写明拟采取的对应补救措施，以及增进夫妻感情的方式和计划。比如，当事人可以在《情感修复计划》中反省自己存在"脾气不好、容易发火"的问题，并对应提出"学会控制情绪，遇到事情与配偶好好沟通"的解决办法。同时，还可以额外提出增进夫妻感情的具体实施方式，如"每周和配偶一起大扫除一次""每个月和配偶带孩子一起出去旅行一趟"等，以此表明当事人对婚姻的态度。《情感修复计划》也将作为法院评判案件当事人有无和好可能、夫妻感情是否破裂、是否准予离婚的依据之一。

六、诉讼离婚有冷静期吗？

《民法典》第一千零七十七条规定的离婚冷静期仅适用于登记离婚，但司法实践中对"诉讼离婚冷静期"早已做出了积极探索。比如，上述提到的《广东法院审理离婚案件程序指引》，就规定了不超过20日的"情绪约束冷静期"和不超过60日的"情感修复冷静期"。[①] 关于诉讼离婚中的冷静期，在总结各地法院探索离婚冷静期的基础上，最高人民法院印发《关于进一步深化家事审判方式和工作机制改革的意见（试行）》，其中第四十条规定："人民法院审理离婚案件，经双方当事人同意，可以设置不超过3个月的冷静期。在冷静期内，人民法院可以根据案件情况开展调解、家事调查、心理疏导等工作。冷静期结束，人民法院应通知双方当事人。"由此可见，与登记离婚冷静期制度相同，诉讼离婚也有冷静期，其制度目

---

① 《广东法院审理离婚案件程序指引》第二十七条 【冷静期一般规定】人民法院在审理离婚案件中，为促使当事人约束情绪、理性诉讼，或者帮助当事人修复情感、维护婚姻，可以设置一定期限的冷静期。
　　当事人在冷静期内达成和解协议的，可以申请撤诉或者申请人民法院确认。
　　当事人在冷静期内有家庭暴力、吸毒、转移财产、藏匿未成年子女、故意拖延诉讼等情况的，人民法院应当及时终止冷静期。
　　第二十八条 【情绪约束冷静期】当事人在开庭审理过程中情绪过于激动，不能理性表达意见，人民法院认为继续开庭将显著激化矛盾的，可以决定设置情绪约束冷静期。
　　人民法院设置情绪约束冷静期的期限不得超过20日，期限结束后，应当继续开庭审理。

（转下页注）

的在于减少冲动型离婚，维护婚姻家庭和谐稳定。但诉讼中会不会设置冷静期、设置多久冷静期属于法官自由裁量的范围。有些案件中，虽然双方已同意调解离婚，但承办法官认为双方存在冲动离婚的可能性，双方有和好的可能，就可能选择适用"诉讼离婚冷静期"，维护婚姻家庭稳定。

七、这些问题，法官一定会问

法官必问事项清单

1. 双方当事人是何时认识的？

2. 双方当事人是何时结婚的？

3. 双方当事人是自由恋爱还是包办婚姻？

（接上页注①）
　　人民法院在情绪约束冷静期内可以对当事人进行劝导，或者邀请专业人员进行心理干预和疏导。
　　第二十九条　【情感修复冷静期】要求离婚一方当事人暂时不愿意接受调解，另一方当事人明确作出主动修复情感承诺，人民法院认为双方确实还有和好可能的，可以决定设置情感修复冷静期。
　　人民法院设置情感修复冷静期的期限不得超过 60 日。期限结束后，经双方当事人同意，人民法院可以接续进行调解。
　　人民法院在情感修复冷静期内应当对当事人是否履行情感修复承诺进行回访督促。经当事人申请，人民法院可以邀请有关单位和个人从事协助工作。

4. 双方当事人婚前是否有感情基础？

5. 双方当事人目前是否已经处于分居状态？何时开始分居的？

6. 原告为什么要离婚？夫妻矛盾的根源是什么？

7. 原告为什么认为双方感情确已破裂、无法修复？

8. 被告为什么认为双方还有和好的可能？是否有感情修复的方案？

第九节　关于抚养权归属

一、抚养权归属的原则

根据《民法典》第一千零八十四条①及相关司法解释，法院确定子女抚养权归属要按照"最有利于未成年子女"的原则，综合考虑父母双方的抚养条件、抚养能力及子女的年龄、性别、受教育环境、生活模式等具体情况。

（一）子女年龄是绝对因素吗？

子女年龄是确定抚养权归属的重要参考因素，但并非唯一因素。首先，如果子女不满两周岁，由于年幼的子女离不开母亲的哺乳，

---

① 《民法典》第一千零八十四条　父母与子女间的关系，不因父母离婚而消除。离婚后，子女无论由父或者母直接抚养，仍是父母双方的子女。
离婚后，父母对于子女仍有抚养、教育、保护的权利和义务。
离婚后，不满两周岁的子女，以由母亲直接抚养为原则。已满两周岁的子女，父母双方对抚养问题协议不成的，由人民法院根据双方的具体情况，按照最有利于未成年子女的原则判决。子女已满八周岁的，应当尊重其真实意愿。

所以法律规定以由母亲直接抚养为原则。但有原则就有例外，如果母亲存在重大疾病、家庭暴力、虐待、遗弃子女、被判处刑罚等不宜与子女共同生活的情形，也可以由父亲一方直接抚养两周岁以内的子女。其次，两周岁到八周岁的子女，由父母双方协商，协商不成的由法院根据双方具体情况判决。但根据《民法典婚姻家庭编解释（一）》第四十六条①，如果父母均有直接抚养的意愿，而一方有丧失生育能力、与子女生活时间较长、无其他子女、子女随其生活对子女成长有利等情形，可以优先考虑。最后，子女已满八周岁的，法律规定应当尊重其真实意愿。但需要注意的是，"尊重"不等于"绝对遵从"，即便已满八周岁的子女表达自己更想跟随一方生活，如果另一方抚养更有利于子女利益，如抚养能力明显优于一方，那么子女的个人意愿还是要让步于"最有利于未成年子女原则"。

除年龄外，子女的性别也会被纳入考虑范围。因为一般来说，同性别的子女与父母间生活更为方便，沟通会更便利和自然，也符合性别发展的规律。尤其是孩子进入青春期后，性别不同难免会产生尴尬。同时，子女的教育环境需要保持连续性和适应性。如果子女跟随一方生活已经形成了稳定、持续的成长环境，如子女已经跟随一方定居，长期受祖父母照顾，形成了较好的家庭氛围，那么法院会考虑尽量维持子女在父母离婚后的成长环境。

（二）有钱是万能的吗？

诚然，经济能力是判断父母一方抚养能力的重要参考，但经济

---

① 《民法典婚姻家庭编解释（一）》第四十六条　对已满两周岁的未成年子女，父母均要求直接抚养，一方有下列情形之一的，可予优先考虑：
（一）已做绝育手术或者因其他原因丧失生育能力的；
（二）子女随其生活时间较长，改变生活环境对子女健康成长明显不利的；
（三）无其他子女，而另一方有其他子女的；
（四）子女随其生活，对子女成长有利，而另一方患有久治不愈的传染性疾病或者其他严重疾病，或者有其他不利于子女身心健康的情形，不宜与子女共同生活的。

状况只是考虑子女抚养问题时的一方面因素而非决定性因素，法院不会单纯以哪一方能够提供更好的物质条件，或者哪一方不需要支付抚养费来作为决策的唯一标准。评价一方的抚养能力时，还需要考虑一方的健康状态、性格品格、教育水平、居住条件和职业状况，以及一方对子女的感情和态度。

（三）两个子女一定会判一人抚养一个吗？

近年来二孩抚养的问题越来越多地出现在诉讼中。司法实践中，如果双方育有两个子女，而双方都要求直接抚养的，为了彰显公平、照顾夫妻双方的诉求，同时考虑到抚养子女的现实压力，法院一般会判决男女双方各抚养一个。但孩子是独立的人而不是父母的私有财产，手足分离也不是1+1=2的简单问题，许多人对这种简单粗暴的做法产生了质疑，认为这种分开抚养的方法表面上公平了，但实质上只是安慰了父母，并没有从孩子的角度考虑问题。对孩子来说，父母离婚后无法同时感受到父爱与母爱已经够惨了，又因为这种一刀切的做法要与自己的兄弟姐妹分离，岂不是对孩子的二次伤害？所以，这种机械的做法也在司法实践中逐渐得到了改善。例如，在饶某1与李某离婚纠纷案[1]中，法院就认为"关于子女抚养问题，应从有利于子女身心健康，保障子女的合法权益出发，结合父母的抚养能力和抚养条件等具体情形进行考虑。本案中，从孩子的生活学习环境来看，饶某1与李某的婚生子女饶某2、饶某3一直由饶某1的父母照顾生活，已适应当地的生活和学习环境，无论是两个孩子之间还是饶某1与两个孩子之间均已建立深厚的感情，此时再将两个孩子分开抚养，并不利于孩子的身心健康"。最终二审法院改判两个孩子均归饶某1抚养。

因此，如果当事人希望两个子女都归自己直接抚养，律师可以

---

[1] （2020）赣10民终844号民事判决书。

辅导当事人从子女利益最大化的角度，主张两个子女之间感情深厚、生活环境稳定，并且愿意跟随己方生活，如果轻易改变成长环境不利于孩子们的身心健康和学习生活，从而避免手足分离的情况。

(四) 如何证明孩子跟一方生活更有利于其成长？

律师辅导当事人准备什么证据材料，可以从两个方面入手。一方面，可以准备能够证明"孩子跟随己方更有利于其健康成长"的证据。

1. 证明"孩子跟我好"

首先，如果存在优先考虑抚养权归属的法定情形，那么当然要收集可以证明相关情形的证据。比如，如果子女未满两周岁，而当事人是女方，可以出示孩子的出生医学证明、己方的身份证明。如果子女已满八周岁，表示愿意跟随当事人生活，那么可以收集子女表达其意愿的录音录像。如果子女随当事人近亲属共同生活多年，当事人近亲属要求并且有能力照顾其子女，可以出具相关的影像资料、证人证言。[1] 如果当事人已经丧失生育能力，可以出具病历、医疗诊断证明、医疗鉴定等。

其次，可以收集证据证明当事人具有较好的抚养能力和抚养条件。比如，如果当事人是高级知识分子，可以提供当事人的学位证、学历证、相应的职业资格证等，证明自己可以成为孩子的良师益友。如果当事人收入水平可观，资产丰厚，可以提供银行流水、劳动合同、工商登记信息、纳税证明、房产证、机动车登记证等，以证明孩子跟着己方有稳定的住所、较好的生活条件，可以衣食无忧。

最后，如前所述，法院会考虑孩子长期以来跟随哪一方生活，

---

[1] 《民法典婚姻家庭编解释（一）》第四十七条　父母抚养子女的条件基本相同，双方均要求直接抚养子女，但子女单独随祖父母或者外祖父母共同生活多年，且祖父母或者外祖父母要求并且有能力帮助子女照顾孙子女或者外孙子女的，可以作为父或者母直接抚养子女的优先条件予以考虑。

是否已经形成了较为稳定的学习、生活环境。因此，如果子女一直跟随己方当事人生活，当事人可以从亲子生活细节入手，提供证据证明子女已经在己方抚养下形成了稳定的生活环境和成长模式。在子女学习方面，可以提供自己与老师沟通孩子学习情况的聊天记录、参与家校活动的记录、接送孩子上下学的记录、给孩子购买书本文具的凭证等。在日常生活方面，可以出示带孩子就医的缴费凭证、给孩子购买服饰用品的票据、与孩子共同生活的影像资料、带孩子外出旅游的影像资料等。总而言之，律师应当辅导当事人抓住每一块有利的证据拼图，给法官呈现出一幅画面——孩子由己方抚养最有利于其成长、可以最小化父母离婚带来的伤害，己方有能力、有条件、有意愿把孩子照顾好，并且一直以来都是如此。

2. 证明"孩子跟他没那么好"

俗话说，没有对比就没有伤害。离婚诉讼中，双方是在"争夺"子女抚养权，那么光证明"我很好"还不够，如果存在相关事实，进一步证明"他不好"或者"我比他更好"则会更占优势。

首先，如果对方存在一些不利于子女成长的情形，己方可以收集相关证据。对方若有过违法犯罪前科，尤其是曾经实施过家庭暴力或有吸毒、赌博、酗酒等恶习的，可以出示伤情鉴定、出警记录、行政处罚决定书、法院判决书、失信被执行人公告等；对方若存在传染病等不利于子女成长的疾病，可以出示病历、体检报告、医疗诊断、药品购买记录等；如果对方有过出轨、与第三人同居的事实，当事人可以出具租房合同、照片录像、聊天记录以及其他证据。

其次，在证明对方不具备更好的抚养能力、条件方面，可以从上述证明己方抚养能力的几个角度反向入手。比如，提供生物医学诊断或者亲子鉴定，证明对方还有其他子女；提供子女的出生医学证明，证明子女跟随同性父母成长更有利；提供对方的劳动合同、工资收入证明、银行流水、借款合同、租房合同等，证明对方的工作性质不适合抚养子女，对方的收入水平无法给子女提供良好的抚养条件，对方没有能力给子女提供稳定的成长环境等。但对比也需要注意尺度，能够达到"子女跟随己方生活更有利"的证明目的即可，没有必要上升到人身攻击，否则会进一步激化双方矛盾不说，还可能会给子女幼小的心灵造成二次伤害，得不偿失。

二、孩子被藏起来了怎么办？

（一）为什么要藏孩子？

在很多离婚案件中，双方当事人会上演一场"夺子大战"。一方偷偷把孩子藏起来，拒绝另一方探视孩子是常有的情况。为什么要把孩子藏起来？说到底还是为了向法定情形贴合，从而在争夺抚养权上占据优势。在判决抚养权归属时，法院会考虑子女生长环境的继续性和适应性，尽量维持子女在父母离婚前后成长环境的稳定性。因此，就有父母在离婚诉讼前把孩子夺走，将其藏起来与自己共同生活，企图制造"稳定的"子女生长环境，借助法院不轻易改变子女原有生活环境的原则，希望在判决抚养权归属时占据有利地位。然而，必须明确的是，离婚诉讼阶段父母抢夺、藏匿未成年子女不是一般的家庭纠纷，而是法律明文禁止的违法行为。2020年新修订的《未成年人保护法》第二十四条明确规定，不得以抢夺、藏匿未成年子女等方式争夺抚养权。在实践中，如果遭遇抢夺、藏匿未成年子女的情形，可通过申请行为保全或申请人身安全保护令等法律手段实施救济。

在一起笔者经办的离婚案件中，当事人的两名子女均已年满八周岁，但长期被男方控制。男方倒也没有将子女藏匿起来，只是不让女方见孩子。女方从小对孩子的学习要求比较严格,因此孩子比较惧怕妈妈。而男方长期唱红脸,对孩子的学习抱着放任不管的态度,还经常跟两个孩子一起打游戏,因此父子父女关系倒是其乐融融。男方在控制孩子期间,一直教唆孩子说妈妈不是好人。一审中,女方主张一人抚养一个。但一审法院根据两个子女的意愿,最终判决两个孩子均归男方抚养。二审时,法院再次询问孩子的意愿,而孩子们居然作出了"妈妈从来都不给抚养费"这样与其年龄不相符的表述。最终法院结合双方经济条件以及实际情况,判决一人抚养一个。法院认为,由于年幼的孩子心智尚未成熟,很容易受到夫妻一方的故意引导和控制,其作出的表述未必与事实相符,也未必是孩子的真实意愿。因此,孩子的意愿可以参考,但不应完全作为判决的依据。

(二)"紫丝带妈妈"的寻子之路

世界上有这么一群妈妈,她们有孩子,但穷其一生也难见孩子一面,被迫与骨肉分离;她们在世界的一角奔走维权,而孩子在没有妈妈的另一角偷偷长大——她们的孩子并没有被拐卖,也没有意外失踪,而是被孩子的亲生父亲或是爷爷奶奶藏了起来,故意不让女方找到孩子。这群女性被称为"紫丝带妈妈",她们十月怀胎生下的骨肉被男方或男方父母暴力抢夺、故意藏匿。"紫丝带"在国际上是反暴力的含义,借此名称,她们反对暴力抢夺、藏匿孩子,呼吁维护自己作为母亲的正当权利,与孩子团聚。"紫丝带妈妈"们四处寻子,饱受骨肉分离之苦,而孩子们居无定所,无法正常学习生活,无法享受应有的母爱。

为什么说"紫丝带妈妈"们陷入的是困局?因为想要和孩子团聚,求告无门,难于上青天。有的妈妈正在与丈夫走离婚程序,其间孩子被男方抢走,于是她们选择了报警。但由于婚姻关系尚未解除，公安将此定性为家庭纠纷，不便介入。有的妈妈想要找公安机关报失踪，但因为孩子是被最信任的爸爸"骗"走的，没有相应的侵害迹象，所以公安也无法立案。有的妈妈试图去法院起诉男方，但我国并没有侵害亲权的案由，这类纠纷连立案都立不了。有的妈妈费尽千辛万苦争取到了子女的抚养权，于是申请法院强制执行，但执行法官并不能帮着去把孩子抢回来，最多只能因对方拒不执行判决对其进行司法惩戒，如罚款、拘留。拘留期满，男方又跑出来故技重施……"紫丝带妈妈"们长期周旋于夺子游击战中，与对方斗智斗勇，由于司法机关介入的困难，只能眼睁睁地看着最亲近的人被曾经最亲近的人争夺、藏匿。当然，现实生活中除了"紫丝带妈妈"，其实也存在"紫丝带爸爸"。无论是爸爸还是妈妈，这种行为都是对孩子亲权的侵害，剥夺了孩子享受亲情的权利，不利于孩子的身心健康。这群守望相助的"紫丝带父母"，在困境和挣扎中相互疗愈，期待着与孩子相见的那一天。

紫丝带群体该如何解决寻子难题？有些人认为应当以牙还牙，把孩子从对方手里抢回来。但这种方式只会给孩子造成更大的伤害，用暴力手段又与藏孩子的另一方有何区别？目前实践中，有些"紫丝带妈妈"试图让检察院通过"拒不执行判决、裁定罪"提起公诉，让非法藏匿子女的一方承担刑事责任，但上升到刑事案件谈何容易？还有的妈妈提起了婚内监护权诉讼并胜诉，但仍然面临着相同的执行难问题。[①] 不论是《民法典》《妇女权益保障

[①] 2022年7月28日，我国首例婚内监护权诉讼落下帷幕。该案中，不满1岁尚在哺乳期的女儿被男方和男方母亲抱走并藏匿，女方在诉讼离婚期间提起了婚内监护权诉讼，经历两审后获得了"暂时直接抚养孩子"的胜诉判决。但判决生效后男方仍未送回孩子，女方最终申请了强制执行。详见《国内首例婚内监护权诉讼落槌母亲胜诉但仍面临执行难》，载法治网，http://www.legaldaily.com.cn/Village_ ruled_ by_ law/content/2022-07/29/content_ 8760871.htm，最后访问时间：2024年5月28日。

法》还是《未成年人保护法》，对于一方"以抢夺、藏匿未成年子女等方式争夺抚养权"的行为都只是作出了原则性禁止的规定，但并未明确相应的法律后果以及救济渠道。面对紫丝带群体的困境，法律还需进一步细化完善，让"紫丝带父母"们有法可依，减少骨肉分离的人间悲剧。

（三）什么是行为保全？

行为保全，是指人民法院作出裁定，责令一方当事人作出一定行为，或者禁止其作出一定行为，防止该当事人正在实施或者将要实施的行为给申请人造成不可弥补的损害，具体的行为保全措施包括停止侵害、排除妨碍、限制活动等。我国《民事诉讼法》第一百零三条规定，人民法院对于可能因当事人一方的行为或者其他原因，使判决难以执行或者造成当事人其他损害的案件，根据对方当事人的申请，可以裁定对其财产进行保全、责令其作出一定行为或者禁止其作出一定行为；当事人没有提出申请的，人民法院在必要时也可以裁定采取保全措施。人民法院采取保全措施，可以责令申请人提供担保，申请人不提供担保的，裁定驳回申请。人民法院接受申请后，对情况紧急的，必须在四十八小时内作出裁定；裁定采取保全措施的，应当立即开始执行。

此外，各地法院也出台了相应的文件，为离婚诉讼中的行为保全提供法律依据。例如，《广东法院审理离婚案件程序指引》第十二条规定："当事人因下列情形申请行为保全的，人民法院应当依法作出裁定，责令对方当事人作出或者禁止其作出一定行为：（一）因遭受家庭暴力或者面临家庭暴力现实危险的；（二）对方当事人抢夺、转移、藏匿未成年子女的。当事人申请前款规定的行为保全，人民法院不要求提供担保。当事人对自己的申请应当提供基本证据，情况紧急的，人民法院初步核实后可以径行作出行为保全裁定。"

据此，适用行为保全有四个前提条件：第一，在申请主体方面，诉前保全的申请人可以是利害关系人，即与需要保全的行为结果之间具有利害关系的公民、法人或者其他组织。而申请诉中保全的适格主体为当事人。第二，要有初步证据表明申请人的合法权益正在或者将要受到被申请人的侵害。第三，如不采取行为保全将会给申请人造成损害或者使其损害扩大。第四，不采取行为保全可能给申请人造成的损害要大于采取行为保全可能给被申请人造成的损害。但如采取行为保全会损害公共利益的，不得采取行为保全。

（四）人身安全保护令

针对实践中一方抢夺、藏匿子女的现象，除申请行为保全这一救济途径外，也可以申请人身安全保护令。2023年11月，最高人民法院以未成年人保护为专题发布第二批反家庭暴力典型案例。其中，在蔡某某申请人身安全保护令案中明确，未成年子女被暴力抢夺、藏匿或者目睹父母一方对另一方实施家庭暴力的，可以申请人身安全保护令。

虽然人身安全保护令已实施8年，但仍然面临着申请率不高、举证认证难、送达执行难、惩戒不足、认知偏差等现实问题。将人身安全保护令明确适用到抢夺、藏匿子女的情形当中，无疑更能保障当事人及子女的合法权益。

当离婚诉讼中一方意图抢夺并藏匿子女时，另一方既可以申请行为保全（如强制一方当事人移交子女、禁止一方当事人抢夺或隐匿子女、要求对方配合我方每周探望孩子等），也可以申请人身安全保护令。从而保护未成年子女利益，并切实保护父母对子女的抚养权和监护权。

附件二：行为保全申请书模板

行为保全申请书

案号：×××××××××

申请人：小美，女，×族，××××年××月××日出生，公民身份证号码：×××××××××××××××××，住××市××区××街××号××房。

被申请人：小明，男，×族，××××年××月××日出生，公民身份证号码：×××××××××××××××××，住××市××区××街××号××房。

请求事项：

×××××××××号小明与小美离婚纠纷一案，申请人小美请求××市××区人民法院裁定被申请人小明停止转移、藏匿婚生子小小明，在本案判决生效前，由被申请人将小小明暂交由申请人抚养。

事实和理由：

××××年××月××日，申请人与被申请人在××市××区民政局登记结婚。××××年××月××日，申请人生育婚生儿子小小明（公民身份证号码：××××××××××××××××）。后因感情不和，双方于××××年××月××日离婚。××××年××月××日，因儿子尚年幼，双方尝试再次共同生活，并于××市××区民政局登记结婚。

现因夫妻感情破裂，双方关系恶化，被申请人为争夺孩子抚养权及更多的财产利益，在双方尚未协商离婚前，于××市××区日起非法将小小明转移、藏匿。申请人曾多次通过电话、微信等方式要求被申请人及其父母将孩子带回，但被申请人及其父母均不予回应，甚至拉黑申请人的联系方式。更严重的是，被申请人擅自为孩子办理退学手续，不仅剥夺孩子受教育的权利，更对孩子的身心健康造成严重不利影响，孩子因此经常哭闹，对与被申请人共同生活产生极大的抵触情绪。为能早日接回孩子，申请人先后向××市公安局××区分局合益派出所、××市××区××街××社区居民委员会求助，但经民警、居委会工作人员与被申请人沟通后，被申请人仍拒绝将孩子带回，仍然转移、隐匿小小明。

申请人认为，被申请人非法转移和隐匿孩子的行为，既是对孩子合法权益的肆意践踏，极大地伤害了孩子的身心健康，同时也是对申请人合法监护权的野蛮剥夺。

鉴此，申请人现根据广东省高级人民法院于2018年7月16日颁布的《广东法院审理离婚案件程序指引》第十二条第一款之规定"当事人因下列情形申请行为保全的，人民法院应当依法作出裁定，责令对方当事人作出或者禁止其作出一定行为：……（二）对方当事人抢夺、转移、藏匿未成年子女的。"第十二条第二款之规定："当事人申请前款规定的行为保全，人民法院不要求提供担保。"申请贵院裁定被申请人小明停止转移、藏匿婚生子小小明，在本案判决生效前由被申请人将婚生子小小明暂交由申请人抚养，望裁如所请。

此致

××市××区人民法院

申请人：小美

代理人：

××××年××月××日

三、如何给当事人做好抚养规划？

（一）为什么要做抚养规划方案？

很多当事人可能认为，离婚案件中争夺抚养权，只要把关注点放在"过去"和"当下"就行了，如过去三年自己的工资收入都很高，有能力抚养子女。但事实上，越来越多的法院开始看重当事人对"未来"的态度，在双方都有直接抚养子女的意愿且条件相当的情况下，可能会让当事人出具《未成年子女抚养规划》，以此作为判决未成年子女抚养权归属的依据。比如，根据广东省高院出台的《广东法院审理离婚案件程序指引》第三十六条规定："双方当事人均主张直接抚养未成年子女，且抚养能力、条件较为接近的，人民法院可以要求双方当事人提出明确的未成年子女抚养规划。内容包括：（一）未成年子女生活地点；（二）未成年子女受教育规划；（三）其他未成年子女成长规划；（四）实现规划的经济保障。抚养规划应当在法庭上出示，并由双方当事人提出意见。人民法院将抚养规划作为判决未成年子女抚养事项依据的，应当封存直接抚养未成年子女方的抚养规划，并归入卷宗正卷。不直接抚养未成年子女方认为封存的抚养规划未予履行、侵害未成年子女利益的，可以据此提起变更抚养权诉讼。"实践中，抚养规划也适用于其他地区法院，新余市渝水区人民法院就在一起离婚案件中要求直接抚养子女一方出具《未成年子女抚养规划方案》，从而消除非直接抚养一方对其经济上的顾虑。① 父母之爱子，则为之计深远。就算法官不要求提供，律师协助当事人制作一份完善的抚养规

---

① 《首次！渝水法院要求当事人出具〈未成年子女抚养规划方案〉》，载"新余市渝水区人民法院"微信公众号，发文日期：2022年11月29日，最后访问日期：2024年5月28日。

划方案也是加分项,可以体现出己方对子女成长的关心和深谋远虑。

(二) 抚养规划方案怎么做?

对于抚养规划方案的内容和意义,很多当事人可能存在误区,认为"我自己的娃,该怎么养我说了算",或者以为所谓的抚养规划方案只需要粗略地承诺一下"我未来一定会好好照顾孩子""我会尽我所能供孩子上小学、初中、高中、大学"……但其实,这种宽泛的方案属于无效方案,并不能起到说服法官的作用。因此,抚养规划方案到底怎么做、要包含哪些内容,需要专业律师辅导当事人进行准备。一份好的《未成年子女抚养规划方案》,实际上就是律师为当事人提供的增值服务,充分体现了婚姻家事律师参与离婚案件辅导的价值。培养子女是一项大工程,尤其是对于年幼的子女来说,抚养规划方案就是他们的"人生启示录"。如果在律师的辅导下,当事人可以呈现给法官一份详细、全面的"工程计划书",不仅可以向法官表明己方争取抚养权的诚恳态度,而且可以展现出自己对孩子更了解、更用心,一定程度上展现己方在抚养条件和能力方面的竞争优势,打消对方的担忧和顾虑。

抚养规划方案,实际上包括了"抚养方案"和"抚养规划"两层含义。抚养方案就是抚养权归哪一方、抚养费给多少、怎么给,探望权如何行使、时间和频率,抚养方案依据的事实与理由,执行抚养方案的保障等。抚养规划则是对子女未来成长过程的具体安排,一般涵盖未成年子女生活地点、教育规划(包括户籍、学习成绩、心理健康、升学深造、兴趣爱好培养)、其他子女的成长规划等。此外,一份有说服力的规划方案,还应当站在保障孩子合法权益最大化的高度,做好全面、充足的计划。比如,为了促进孩子身心健康成长,双方应当减少情绪对立、提高在孩子成长过程中的参与度,给孩子带来正向的引导,尊重孩子的兴趣爱好,实事求是、因材施教等。

附件三：抚养规划模板

抚养方案及抚养规划

提供人：张明

关于婚生子张小明的抚养方案及抚养规划

第一部分　抚养安排

一、未成年子女的直接抚养方

综合考虑其父母双方的客观条件，本着有利于未成年子女身心健康成长和保障未成年子女利益的原则，原告主张未成年子女张小明由原告直接抚养。

二、抚养费支付

原告主张，被告每月支付抚养费××××元。

三、方案依据的事实与理由

（1）相对于被告，从经济上，原告更有能力为孩子提供优越的生活教育成长环境。

（2）被告主张广州市××区××路×××街×××号××××房归被告所有，该房屋的剩余贷款本金×××××××元由被告承担，被告需要向原告支付房屋补偿款×××××××元。且被告自认其主要收入来源为工资收入，月薪仅有××××元，但却要承担×××多万的债务，其根本没有经济能力抚养孩子。反观原告，就职于……，年收入……，名下房产情况……综上，从经济上，原告更有能力为孩子提供优越的生活教育成长环境。

（3）在孩子成长过程中，其既需要母爱，也需要父爱，父与母的角色都不可或缺。孩子年仅10周岁，虽有一定的辨别能力，但其心智尚未成熟，不能明辨是非，易受他人的影响，故其表态不应成为法院判决抚养权归属的唯一依据，而应以保障未成年子女的利益为主要出发点，即"未成年人利益最大化原则"。本案中，原告的经济能力较强且比较稳定，并已作出承诺保证不改变孩子的生活、学习现状，保证被告对张小明的探望权。并且由于张小明是男生，其成长过程中更需要父亲的陪伴。原告作为父亲，能够在儿子成长的过程中起到更好的示范、教育作用。

（4）在离婚诉讼期间，被告不断教唆孩子不与原告共同生活，并非法实施转移、藏匿孩子的行为，无视孩子的合法权益，严重损害孩子的身心健康，不适宜长期抚养孩子。

在本案立案之后开庭审理之前这段时间，被告屡次当着孩子的面，大放厥词向孩子灌输其父亲是坏人的思想。试图在孩子幼小的心灵埋下仇恨的种子，以达到由其独占孩子抚养权的目的。

被告的上述行为已严重侵犯或者威胁到了原告作为父亲的监护权，如果将婚生子判归被告抚养，原告的探望权将无法得到保障。

四、方案实施的保障

1. 经济保障

首先，就职于……，年收入……，名下房产情况……足以支撑孩子的抚养费用。

其次，原告名下有三辆车，车牌号分别为粤×××××、粤×××××……其中两辆汽车均为广州牌，不受开四停四的限制，能在日常出行或孩子生病需要用车时提供保障。

最后，原告父母均身体健康，且已经答应协助原告照顾孩子。在经济上，原告父母经营家族企业，经济上可以协助抚养孩子。就原告父母本身来说，即使将来有重大疾病，在医保的基础上还享有二次补贴，基本上自费比例非常低，完全不影响经济和生活质量。

2. 时间保障

由于原告为企业高管，且其工作时间比较弹性和自由，平时亦可在家办公，有充足和灵活的时间陪伴孩子。

3. 精力、能力及其他辅助条件

若张小明由原告抚养，原告可立即在孩子就读学校附近购买房屋，原告将在该房屋生活并抚养孩子，照顾孩子的学习和生活。

此外，原告决定，在孩子与原告共同生活后，会另请住家阿姨协助日常家务及房屋清洁事宜，以便有更多的精力教育和抚养好孩子。

4. 保险保障

原告已于××××年××月××日为张小明购入××××年金保险、××××（2020）终身寿险（万能型）作为教育资金的年金险，已交完第一年费用，还剩九年，每年需交3万元。自××××保险合同第5个保单周年日开始，至第9个保单周年日（含第9个保单周年日），每年收益3万元。原告购买该保险的初衷是希望孩子上大学时，能有一笔备用资金作为出国准备金。

第二部分　抚养规划

为了确保张小明健康、快乐地成长，充分保障其教育、生活条件，原告就张小明的抚养，制定规划如下：

一、未成年子女生活地点

若张小明由原告抚养，原告可立即在孩子就读学校附近购买房屋，原告将在该房屋生活并抚养孩子。

二、未成年子女教育规划

1. 关于孩子学习成绩规划

原被告自2019年开始协议离婚，最终协议不成由原告起诉离婚。在离婚诉讼后，被告一直教唆孩子不要与原告见面，诋毁原告，孩子因此遭受严重打击，学习成绩一落千丈，特别是数学成绩（原告已提交张小明的成绩单作为证据）。同时，自2019年7月起，原告无机会与孩子相处，亦无法辅导孩子学习。且因原告毕业于××理工大学数学系，辅导孩子的数学具有天然优势。而被告仅为中专学历，经济能力较差，不仅无法辅导孩子学习，更无经济能力带孩子到教育机构进行补习。因此，若孩子由被告抚养，难以为孩子制订完善的教育规划。

2. 关于孩子心理健康规划

因孩子对于原告与被告离婚事宜遭受较大打击，加之被告对孩子的错误教导，使得孩子变得十分内向、胆怯。若张小明由原告抚养，原告必将凡事亲力亲为，多花时间与孩子相处，带孩子外出参与户外、课外活动，并多与孩子交流，为孩子创造一个快乐、充实的童年。同时，结合孩子的意愿，视具体情况决定是否需要带孩子到心理咨询机构进行治疗。

3. 关于孩子升学规划

张小明目前在广州市××××小学就读5年级，即将面临初中升学。

原告为孩子的升学做好了充足的准备：首先，按张小明目前的情况，较为理想的结果是派位至××××公办中学就读；其次，如果张小明派位情况不理想，可以至××××、××××等几所民办中学就读。原告目前已经了解到，上述几所民办中学的教育资源较为优越，且原告亦有经济能力支付张小明就读民办初中的学费及日常开支。因此，无论是就读公办学校还是民办学校，原告均有能力、有条件也有意愿为孩子提供最好的学习条件。

4. 关于孩子高中、大学规划

根据有关政策，张小明完全符合入读广州高中的条件。在现有条件下，原告会尽其所能为孩子提供最好的学习环境，监督和鼓励孩子好好学习，努力考取重点高中及大学。

若张小明学习成绩不理想或在中高考中发挥失常，原告也已为孩子购置保险，如孩子有意愿在高中期间出国留学，原告亦具备相应的经济能力满足孩子的意愿，为其提供更符合其意愿的学习环境。

5. 关于孩子兴趣爱好培养规划

孩子自小学一年级起开始参加篮球兴趣班，直至目前已长达四年，孩子对篮球具有浓厚的兴趣，球技亦属优良。同时，原告具备高尔夫球的特长，也可以培养孩子在高尔夫球方面的兴趣，开拓其视野。在不影响孩子学习的情况下，原告将会全力支持以及培养孩子参加篮球以及高尔夫球活动，并陪伴孩子一同参加兴趣班，在培养孩子兴趣的同时，增进与孩子之间的父子情。

第三部分　基本原则和目标

一、促进孩子身心健康成长原则

原告认为，要遵循孩子身心发展的阶段性和有序性特点。孩子不论是在认知上还是行为上，不同的时期存在着不同的身心发展特点，在教育内容和方法上要体现出适当性。

目前，张小明10岁，在6—12岁的教育阶段中，主要应从以下几个方面促进孩子的身心健康发展。德育先行，是家庭教育的头件大事。

在品德培养上，要教会其养成勤劳、诚实、勇敢的品德，在该阶段以训练其行为习惯为主，让他对行为有一个初步的观念。家长也要以身作则，给孩子树立榜样。

在智育发展上，可以多做一些需要动脑的题目和一些推理等智力游戏，平时可以多让孩子玩魔方，多和孩子下象棋、五子棋等棋类游戏，科学训练大脑。

在体魄锻炼上，可以适度地参与各项体育活动强身壮体，同时还能够促进智力的发展。孩子目前正是发育的关键时期,增强体魄和加强营养是重中之重,但自原告与被告于2019年分居以来,因被告未能妥善照顾孩子,孩子的身高仅为××米,体重仅为××千克,严重低于正常标准。在双方分居前,原告经常陪同孩子参与各种球类运动。因原告熟练掌握高尔夫球技能,此前经常会带孩子一同到高尔夫球场上打球,但自双方分居后,被告拒绝孩子与原告相处,使孩子缺乏必要的体育活动锻炼。因此,由原告继续抚养孩子后,原告会经常陪同孩子参与各类球类运动,并教授孩子高尔夫球技能,使孩子更加健康快乐地成长。

二、要遵循孩子身心发展的差异性特点

每个孩子的身心发展均存在差异性,原告会根据孩子的自身情况在教育上作出相应的调整。

学校提供的体检报告显示,婚生子张小明身体各方面发育欠缺,身高、体重未达到正常标准。张小明运动细胞很好,自小学一年级起一直上篮球兴趣班,对篮球感兴趣,球技较好,此前原告也会陪同其一起上兴趣班。张小明以前十分开朗,原告非常注重孩子劳逸结合,在放假期间,原告经常带孩子外出旅游,但自被告误导张小明原告是坏人,不同意原告带其外出后,孩子变得内向、胆小、不阳光,且成绩一落千丈,各科成绩排名均班内倒数,特别是数学成绩,而被告却不以为意,既没有亲自辅导孩子学习,也没有带孩子到教育机构进行补习,不注重孩子的教育。

三、抚养目标

在保障张小明身心健康的前提下,促进其德智体美劳全面发展,将来成长为一个对社会有用的人。

四、关于证明高收入的"博弈"

(一) 经济收入在抚养权之争中意味着什么?

稳定的经济来源可以佐证一方具备抚养子女的条件,是影响抚养权的重要因素。如果一方当事人月收入过低,或者靠山吃山、靠海吃海，就连养活自己都困难，何谈给孩子提供稳定的生活条件？怎么满足抚养孩子的基本需求？

但是，如果这么过分看重经济收入的重要性，那么岂不是谁挣得多孩子就归谁？岂不是所有的全职妈妈都不配争夺子女抚养权了吗？需要澄清的是，有稳定的经济来源不代表必须是高收入，一方只要证明其经济收入能够满足孩子的基本需求即可，并不需要证明自己可以给孩子提供奢侈品消费、贵族精英教育。而且，在争夺抚养权的案件中，经济收入仅仅是考量的因素之一，绝非决定性因素，法院还会结合孩子的生活环境是否发生会影响其成长的变化、教育资源、精神依赖、家庭氛围等方面综合考虑将孩子判给某一方是否符合"儿童利益最大化原则"。

（二）被遗忘的角度——抚养费支付与工资收入

一般的当事人都明白，争夺抚养权就像上擂台自吹自擂。但在经济收入方面，很多人绞尽脑汁证明高收入，恨不得在法官面前把自己的全部身家财产一个不落都数一遍，事无巨细地告诉法官"我很有钱""我绝对养得起孩子"。但这部分当事人往往忽略了一个问题——抚养费是参考工资标准进行给付的。[①] 如果"吹嘘"过度，一旦子女的抚养权判给了对方，可能就要支付比实际情况更高的抚养费。比如，一个收入较低但在子女抚养方面亲力亲为的全职妈妈和一个会赚钱但工作很忙经常出差、加班的爸爸，二者相比，法官

---

① 《民法典婚姻家庭编解释（一）》第四十九条　抚养费的数额，可以根据子女的实际需要、父母双方的负担能力和当地的实际生活水平确定。

有固定收入的，抚养费一般可以按其月总收入的百分之二十至三十的比例给付。负担两个以上子女抚养费的，比例可以适当提高，但一般不得超过月总收入的百分之五十。

无固定收入的，抚养费的数额可以依据当年总收入或者同行业平均收入，参照上述比例确定。

有特殊情况的，可以适当提高或者降低上述比例。

可能会更倾向于把孩子交给女方直接抚养，至于男方，你不是有钱吗？那你就多支付点孩子的抚养费吧……

由此可见，在争夺子女抚养权中透露经济能力，是一场有去无回的豪赌——如果藏着掖着，不完全展现经济能力，可能会在争夺抚养权中不占优势；但如果过度透露，甚至打肿脸充胖子，一旦失去子女抚养权，就会有支付高额抚养费的风险。经济能力确实可以在一定程度上体现出一方争夺抚养权的优势，但绝对不是全部。当事人需要做的，就是在这场博弈中找到一个平衡点。而具体如何平衡披露经济收入、争夺抚养权和承担抚养费之间的关系，怎么做才能尽力在这场博弈中取胜，则需要由律师对当事人进行辅导和帮助。

五、这些问题，法官一定会问

法官必问事项清单

1. 双方养育了几个子女？还有其他子女吗？

2. 是否有一方无法生育的情况？

3. 双方是否存在子女不宜跟随生活的情形，如是否有吸毒史、犯罪记录、久治不愈的传染性疾病等？

4. 子女年龄多大了？

5. 双方工作以及收入情况？

6. 双方的受教育程度?

7. 是否有固定的住所?

8. 孩子出生以来跟随哪一方共同生活?生活了多久?

9. 孩子更想跟哪一方?

10. 如果孩子判决归你抚养,你对孩子的学习和生活有何规划?

11. 祖父母或者外祖父母的情况如何,是否有协助抚养的意愿?

第十节　关于抚养费给付

夫妻一起生的娃，能出力的就出力，出不了力的就出钱。根据《民法典》第一千零八十五条①规定，离婚后，非直接抚养子女的一方应当负担全部或部分抚养费。抚养费包括子女生活费、教育费、医疗费等费用，一般按照非直接抚养一方月收入的20%—30%，并结合子女的实际需要、父母双方的负担能力和当地的实际生活水平等因素确定具体数额。②本节将聚焦实践中当事人对抚养费给付经常产生疑惑的几个问题具体分析，从而为律师如何辅导当事人正确理

---

① 《民法典》第一千零八十五条　离婚后，子女由一方直接抚养的，另一方应当负担部分或者全部抚养费。负担费用的多少和期限的长短，由双方协议；协议不成的，由人民法院判决。前款规定的协议或者判决，不妨碍子女在必要时向父母任何一方提出超过协议或者判决原定数额的合理要求。

② 《民法典婚姻家庭编解释（一）》第四十二条　民法典第一千零六十七条所称"抚养费"，包括子女生活费、教育费、医疗费等费用。

第四十九条　抚养费的数额，可以根据子女的实际需要、父母双方的负担能力和当地的实际生活水平确定。有固定收入的，抚养费一般可以按其月总收入的百分之二十至三十的比例给付。负担两个以上子女抚养费的，比例可以适当提高，但一般不得超过月总收入的百分之五十。无固定收入的，抚养费的数额可以依据当年总收入或者同行业平均收入，参照上述比例确定。有特殊情况的，可以适当提高或者降低上述比例。

（转下页注）

解抚养费相关问题提供参考和指引。

一、配偶很有钱，却没有固定收入，如何认定抚养费数额？

众所周知，我国现阶段经济发展是不均衡的。通过搜索我们可以发现，在经济欠发达地区，抚养费可能仅有几百元；而在经济较为发达的地区，一般家庭的抚养费大概在3000—5000元。根据笔者多年经办案件的经验，结合案件检索情况可得知，其实在每个地区，法院针对一般家庭是有一个相对固定的抚养费标准的。如果主张过高，法院会适当进行调整。因此，作为离婚律师，如果要经办某个地区的案件，必须对该地区的司法案例进行充分调研，结合实际情况给予客户客观的预期。

但是，所谓的"固定"其实是相对的。对于有钱人来说，打工是不可能的，工资是不需要的。所以，他们自然是不拿工资也没有固定收入的。特别是一些富二代，父母不怕他们不努力，就怕他们瞎努力。安排富二代到公司上班，实际上只是为了省钱，让他们没时间乱花钱。那么，像这些很有钱但是没有固定收入的高收入人群，如何计算抚养费数额？难道要按照人均可支配收入来认定抚养费金额？

仔细回顾一下《民法典婚姻家庭编解释（一）》第四十九条的

（接上页注②）

第五十条　抚养费应当定期给付，有条件的可以一次性给付。

第五十一条　父母一方无经济收入或者下落不明的，可以用其财物折抵抚养费。

第五十二条　父母双方可以协议由一方直接抚养子女并由直接抚养方负担子女全部抚养费。但是，直接抚养方的抚养能力明显不能保障子女所需费用，影响子女健康成长的，人民法院不予支持。

第五十三条　抚养费的给付期限，一般至子女十八周岁为止。十六周岁以上不满十八周岁，以其劳动收入为主要生活来源，并能维持当地一般生活水平的，父母可以停止给付抚养费。

法律用语可知，此处规定的是"月总收入""一般""可以""参照"，而不是"工资收入""必须""应当""依照"。所以，其实该条规定中的比例也只是作为参考。此外，该条还同时规定，"有特殊情况的，可以适当提高或者降低上述比例"。从一般常理可以推知，如果机械地执行这些标准，要么对非直接抚养一方不公平，要么对子女不公平。作为律师，应该结合当地实际情况，做好检索调研，告知当事人。

根据上述规定，人民法院在处理有关未成年人抚养费问题时，应将孩子的切身利益作为考量的首要因素。对于"月总收入"应当作相对宽泛的解释，不仅包括工资性收入如工资、加班费、奖金等，还应涵盖投资性收入如房屋租金、股票分红、理财产品收益等。在非直接抚养一方没有固定工作，但拥有其他资产收益时，仍应支付与其资产收益相适应的抚养费。在张某与奚某离婚纠纷案[1]中，非直接抚养方张某处于失业状态，故一审法院酌定其每月支付抚养费600元。而二审法院认为，张某虽然处于失业状态，但其正值壮年，同时又毕业于国内名牌高校，亦有相当长时间的工作经历，在其失业前有良好的工作和丰厚的薪水；作为一名负有抚养未成年人法定职责的父亲，张某未丧失劳动能力，应当能够通过自身努力，找寻一份与自身能力相适应的工作，以自己的劳动所得履行抚养女儿的义务。另外，张某名下有四套房屋，且其中两套用于出租，故二审法院认为张某有一定经济能力支付女儿的抚养费，最终改判张某按每月2000元的标准支付抚养费。所以说，为人父母，应当积极承担起抚养子女的责任，不要求你把万贯家财双手奉上，但至少不应当玩文字游戏逃避对子女应尽的义务。

---

[1] 《坐拥四套房产，却每月只给女儿600元抚养费，关于未成年子女抚养费的数额应如何判定？|中国司法案例研究中心》，载"判例研究"微信公众号，发文日期：2021年7月7日，最后访问日期：2024年5月28日。

反之，非直接抚养一方就算有很高的固定收入，也未必要严格按照"收入的百分之二十至三十的比例"支付抚养费。因为法律规定需要考虑的是"子女的实际需要"。试想一个月入 10 万元的父母，如果按照法定比例，需要每个月支付 2 万—3 万元的抚养费，明显超出了子女的实际需要。这种情况下，可以根据"有特殊情况的，可适当提高或降低上述比例"之规定，酌情适当调整抚养费的数额。

二、证明子女实际支出有意义吗？

前面提到，"子女的实际需要"是法院判定抚养费数额的三大因素之一，但司法解释又同时规定按照固定月收入的 20%—30% 支付。那么问题来了——抚养费到底是按照子女的实际需要支付，还是按照非直接抚养一方的月收入支付？如果只看一方的月收入，那么证明子女实际支出还有意义吗？

首先，证明子女实际支出的确具有意义。《民法典婚姻家庭编解释（一）》第四十二条规定，"民法典第一千零六十七条所称'抚养费'，包括子女生活费、教育费、医疗费等费用"。其中，生活费包括日常衣食住行的开销；教育费包括子女正常上小学、初中、高中的学费、书本费等支出；医疗费包括一般疾病的医药费、住院费和诊疗费等。因此，在法院裁定抚养费金额时，如果一方能够提供证据证明孩子的必要开销超过了当地平均消费水平，法官通常会根据实际情况，适当调高抚养费的金额。

例如，在朱甲与郭某某离婚纠纷案中，法院根据孩子目前的合理必要开销、双方的负担能力和上海市实际生活水平等情况，酌情确定由朱甲每月支付抚养费 1200 元。[1] 在金某与李某抚养费纠纷案

---

[1] （2016）沪 02 民终 962 号民事判决书。

中，原告金某1自述孩子金某"每月需要奶粉钱1000元多一点、尿不湿300元至400元、衣服200元左右，从出生到现在看病花了2000多元，这个月治疗支气管炎花了400元至500元，孩子打预防针自费一针200多元"。法院结合金某的年龄、正常生活和必要开销、父母双方的负担能力和居住地的生活水平，判决李某每月给付金某抚养费1000元。① 由此可见，在法律框架下，证明子女实际支出的意义在于确保抚养费的数额与孩子的真实需求相符，为子女提供良好的成长环境和生活条件。

但需要注意的是，法律规定的裁判规则是结合子女的"实际需要"考虑抚养费金额，即子女的必要生活开支，而非额外开销。比如，在生活费一项上，购买超高配置电脑、奢侈品，以及出国旅游均不属于抚养费范畴；在教育费上，超出基本教育的补习班、兴趣班等也不属于抚养费范畴，不能作为提高抚养费标准的事由；在医疗费方面，以社保能报销的为限，如割双眼皮的费用、做鼻综合的费用等都不属于抚养费之列，父母只有承担上述费用的道德义务，而无法律义务。但是，根据《民法典婚姻家庭编解释（一）》第五十八条规定，具有下列情形之一，子女要求有负担能力的父或者母增加抚养费的，人民法院应予支持：原定抚养费数额不足以维持当地实际生活水平；因子女患病、上学，实际需要已超过原定数额；有其他正当理由应当增加。例如，在贾某甲与贾某乙抚养费纠纷案中，双方此前约定贾某甲每月支付王某某子女抚养费700元，但2014年5月1日贾某乙因患肠道病毒感染、支气管炎住院5天，住院期间实际花费医疗费2723.52元，出院后贾某乙在门诊花费763.32元，共计3644.14元。法院认为，"离婚后，父母对于子女仍有抚养的权利和义务。王某某与贾某甲离婚，对贾某乙由王某某抚

---

① （2023）京0116民初1284号民事判决书。

养，贾某甲按约定每月支付贾某乙抚养费，贾某乙因患病花费较大数额医疗费，给监护一方造成一定经济压力，贾某乙要求贾某甲支付其患病期间医疗费的合理数额，予以支持。贾某乙共花费医疗费用3644.14元，因夫妻双方都有抚养未成年子女的义务，王某某作为贾某乙的母亲，也应承担一半医疗费用，故贾某甲应支付贾某乙医疗费1822.07元"。[①] 因此，抚养费数额的变更应以"满足子女实际需要"为前提。对于一方在固定数额的抚养费基础上主张增加抚养费或者另行主张大额支出的请求，法院首先会考虑该请求是否符合未成年人的利益，其次会判断该请求是否属于因子女"合理需求"而产生的必要支出，最后考虑双方的经济能力与负担义务，相应费用若由一方负担是否会导致夫妻双方义务不平衡。在父母负担能力较强的情况下，如果证据充分，抚养费数额可以高于维持当地实际生活水平所需的费用，子女的实际需要可以不限于仅满足基本生活需求。

三、这些问题，法官一定会问

法官必问事项清单

1. 双方的工作以及收入情况？收入是否固定？

2. 子女实际日常开支是多少？

---

① （2014）安中民一终字第2310号民事判决书。

3. 如果孩子判给你,你希望主张多少抚养费?主张的依据是什么?

4. 如果孩子判给对方,你愿意支付多少抚养费?主张的依据是什么?

第十一节 关于探望权

探望权,是指离婚后不直接抚养子女的一方享有的与子女会面、交往、短期共同生活的权利。探望不随自己生活的子女是人之常情,也是不少离异家庭实现亲子互动的方式,其意义在于保证离婚后非直接抚养子女一方能够定期与子女团聚,有利于弥补家庭解体给父母子女之间造成的情感伤害,从而达到继续教育子女的目的,对子女的成长起到积极作用。但探望子女,说起来容易做起来难,现实中很多当事人行使探望权受阻或被剥夺。能否在离婚前后切实做好探望权的协商、约定、执行,决定了后续亲子间团聚的难易程度,也是律师辅导当事人用法律武器切实维护自身权益的"必修课"。

一、探望权约定能有多细?

《民法典》第一千零八十六条[1]是探望权制度的核心内容。考虑

---

[1] 《民法典》第一千零八十六条 离婚后,不直接抚养子女的父或者母,有探望子女的权利,另一方有协助的义务。

(转下页注)

到亲子关系的差异性和私密性，法律不宜过多干预，因此该条对探望权只有原则性规定。由于法律对探望权的具体内容、行使方式、侵权后果等没有详细规定，当事人在约定和行使探望权时往往会产生分歧。最容易发生争议的问题就是，"探望"子女究竟是"看望式探望"还是"逗留式探望"？前者指的是非抚养方以看望的方式探望子女，一般时间短、方式灵活，但不利于探望人和子女的深入交流。后者指的是非抚养方在约定或判决确定的探望时间内，领走并按时送回被探望子女，此种方式探望时间较长，但直接抚养人暂时无法见到子女，因此存在子女被另一方藏匿的风险。如果双方对"看望式探望"还是"逗留式探望"理解不同，很容易发生冲突——非直接抚养方以为对方故意阻挠其探望子女，而直接抚养人可能会怀疑对方想抢夺、藏匿子女。现实生活中，因探望权的约定不明，导致探望权执行冲突的案例屡见不鲜。

司法实践中，法院对于探望权的判决一般情况下存在两种做法：第一种是宽泛型，即只判行使探望权的频率，如一周一次，一个月两次。在杨某与胡某探望权纠纷案中，法院就判决"本案中，杨某与胡某离婚后，胡某作为杨小某的母亲依法享有探望孩子的权利，其要求探望杨小某的主张依法应予以支持。一审法院结合杨小某的年龄及生活状况，判令胡某每月在周末时间探望杨小某两次符合法律规定。杨某关于胡某将杨小某接走并留宿式的探望，严重影响孩子原有的作息规律，对孩子的身体健康产生不利影响的主张，没有事实和法律依据，本院不予支持"。[①] 在董某和张某探望权纠纷案

（接上页注①）

行使探望权利的方式、时间由当事人协议；协议不成的，由人民法院判决。

父或者母探望子女，不利于子女身心健康的，由人民法院依法中止探望；中止的事由消失后，应当恢复探望。

① （2023）鲁05民终974号民事判决书。

中，二审法院认为"一审法院根据双方提供的证据和生活现状，结合婚生女年龄尚幼、生活环境变换频繁会影响身体健康的情况，从不影响孩子学习和生活，以及有利于成长的因素考虑，认定由上诉人每月探望两次（不过夜）并无不当，符合法律规定"。①

第二种是具体型。有的法院为了方便探望权的执行，判决比较具体，具体明确了哪天领走、哪天送回、过不过夜。有些判决甚至精确到了每小时、每分钟。例如，在曹某和孙某探望权纠纷案中，法院判决"自收到本判决之日起，孙某可在每年寒暑假开始后的前10天将曹小某接走探望，并于接走后第12日的17时前将曹小某送回曹某处，曹某应当协助孙某行使探望权"。② 在笔者经办的一个案件中，法院判决大儿子抚养权归男方（原告），小儿子抚养权归女方（被告）。针对探望权的履行，法院不仅判决了探望和送回孩子的具体时间和次数，还明确了探望地点和方式："离婚后，原告有权探望婚生子李小明，具体时间方式：原告于每月的第一、三周周六9：00到被告住所接婚生儿子李小明进行探望，周日14：00前将婚生儿子李小明送回被告住所；被告于每月第二、四周周六9：00到原告住所接婚生儿子李大明进行探望，周日14：00前将婚生儿子李大明送回原告住所。"

行使探望权的约定或判决如果过于宽泛，很容易在实际操作中引发矛盾。律师可以开导双方，父亲或母亲对孩子的爱都是不可或缺的，双方要站在孩子角度考虑问题，尽最大努力确保孩子在父母离婚后仍能享受到双方完整的爱；为了避免不必要的误解，可以辅导双方在离婚时请求法院对一方行使探望权的方式、时间、时段、频次等问题进行详细判决，以增强可操作性。

---

① （2022）辽10民终1373号民事判决书。
② （2022）辽10民终1506号民事判决书。

二、"私下协商"靠谱吗？

（一）清官难断家务事？

探望权安排，要么是法院判决，要么是离婚协议自行约定。很多人认为"清官难断家务事"，与其交给法院判决，还不如自行协商。但离婚时，大部分当事人只想着快刀斩乱麻，完全忽略了探望权问题。要么没有约定探望权，只约定了抚养权归属和抚养费；要么就是粗略地约定非直接抚养方有权"随时探望"孩子，或者加个不痛不痒的前提："在不影响孩子的日常生活和学习的前提下""在征得直接抚养方同意的情况下"，另一方可随时探望孩子。然而，离婚时给探望权问题灌的水，都会化成离婚后行使探望权时的泪。就算双方协商出了详细全面的探望权方案，实际履行时还是会产生摩擦，引发矛盾。

双方私下协商靠谱吗？不靠谱，要不然也不会有那么多当事人因为探望权纠纷闹到法院了。这些纠纷，要么就是因为双方对探望权问题谈不拢；要么就是之前谈拢了，但经过实践检验，双方又爆发了新的矛盾。比起自扫门前雪，如果协商不成，倒不如借助诉讼确定更为合理的探望方案，从而减少纠葛和摩擦的可能。在诉讼过程中，最好请求法院对探望权问题判得详细一点，明确具体的时间、地点、频率、方式等问题，以免出现执行难的问题。

（二）探望权的强制执行难题

实践中最常见的情况是，双方在离婚过程中达成了包含探望权问题在内的调解协议，或者法院判决了探望权的具体行使问题。但在离婚后的探视过程中，直接抚养方认为探望权人对子女的探望不利于子女身心健康的，要求中止探望①；探望权人则认为对方剥夺了自己探望孩子的权利，于是向法院申请强制执行。公说公有理，婆说婆有理，法院怎么办？由于探望权具有身份关系的牵连性、亲权关系的矛盾性，探望权案件的强制执行尤为特殊。不交货可以查封扣押，欠钱不还可以冻结划拨，不交出孩子，难道执行法官帮探望权人搭把手，一起去抢孩子？根据《民法典婚姻家庭编解释（一）》第六十八条，②对于拒不协助另一方行使探望权的有关个人或者组织，可以由人民法院依法采取拘留、罚款等强制措施，但不能对子女的人身、探望行为进行强制执行。因此，对于"夺娃老赖"，虽然法院不能强制执行将孩子交付给另一方探望，但可以借助强制执行来减少另一方的阻碍探视，通过加强对直接抚养方的处罚措施，督促其配合探望。例如，将其列入失信人名单、限制高消费、罚款，甚至是拘留。如果对方交了罚款还是不愿意配合怎么办？在申请强制执行阶段，可以考虑层层提高惩罚程度，以此督促另一方配合探望。

然而，探望权纠纷是离婚纠纷的延续，双方之间交织着夫妻关系解除、财产分割、抚养权争夺、抚养费计算、探望权执行等各方

---

① 《民法典》第一千零八十六条 离婚后，不直接抚养子女的父或者母，有探望子女的权利，另一方有协助的义务。行使探望权利的方式、时间由当事人协议；协议不成的，由人民法院判决。父或者母探望子女，不利于子女身心健康的，由人民法院依法中止探望；中止的事由消失后，应当恢复探望。

《民法典婚姻家庭编解释（一）》第六十六条 当事人在履行生效判决、裁定或者调解书的过程中，一方请求中止探望的，人民法院在征询双方当事人意见后，认为需要中止探望的，依法作出裁定；中止探望的情形消失后，人民法院应当根据当事人的请求书面通知其恢复探望。

第六十七条 未成年子女、直接抚养子女的父或者母以及其他对未成年子女负担抚养、教育、保护义务的法定监护人，有权向人民法院提出中止探望的请求。

② 《民法典婚姻家庭编解释（一）》第六十八条 对于拒不协助另一方行使探望权的有关个人或者组织，可以由人民法院依法采取拘留、罚款等强制措施，但是不能对子女的人身、探望行为进行强制执行。

面的爱恨情仇，如果贸然对被执行人采取间接强制执行措施，可能会进一步激化当事人之间的矛盾冲突，更增加了执行难度，也不利于纠纷化解，甚至为日后探望权的行使埋下更大隐患。而且从未成年子女的角度考虑，采取强制措施可能不利于保护未成年人利益。比如，拘留被执行人可能导致子女无人监护；冻结被执行人账户、将其纳入失信被执行人名单、限制其消费，可能会影响被执行人为子女支付抚养费、提供必要的生活学习条件。因此，实践中执行法官更倾向于探索一些更柔性的做法，尽量以化解纠纷为导向缓和双方的对立和冲突。

让探望权执行"难上加难"的，是探望权行使的长期性和反复性。一般的强制执行程序是一次性的，但对亲子间的交流相处是一辈子的。在子女年满十八周岁之前，探望权人只要探望受到阻碍就可以申请执行，如果未能妥善执行，就可能导致被执行人一直抗拒执行，申请执行人一直申请执行。许多"紫丝带妈妈"正是因为探望权难以执行，长期在公、检、法、妇联之间奔走，双方陷入纠葛，子女难寻难觅，司法资源也因此遭到浪费。因此，如果能从源头上化解矛盾，在探视权初显时就从情、理、法各方面耐心劝导双方换位思考，保障探望权在未来得以稳定、有效的实现，妥善化解纠纷，世界上或许就会少一个见不到妈妈的孩子，也少一个求告无门的"紫丝带妈妈"。

三、这些问题，法官一定会问

法官必问事项清单

1. 如果孩子判给你，你方给对方探望孩子的时间和次数的主张是？

2. 如果孩子判给对方，你方对探望孩子的时间和次数的主张是？

3. 你为什么认为对方的探望不利于子女身心健康？

4. 你主张的探望方案是什么？依据是什么？

第十二节　关于财产分割

离婚，如大梦初醒。许多人缘起时觉得对方眼里有星星，彼此之间不需要夹杂物质的爱情。走到缘尽时才发现，夜幕下最亮的不是星星而是路灯，不管有没有物质爱情还是会散成沙，散成沙了对方还要跟你算一算沙里淘出的金子归谁。财产分割，终归是离婚时逃不开的重头戏。

一、主张财产分割，应辅导当事人做好什么准备？

（一）梳理财产，列出清单

主张分割财产，最首要的是明确要分割哪些财产，即明确双方有哪些财产，对财产进行梳理——既要明确哪些是夫妻共同财产，也要明确哪些是一方个人财产；既要看对方名下的财产，也要看自己名下的财产。列出夫妻双方详细的财产清单，明确财产的规模、性质和价值，包括房产、车辆、银行账户、投资、债务等。知己知彼，方能百战不殆。

作为当事人的"辅导员",律师在这一环节要做的,就是跟当事人说清楚什么是可以分割的、什么东西可以尝试争取,并明确告知当事人哪些财产分割请求可能法院最终会不予支持。《民法典》第一千零六十二条、第一千零六十三条[1]已经明确说明并列举了何谓夫妻共同财产、何谓夫妻一方的财产。但实践中的夫妻财产非常复杂,律师需要帮助当事人梳理好每一项财产的性质,避免因一时误解导致己方财产被分割或己方"被负债"的法律风险。例如,房屋虽然是婚后购买,但出资方是对方父母且登记在对方一人名下。如果对方与其父母之间有明确的赠与约定,该套房屋可能会被认定为对方父母对其子女个人的赠与,从而无法作为夫妻共同财产分割。如果房屋是一方父母出资但登记在双方名下,有相关证据证明借贷关系,那么父母出资部分有可能变成共同负债。[2] 在我国民间,父母为子女建立爱巢的情形十分普遍。但由于亲情、爱情、金钱的混杂交织,父母对子女购房出资的性质、分割方式、房屋归属的法律认定较为复杂,需要律师及时充分地为当事人答疑解惑。

---

[1] 《民法典》第一千零六十二条 夫妻在婚姻关系存续期间所得的下列财产,为夫妻的共同财产,归夫妻共同所有:(一)工资、奖金、劳务报酬;(二)生产、经营、投资的收益;(三)知识产权的收益;(四)继承或者受赠的财产,但是本法第一千零六十三条第三项规定的除外;(五)其他应当归共同所有的财产。夫妻对共同财产,有平等的处理权。

《民法典》第一千零六十三条 下列财产为夫妻一方的个人财产:(一)一方的婚前财产;(二)一方因受到人身损害获得的赔偿或补偿;(三)遗嘱或者赠与合同中确定只归一方的财产;(四)一方专用的生活用品;(五)其他应当归一方的财产。

[2] 《民法典婚姻家庭编解释(一)》第二十九条 当事人结婚前,父母为双方购置房屋出资的,该出资应当认定为对自己子女个人的赠与,但父母明确表示赠与双方的除外。

当事人结婚后,父母为双方购置房屋出资的,依照约定处理;没有约定或者约定不明确的,按照民法典第一千零六十二条第一款第四项规定的原则处理。

(二) 明确财产分割的诉求，对共同财产的价值进行初步估算

梳理出财产清单后，下一步就是对财产的价值进行初步评估。有了一个相对客观的数据，才能帮助当事人提出更加准确的诉求。否则到了法庭上，法官问当事人"房子如果归对方的话，你主张对方补偿多少钱？"难道要用无辜的眼神告诉法官"不知道"吗？如果房屋要竞价，当事人为了得到房子漫天加价，最后以远高于市场价的价格获得了房屋，为了付补偿款欠下沉重债务，就得不偿失了。

律师辅导当事人最重要的一个步骤，就是帮当事人计算房屋补偿款。这也是展现离婚律师水平的重要时刻。很多人选择从事律师行业，可能就是为了不再和数学打交道。但为何有的离婚律师却笑谈"数学学不好，婚也离不了？"因为计算房屋补偿款是一个比较复杂的过程。最具有代表性的是计算一方婚前购买的房屋婚后共同还贷及其相对应房屋增值的补偿款。[①] 关于《民法典婚姻家庭编解释（一）》第七十八条规定的补偿款该如何计算，司法实践中一直存在一定的争议。对此，司法实践中较为主流的计算方式为：应补偿数额=（共同还贷数额÷总购房款）×房产的现值×50%。其中，总购房款应包含首付款、按揭贷款的本金以及利息。

若根据上述公式计算，当事人需要掌握的信息包括房屋的首付款、按揭贷款本息、结婚时间、每月还款金额以及房屋现值。房屋购买价在购房合同中即有显示，还款明细可向银行申请查询。如需

---

① 《民法典婚姻家庭编解释（一）》第七十八条 夫妻一方婚前签订不动产买卖合同，以个人财产支付首付款并在银行贷款，婚后由夫妻共同财产还贷，不动产登记于首付款支付方名下的，离婚时该不动产由双方协议处理。

依前款规定不能达成协议的，人民法院可以判决该不动产归登记一方，尚未归还的贷款为不动产登记一方的个人债务。双方婚后共同还贷支付的款项及其相对应财产增值部分，离婚时应根据民法典第一千零八十七条第一款规定的原则，由不动产登记一方对另一方进行补偿。

确认房屋现值,可以在网上平台进行搜索,了解同一小区相同户型面积、楼层、朝向的房屋挂牌价和成交价,或者去线下的房产中介了解清楚房屋价值。

举个简单的例子。小李婚前购买房屋登记在其一人名下,房屋购买价为 500 万元,首付 150 万元,按揭贷款 350 万元,贷款期限为 30 年,利息总计 250 万元,采用等额还款的方式每月还款 16700 元。小李在与小张结婚 8 年后离婚,离婚时房屋价值为 1000 万元。

则小李应向小张支付补偿款的计算方式为:

1. 婚后共同还贷:16700×8×12 = 1603200 元;
2. 总购房款:1500000+3500000+2500000 = 7500000 元;
3. 补偿款:(1603200÷7500000)×10000000÷2 = 1068800 元。

(三)财产线索,重中之重

夫妻一拍两散,财产一刀两断。一旦离婚提上了议程,双方就有了戒心,一方很有可能会隐匿、转移财产。甚至有些婚姻中,双方都是各赚各的、各花各的,互相提防着彼此,绝不交底。到了"各过各的"的时候,还对彼此的财产情况一无所知。如果夫妻共同财产"消失"了,或者说没有证据证明这些财产的存在,那么离婚时就无法予以分割了。因此,在离婚前最必要且重要的事情之一就是收集掌握财产线索。

离婚诉讼中,分割双方名下的现金财产是其中一项重要内容,现金包括银行卡里的余额以及大额的不合理支出。但是,双方名下到底有多少现金财产,法院是不会主动查询的。如果当事人主张分割对方名下现金,必须至少要提供对方名下的银行卡号。如果连卡号都不知道怎么办?当事人可以搜集对方遗留在家里的 POS 机小票、购物单据、民商事合同等,从中挖掘对方的银行卡号。得到对方的卡号信息后,由律师向法院申请调查令,去银行调取对方的银行流水。

二、《夫妻共同财产申报令》实施情况

2023年1月1日，新《中华人民共和国妇女权益保障法》（以下简称《妇女权益保障法》）正式施行。该法第六十七条①关于夫妻共同财产申报的规定，首次将离婚诉讼期间夫妻共同财产申报义务明确为法定义务，使人民法院责令当事人如实申报夫妻共同财产有了明确的法律依据，也是诚信原则在离婚诉讼中的具体表现。

《夫妻共同财产申报令》是人民法院出具的责令离婚案件当事人在指定期间内如实申报全部夫妻共同财产的法律文书。夫妻共同财产申报制度有助于解决夫妻共同财产难以查明的现实困境，从而维护婚姻中弱势一方的合法财产权益，同时也节约了诉讼成本，进一步提升司法效率。如果一方无正当理由逾期拒不申报、遗漏申报，或申报情况与事实不符的，均构成"不如实申报"。根据法律规定，一方不如实申报，存在隐藏、转移、变卖、毁损、挥霍夫妻共同财产，或者伪造夫妻共同债务企图侵占另一方财产行为的，在离婚分割夫妻共同财产时可以少分或者不分。离婚后，另一方发现有上述行为的，可以向人民法院提起诉讼，请求再次分割夫妻共同财产。构成妨碍民事诉讼的，人民法院可视情节予以罚款、拘留直至依法追究刑事责任。《妇女权益保障法》正式实施之后，全国各地已经有法院陆续发出了该省首份《夫妻共同财产申报令》。

---

① 《妇女权益保障法》第六十七条　离婚诉讼期间，夫妻一方申请查询登记在对方名下财产状况且确因客观原因不能自行收集的，人民法院应当进行调查取证，有关部门和单位应当予以协助。

离婚诉讼期间，夫妻双方均有向人民法院申报全部夫妻共同财产的义务。一方隐藏、转移、变卖、损毁、挥霍夫妻共同财产，或者伪造夫妻共同债务企图侵占另一方财产的，在离婚分割夫妻共同财产时，对该方可以少分或者不分财产。

其实，在夫妻共同财产申报令制度出台之前，已有不少法院在实践中要求当事人申报夫妻共同财产。2022年长宁法院审结并生效的一起离婚案件中，法院责令双方如实申报各自名下的财产并当庭释明不如实申报的法律后果。申报完成后，男方在女方提供的银行交易明细中发现，女方未申报其名下一笔理财产品。审理中，女方辩称自己"记忆力太差，忘记了"，但法院后续调取的交易明细显示，该理财产品在诉讼期间仍存在交易。据此法院认定，女方遗漏申报的理由不符合常理、不能成立，其行为构成隐藏夫妻共同财产，遂依法就该项财产对女方予以少分，最终判定该理财产品70%归男方所有，30%归女方所有。[1]在《妇女权益保障法》实施前，广州某法院也提供了《离婚诉讼当事人财产申报表》范本，督促当事人如实向法院申报全部夫妻共同财产。

---

[1] 上海长宁法院：《一文读懂夫妻共同财产申报令！附瞒报案例》，载上海长宁法院网易号，https://www.163.com/dy/article/I09TB4H80514ILHP.html，最后访问时间：2024年5月28日。

附件四：广东省广州市某区人民法院离婚诉讼当事人财产申报表

广东省广州市某区人民法院

离婚诉讼当事人
财 产 申 报 表

（20＿＿＿）粤××××民初＿＿＿＿号

原告：＿＿＿＿＿＿＿
被告：＿＿＿＿＿＿＿

（请先认真阅读以下内容，再按要求填表申报）

一、填表、申报须知

1. 《离婚诉讼当事人财产申报表》及所附证据材料，属于法院依职权要求离婚诉讼当事人提供的证据，是法院依法分割离婚诉讼当事人之间夫妻共同财产的重要依据，<u>当事人无论是否同意离婚，均须如实填写、申报。</u>

2. 离婚诉讼当事人<u>应当客观、全面、详细、准确地申报财产项目及数额、价值等</u>，包括但不限于以下项目：房产（含车位）、土地和商铺；车辆；银行存款；股票、基金、证券及其他金融理财产品；商业保险；社会保险、住房公积金；公司、企业资产及股份；政府津贴、补贴、农村集体组织分红；贵重物品（含珠宝、金银首饰、字画、邮册等）；对外债权债务；《中华人民共和国民法典》第一千零六十二条规定的其他财产。

3. 离婚诉讼当事人申报财产时，<u>必须附上能够证明产权权属及数额、价值的证据或者明确财产线索。</u>

4. 离婚诉讼当事人申报的<u>财产范围不仅包括自己名下或控制的全部财产，也包括对方当事人名下或控制的全部财产。</u>

当事人如果认为某些财产属于自己的婚前个人财产或婚姻存续期间的个人财产，不得拒绝申报、隐瞒申报该部分财产，可以在相应的财产申报项目"备注"栏中予以注明，由法院依法作出裁判。

5. 离婚诉讼当事人认为财产申报项目不存在的，应当填写"无此项财产"；如果需要申报的财产没有具体对应的申报项目，应当填写在"其他财产信息"栏。

6. 本申报表应当由离婚诉讼当事人或委托诉讼代理人填写，<u>并由当事人本人在第六页和最后一页相应位置签名或捺印确认。</u>如表格空间不足，请另附纸张补充一并提交。

离婚诉讼当事人在填写过程中如有疑问，可以向委托诉讼代理人咨询，或者在上班时间致电本案诉讼文书材料上记载的经办法官或书记员咨询。

本申报表可在本院立案庭或者少年家事审判庭领取，也可以从本院官方网站自行下载填写。

7. <u>本申报表及所附相关证据材料一式两份</u>，原告自立案之日起、被告自收

第四章 诉讼离婚庭前辅导

到离婚诉讼副本之日起的十五日内必须向法院提交，法院将附卷一份，送达对方当事人一份。

因客观原因确实不能按期提交的，应当在期限届满三日前向法院书面提交延期申请。

8. 在辩论终结前，离婚诉讼当事人可以针对对方当事人所申报的财产情况及证据提出异议，但应当提供相应的证据。

二、不申报、逾期申报、虽申报但不提供证据、拒绝申报或者不如实申报财产的法律后果

1. <u>不申报财产</u>是指离婚诉讼当事人因在诉讼中不请求法院分割财产，不向法院申报自己或对方当事人的财产，且对方当事人无异议的行为。

<u>逾期申报财产</u>是指离婚诉讼当事人超过法院指定的期限后才向法院申报财产的行为。

<u>虽申报财产但不提供证据</u>是指离婚诉讼当事人向法院申报财产，但不提供财产证据或线索的行为。

离婚诉讼当事人<u>不申报财产、逾期申报财产、虽申报财产但不提供证据</u>，视为其自动放弃在本案中处理相关财产的诉讼请求。离婚诉讼当事人可在日后<u>另行起诉要求分割</u>。

2. 离婚诉讼当事人虽按期申报财产，但<u>逾期提供证据的，应当主动向法院说明理由；拒不说明理由或者理由不成立的，法院根据不同情形可以不采纳该证据，或者采纳该证据但予以训诫、罚款</u>。

3. <u>拒绝申报财产</u>是指离婚诉讼当事人故意向法院隐瞒财产不申报，隐藏、转移、变卖、毁损夫妻共同财产，或者毁灭财产证据或线索的行为。

<u>不如实申报财产</u>是指离婚诉讼当事人故意向法院虚假申报财产或者数额、价值，或者伪造债务的行为。

离婚诉讼当事人有拒绝申报、不如实申报财产等妨害民事诉讼行为，妨碍法院审理案件的，法院在判决离婚分割夫妻共同财产时，对有上述行为的离婚诉讼当事人，<u>可以依法少分或者不分</u>，同时将根据情节轻重，予以罚款、拘留，<u>构成犯罪的，依法追究刑事责任</u>。

三、相关法律依据

1.《民事诉讼法》第六十七条　当事人对自己提出的主张,有责任提供证据。当事人及其诉讼代理人因客观原因不能自行收集的证据,或者人民法院认为审理案件需要的证据,人民法院应当调查收集。人民法院应当按照法定程序,全面地、客观地审查核实证据。

2.《民事诉讼法》第六十八条　当事人对自己提出的主张应当及时提供证据。人民法院根据当事人的主张和案件审理情况,确定当事人应当提供的证据及其期限。当事人在该期限内提供证据确有困难的,可以向人民法院申请延长期限,人民法院根据当事人的申请适当延长。当事人逾期提供证据的,人民法院应当责令其说明理由;拒不说明理由或者理由不成立的,人民法院根据不同情形可以不予采纳该证据,或者采纳该证据但予以训诫、罚款。

3.《民事诉讼法》第一百一十四条第一款　诉讼参与人或者其他人有下列行为之一的,人民法院可以根据情节轻重予以罚款、拘留;构成犯罪的,依法追究刑事责任:(一)伪造、毁灭重要证据,妨碍人民法院审理案件的;……

4.《民法典》第一千零六十二条　夫妻在婚姻关系存续期间所得的下列财产,为夫妻的共同财产,归夫妻共同所有:(一)工资、奖金、劳务报酬;(二)生产、经营、投资的收益;(三)知识产权的收益;(四)继承或者受赠的财产,但是本法第一千零六十三条第三项规定的除外;(五)其他应当归共同所有的财产。夫妻对共同财产,有平等的处理权。

5.《民法典》第一千零九十二条　夫妻一方隐藏、转移、变卖、毁损、挥霍夫妻共同财产,或者伪造夫妻共同债务企图侵占另一方财产的,在离婚分割夫妻共同财产时,对该方可以少分或者不分。离婚后,另一方发现有上述行为的,可以向人民法院提起诉讼,请求再次分割夫妻共同财产。

6.《民法典婚姻家庭编解释(一)》第二十五条　婚姻关系存续期间,下列财产属于民法典第一千零六十二条规定的"其他应当归共同所有的财产":(一)一方以个人财产投资取得的收益;(二)男女双方实际取得或者应当取得的住房补贴、住房公积金;(三)男女双方实际取得或者应当取得的基本养老金、破产安置补偿费。

四、申报人郑重承诺

本人已认真阅读上述全部事项，完全知悉不申报、逾期申报、虽申报财产但不提供证据、拒绝申报或者不如实申报财产的法律后果，本人保证如实申报财产，并如期提交申报表及证据。若本人有不申报、逾期申报、拒绝申报或者不如实申报财产等不诚信行为或妨碍民事诉讼行为的情形，本人自愿接受法院依法作出的民事制裁处罚措施，以及不利于本人的财产分割判决。

申报人签名：_____ 日期：____年___月___日

第一部分：申报人基本资料

一、申报人基本信息

姓名：	性别：	文化程度：	出生日期：
结婚日期：	初婚/再婚：	目前是否分居：	何时分居：
户籍地址：			
现居住地址：			
工作单位、地址：			
职业/职务：	月收入：		联系方式：
本次诉讼是第几次离婚诉讼（如有其他离婚诉讼请提供法律文书）：			

二、申报人家庭成员信息（父母、子女）

姓名	出生日期	与本人关系	目前居住地	联系方式

三、如你与配偶存在其他已经审结或尚未审结的涉及夫妻财产处理、债权债务等纠纷的案件，请在下列表格中列明并附上有关法律文书

编号	案件编号	案件所在法院	纠纷类别、案由	法官姓名及联系方式
1				
2				
3				
4				
5				
6				
7				
8				
9				
10				
11				
12				

第二部分：财产状况

一、房屋（含车位）、土地、商铺等不动产信息（请附产权证明、购房合同复印件等能够证明权属的资料）

编号	不动产信息			
1	地址：		性质：	备注：
	权属登记人：	取得方式（购买、赠与、继承）：	取得时间：	
	付款情况（购房款是否已经付清、有无按揭贷款）：		面积：	
	用途（自用或出租）：	现值估价（元）：	租金（元/月）：	

续表

编号	不动产信息			
2	地址：		性质：	备注：
	权属登记人：	取得方式（购买、赠与、继承）：	取得时间：	
	付款情况（购房款是否已经付清、有无按揭贷款）：		面积：	
	用途（自用或出租）：	现值估价（元）：	租金（元/月）：	
3	地址：		性质：	备注：
	权属登记人：	取得方式（购买、赠与、继承）：	取得时间：	
	付款情况（购房款是否已经付清、有无按揭贷款）：		面积：	
	用途（自用或出租）：	现值估价（元）：	租金（元/月）：	

以上房屋中，以按揭贷款方式购买的情况：

编号	按揭房产信息		
1	地址：		性质：
	首期款（元）：	按揭款（元）：	截至填表日期的按揭欠款（元）：
	贷款人姓名/名称：		还款人：
2	地址：		性质：
	首期款（元）：	按揭款（元）：	截至填表日期的按揭欠款（元）：
	贷款人姓名/名称：		还款人：

续表

编号	按揭房产信息			
3	地址：			性质：
	首期款（元）：	按揭款（元）：	截至填表日期的按揭欠款（元）：	
	贷款人姓名/名称：			还款人：
4	地址：			性质：
	首期款（元）：	按揭款（元）：	截至填表日期的按揭欠款（元）：	
	贷款人姓名/名称：			还款人：

二、车辆信息（请附行驶证复印件或车管所出具的车辆登记信息查询资料）

编号	车牌号码	登记车主	现使用人	车辆品牌、型号	取得时间和方式	现值估价	备注
1							
2							
3							
4							
5							

以上车辆中，以按揭贷款方式购买的情况：

编号	车牌号码	首期款	按揭款	目前欠款	买受人	付款人	贷款人姓名/名称
1							
2							
3							
4							
5							

三、银行存款信息（请附最近 12 个月的流水记录；如属于联名账户，请填报你所占的权益份额）

编号	户名	开户银行名称	账户号码	目前账户余额	备注
1					
2					
3					
4					
5					
6					
7					
8					
9					
10					
11					
12					

四、股票、基金、证券及其他理财产品信息（请附最近 12 个月的交易记录）

编号	开户姓名	证券公司名称	证券账户	股份数	填表时现值	备注
1						
2						
3						
4						
5						
6						
7						
8						
9						

续表

编号	开户姓名	证券公司名称	证券账户	股份数	填表时现值	备注
10						
11						
12						

五、商业保险信息（请附保险合同；如保单为共同拥有或者有多位受益人，请列明共有人和受益人姓名）

编号	商业保险信息					
1	保单号：		险种：		保险公司：	
	投保人：		被保险人：		受益人：	
	保险起止日期：				已购买年限：	
	已付款金额（元）：		退保现金价值（元）：		备注：	
2	保单号：		险种：		保险公司：	
	投保人：		被保险人：		受益人：	
	保险起止日期：				已购买年限：	
	已付款金额（元）：		退保现金价值（元）：		备注：	
3	保单号：		险种：		保险公司：	
	投保人：		被保险人：		受益人：	
	保险起止日期：				已购买年限：	
	已付款金额（元）：		退保现金价值（元）：		备注：	
上述所有保单总值							

六、社会保险信息（请附社会保险基金管理中心资料）

编号	姓名	单位名称	账号	目前账户余额	备注
1					
2					

七、住房公积金信息（请附住房公积金管理中心资料）

编号	姓名	单位名称	账号	目前账户余额	备注
1					
2					

八、经营、投资公司、企业信息（请附工商登记查询资料、最近 12 个月盈亏资料及过去 2 年报税表）

编号	公司企业名称	注册资本	姓名、持股比例	盈亏金额	现总资产或股权价值	备注
1						
2						
3						
4						
5						
6						
7						
8						
9						
10						
11						
12						
13						

九、政府津贴、补贴、农村集体组织分红等信息（请附股权登记本及分红票据等资料）

编号	收入性质	持股股数、比例或分红比例	目前现金价值数额	收益分配主管单位	备注
1					
2					
3					
4					
5					
6					
7					
8					
9					
10					
11					
12					
13					

十、贵重物品（含珠宝、金银首饰、字画、邮册等；请附相关物品发票、收据等资料）

编号	财产名称	财产具体情况	备注
1			
2			
3			
4			
5			
6			

续表

编号	财产名称	财产具体情况	备注
7			
8			
9			
10			
11			
12			
13			

十一、其他需要法院处理的财产信息

编号	财产名称	财产具体情况	备注
1			
2			
3			
4			
5			
6			
7			
8			
9			
10			
11			
12			
13			

第三部分：债权债务情况

一、债权信息（含经营公司及投资行为所产生的债权，请附债权凭证等证据）

编号	债务人	债权金额	债权发生时间	利息支付情况	备注
1					
2					
3					
4					
5					
6					
7					
8					
9					
10					

二、债务信息（含经营公司及投资行为所产生的债务，请附债务凭证等证据）

编号	债权人	债务金额	发生时间	借款用于何种用途	备注
1					
2					
3					
4					
5					
6					
7					
8					
9					
10					

第四部分：申报财产应当提交的证据材料清单

编号	证据名称	对应财产编号或名称	原件或复印件	份数
1				
2				
3				
4				
5				
6				
7				
8				
9				

声明：本人已按照要求如实填写《离婚诉讼当事人财产申报表》全部项目，并确认无误。

申报人签名（捺印）：＿＿＿＿＿＿＿＿

申报日期：＿＿＿年＿＿月＿＿日

三、关于房屋的归属判定，这几种情况必须让当事人知道

对于中国人来说，房子是安身立命之所，有房三冬暖，无房春亦寒。在离婚案件财产分割中，没有什么比房屋的分割更重要了，因为房屋是一般家庭最重要的财产构成，有了房子才有在这个世界上的归属感。如果婚内有多套房屋的，双方还可以协商一下谁要哪一套或者哪几套，价值不均的就现金补偿。但如果房子只有一套，

就可能有以下几种情况。

(一) 双方都要房屋

在双方都要房子的情况下,法院有两种处理方式判定房屋的归属:首先,法院可以采取竞价的方式,价高者得。取得房屋的一方按照竞价"成交"的价款向对方支付补偿款。根据《民法典婚姻家庭编解释(一)》第七十六条,双方对夫妻共同财产中的房屋价值及归属无法达成协议时,如果双方均主张房屋所有权并且同意竞价取得的,人民法院应当准许。其次,也可以由法院依法判定房屋的归属,同样由取得房屋的一方向对方支付补偿款。

如果一方要房另一方不要房呢?这种情况下就皆大欢喜了。很简单,那就是补偿款的问题了。双方能确定补偿款的就确定,不能确定的就申请评估。

(二) 双方都不要房屋

在离婚诉讼中,分割房屋通常是"重头戏"。有的案件中,双方为了争夺房屋,不惜使出浑身解数。但有的案件里,双方都不要房子。严谨一点来说,应该是双方都"要不起"房子。因为正如我们熟知的那样,一方选择了要房子,就要向对方支付房屋折价补偿款。要给多少?在不考虑照顾无过错方的情况下,若不涉及按揭贷款,就直接补偿市值的一半。如果还没还清房贷,就得向对方支付(市值-剩余贷款)/2。如果双方在房屋归属问题上陷入僵局,一般有三种处理方法:第一种,搁置不处理。在笔者经办的众多案件中,"不处理"其实是最常见的处理方式,即等双方慢慢协商,达成一致意见以后再把房子卖了分钱。但如果仔细琢磨,你会发现这种方式有很多漏洞。什么叫"等双方协商一致"?双方如果能轻易协商一致,还有必要打官司吗?什么叫"以后把房子卖了"?以后是什么时候?如果有一方不配合卖又该怎么办呢?什么叫"钱一分就完事了"?就算房子顺利卖出去了，一般情况下，卖房款只会打到夫妻一方的账户上。实践中有不少案例，当事人一方收到钱就消失了……所以说，"不处理"是没有办法的办法，如果能处理的话，还是尽量在法院处理为宜。

第二种，法院直接确认双方各占房屋50%的份额。[①] 张××与徐××离婚后财产纠纷一案中，法院认为，"原告虽然对位于巢湖市某小区10号楼9号的门面房有权分割，但现在原告不要房屋，要求被告徐××按评估价494100元给付其25万元，但被告徐××也不要房屋，因此本院不应作出被告徐××给付一半房屋价款给原告、房屋强行归被告徐××的判决，原告张××系主张分割的一方，经本院释明后，其仍不要房屋，故对原告要求被告给付其25万元的主张，本院不予支持"。最终法院判决如下："一、原告张××对位于巢湖市某小区10号楼9号的门面房屋享有50%的产权……"笔者认为，就离婚案件来看，这种处理方式意义不大，因为本来房子就是一人一半，问题的关键在于怎么实现各自的份额。

除"不处理"和"确定份额"外，其实还有第三种处理方式——申请拍卖。这种处理方式同样来自《民法典婚姻家庭编解释（一）》第七十六条的规定："（三）双方均不主张房屋所有权的，根据当事人的申请拍卖、变卖房屋，就所得价款进行分割。"例如，在徐某、梁某离婚纠纷案中，法院认为"关于夫妻共同财产分割的问题。坐落于广州市番禺区南村镇兴南大道×××号广州×××花园××幢×××的房产，原、被告均不主张所有权，原告申请拍卖房屋，为避免诉累，本院判令该房产由法院进行拍卖，就所得价款进行分割。根据照顾子女和女方的原则，判令该房产拍卖所得价款扣除房贷及其他相关费用

[①] （2014）巢民一初字第00347号。

后,剩余部分由原告分得45%、被告分得55%"。① 在赖某、欧某离婚后财产纠纷案中,法院认为"关于房屋的归属问题。房屋评估后,双方均不主张房屋归本方占有,如按评估价格判归任何一方所有,且由该占有方支付价款给对方,将增加付款方的困难,显失公平,而司法拍卖,可以公平公开公正地实现房屋折现,对双方并无不利。任何一方均可在本判决生效后申请本院将608房拍卖,先申请人为申请执行人,对方则为被执行人"。② 同样,在樊某、郭某离婚后财产纠纷案中,法院认为"在双方当事人均表明不同意购买对方产权份额的前提下,一审判决按拍卖、变卖的方式对案涉509房所得价款进行平均分配的处分并无不当,本院予以确认"。③

问题是,申请拍卖需要双方都申请吗?一方主动申请,另一方不同意拍卖,法院可以判令将涉案房屋进行司法拍卖吗?司法解释并无规定需经双方当事人的申请,所以答案是不需要双方都申请,一方申请就可以进行拍卖。有人说这对不同意拍卖的一方不公平,因为拍卖的价格明显低于市价。但其实就价格而言,双方都是平等的,他多你也多,他少你也少。关键是可以避免日后潜在的纠纷。要真觉得不公平,不妨咬咬牙把房子的所有权打下来吧。

四、关于父母出资为子女购买房产的不同情形

(一)婚前出资

1. 婚前一方父母全额赠与

如果一方父母在婚前全额出资买房,房屋登记在出资方子女名

---

① (2022)粤0113民初8754号民事判决书。
② (2022)粤0113民初6254号民事判决书;(2022)粤01民终25553号民事判决书。
③ (2022)粤01民终4073号民事判决书。

下，那么房屋属于该子女的婚前个人财产。如果一方父母全款出资买房，登记在另一方名下，一般认定为是对双方的赠与，属于夫妻共同财产。

2. 婚前一方父母部分赠与

如果一方父母在婚前只付了首付款，则要根据房屋登记在哪方名下判断：（1）如果房屋登记在出资方子女名下，由夫妻二人共同还贷，则离婚时一般会将房子判归登记方所有，由其继续支付剩余贷款。对于婚内共同还贷本息及其产生的增值，由获得房屋一方对另一方做出补偿。（2）如果房屋登记在另一方子女名下，一般情况下房屋也认定为夫妻共同财产，而非登记方的个人财产，非登记方有权要求分割房屋。父母明确表示赠与登记方或者双方之间有其他相反约定的除外。（3）如果登记在双方子女名下，房屋应认定为夫妻共同财产。如果双方约定了共有方式是共同共有或按份共有，并进一步约定了各自份额，则按约定享有产权。如果双方对共有方式没有进行约定，则一般视为等份共有。

3. 婚前双方父母均出资

不论房子是登记在一方名下还是双方名下，该房屋都应属于夫妻共同财产，出资部分应当认定双方父母对各自子女的赠与。

（二）婚后出资

1. 婚后一方父母全额出资

在《民法典》之前，《最高人民法院关于适用〈中华人民共和国婚姻法〉若干问题的解释（三）》（以下简称《婚姻法解释三》）（已失效）第七条第一款规定："婚后由一方父母出资为子女购买的不动产，产权登记在出资人子女名下的，可按照婚姻法第十八条第（三）项的规定，视为只对自己子女一方的赠与，该不动产应认定为夫妻一方的个人财产。"简单来说，《婚姻法解释三》默认了此种情况为对子女个人的赠与，但该规定无法解决因为各种原因登记在双方名下或对方名下的情况。针对上述情形，司法实践一般认定是对夫妻双方的赠与。

《民法典》的出台改变了《婚姻法解释三》第七条，《民法典婚姻家庭编解释（一）》第二十九条第二款规定"当事人结婚后，父母为双方购置房屋出资的，依照约定处理；没有约定或者约定不明确，按照民法典第一千零六十二条第一款第四项规定的原则处理"。根据《民法典》第一千零六十二条第一款第四项，夫妻在婚姻关系存续期间继承或者受赠的财产，为夫妻的共同财产，归夫妻共同所有，除非符合《民法典》第一千零六十三条第一款第三项，即"遗嘱或者赠与合同中确定只归一方的财产"属于夫妻一方的个人财产。所以，如果婚后父母出资购房，只要没有明确约定只赠与一方的，就属于对双方的赠与，为夫妻共同财产。

《最高人民法院关于适用〈中华人民共和国民法典〉婚姻家庭编的解释（二）（征求意见稿）》（以下简称《民法典婚姻家庭编司法解释（二）（征求意见稿）》）第七条在处理父母在子女婚后为其购房出资的认定时，并未将登记情况作为区分要素："婚姻关系存续期间，一方父母全额出资为夫妻购置房屋，没有约定或者约定不明的，离婚分割夫妻共同财产时，人民法院可以判决该房屋归出资人子女一方所有，并综合考虑共同生活及孕育情况、离婚过错、房屋价值等事实，由获得房屋一方对另一方予以适当补偿。婚姻关系存续期间，双方父母出资或者一方父母部分出资为夫妻购置房屋，没有约定或者约定不明的，离婚分割夫妻共同财产时，双方均主张房屋所有权且一方不同意竞价取得的，人民法院可以根据出资来源及比例、共同生活及孕育情况、离婚过错、房屋产权登记情况等事实，判决房屋归一方所有，并由获得房屋一方对另一方折价补偿。"该条款目前尚处于征求意见状态，相关内容后续或有变动。

根据该条，父母全额出资为已婚子女购房，不论是登记在己方子女一人名下，还是夫妻双方名下，该房屋都将被认定为夫妻共同财产，获得房屋的一方需向另一方进行补偿，除非另有约定。此处的"约定"可以是父母与子女之间的赠与合同，也可以是夫妻之间的财产协议。离婚时房屋可判决归出资方子女所有，但也需要根据结婚时间长短、是否生育子女、离婚过错、房屋现值等事实，由获得房屋产权一方给予另一方一定的补偿。也就是说，在一方父母全额出资购房的情况下，一般情况下法院会判决该房屋归出资人一方子女所有。但是否需要向另一方进行补偿需区分不同情形。在没有约定或者约定不明的情况下，需要根据实际情况向另一方支付一定的补偿款。但在有赠与合同明确指定该房屋为出资人子女一人所有时，该房屋即为出资人子女的个人财产，且无须对另一方补偿。在此情形下，笔者认为，若房屋受赠人主张受赠房屋为个人财产，应满足"房屋登记在出资人子女一人名下"的条件。若房屋登记在双方名下，明显与赠与合同中"指定赠与一人"相矛盾。

无论最终颁布的司法解释是否会对征求意见稿的内容进行修改，现在可以明确的是出资方父母要想最大程度排除风险，应当与子女签订一份赠与合同，明确房产的出资来源及归属。

2. 部分赠与如何认定

实践中大部分的观点认为，父母为已婚子女购房指的就是全款购房的情形。从已废止的《婚姻法解释三》第七条的表述来看，"婚后由一方父母出资为子女购买"是定语，是对"不动产"的修饰，该条所规定的赠与标的物不是出资，而是不动产。所以如果父母只是部分出资，当然无法取得不动产的所有权，自然也不存在"赠与不动产"一说。因此，如果父母想要使出资所购买的房屋所有权仅归己方子女，必须符合"全额出资"和"产权登记在出资方子女名下"两个条件。

《民法典婚姻家庭编司法解释（二）（征求意见稿）》第七条对

父母部分赠与房款的情形也进行了相应论述。根据该条，一方父母全额出资、一方父母部分出资以及双方父母均有出资这三种情况，在房产归属的认定上是存在区别的。在后两种情况下，房屋的所有权并不原则上归出资人子女。该条第二款规定："婚姻关系存续期间，双方父母出资或者一方父母部分出资为夫妻购置房屋，没有约定或者约定不明的，离婚分割夫妻共同财产时，双方均主张房屋所有权且一方不同意竞价取得的，人民法院可以根据出资来源及比例、共同生活及孕育情况、离婚过错、房屋产权登记情况等事实，判决房屋归一方所有，并由获得房屋一方对另一方折价补偿。"

对于一方父母部分出资购房，登记在自己子女一方名下的情形，如果父母与子女之间有赠与合同等约定，即可以把出资部分对应的房屋份额约定为自己子女的个人财产。最终法院在认定房屋归属以及计算房屋补偿款时，应将赠与合同约定的具体事项考虑在内。如前所述，受赠人主张该部分份额为个人财产的前提，应是受赠房屋登记在受赠人一人名下。

同样，无论最终颁布的司法解释与征求意见稿内容是否存在差异，为了规避相关风险，我们应该明确：哪怕只是赠与自己子女部分的购房款项，也应在赠与时与自己子女签订好赠与合同。

五、婚前及婚后购买房产的不同情形

（一）婚前买房，都是个人财产

民间流传着一种婚姻防风险妙招：结婚前买房，让对方无利可图。问题是，婚前买的房一定是购房者的个人财产吗？如果结婚前购房登记在自己名下，不论是还清贷款还是全款买房，则房屋毫无争议属于个人财产。但如果结婚前只是付了首付，婚后还在还贷呢？

在房屋所有权归属问题上，司法实践中将该房屋认定为个人财产，而夫妻共同还贷支付的款项以及房屋相对应的财产增值部分由双方平分，尚未偿还的贷款则为产权登记一方的个人债务。还有一些被视为"恋爱脑"的行为，譬如一方婚前买房，但产权登记在对方名下。现实中大多数情况是出资一方没有购房资格，才以另一方个人名义购买，登记在另一方名下，婚后再共同还贷。这种情况下，离婚时一般按照夫妻共同财产处理。如果婚前购房登记在双方名下，无论该房屋由谁出资，该房屋均属于夫妻共同财产。由此可见，婚前购房并不当然会作为一方的个人房产，法院会考虑双方的购房时间、结婚时间、购房目的、出资情况等多种因素综合判断。

（二）婚后买房，双方平分

婚后买的房屋一定是共同财产吗？倒也未必。如果双方用共同财产买房，那么无论婚后房屋落在谁名下，都属于典型的夫妻共同财产。但是，个人财产不随结婚而变成共同财产。如果一方能够证明其使用婚前个人财产全款出资购房的，且房屋落在自己名下，那么房屋还是个人财产。此外，如前所述，父母为已婚子女购房，登记在其子女一人名下，且有明确的赠与合同，指定所赠与的房屋或部分出资款对应的房屋份额为其子女个人财产，那么父母出资赠与的部分即为一方的个人财产。

六、关于银行转账，如何主张？怎么解释？

离婚时，一方想要"去人留财"的情况不时发生。生活中经常有当事人询问："律师，我怀疑对方偷偷把存款转移了，但我不敢确认，怎么办？"还有些当事人"感觉"对方很有钱，但是不知道钱在哪，也不知道怎么查。这种时候，律师辅导的重要性就凸显出来了。

(一) 银行存款及转账怎么查

上文中提到，现金财产是离婚时夫妻财产分割的重要部分，但也是最容易遗漏的部分。对于"各管各钱"的夫妻来说，离婚时很难提供对方名下所有的银行卡号，法院也不会主动查询对方名下的所有财产信息，很容易使得掌握财产信息不全的一方少分。因此，全面收集财产线索就显得格外重要。

怎么查对方的钱，还得根据当事人的情况"量身定制"。如果当事人完全不知道对方的银行卡号，律师可以建议当事人在对方"没有防备"的情况下自行收集银行卡号。比如，在家里寻找蛛丝马迹，通过对方购物的刷卡小票、银行存单、开户凭证、保险合同等找到对方的收付款银行账号……待当事人揪出线索后，就轮到律师"顺藤摸瓜"了。如前所述，律师可以向法院申请调查令，查询对方相应账号的余额以及流水，运气好的话，还能通过交易明细查到对方的其他银行账号。

(二) 大额转账如何主张

查询银行账户这件事，经常是不查不知道，一查吓一跳。很多婚姻中的一方看似收入微薄、生活淳朴，与配偶谈起钱来都是"别问，没钱"，实则是扮猪吃老虎，给情人转起钱来毫不手软。

发现了这些转账后，应该怎么在诉讼中提出主张？如果发现了另一方存在超过日常生活所需的不合理的大额支出，可以主张对方恶意转移夫妻共同财产，在离婚财产分割时应当少分或不分。原先的《婚姻法》（已失效）第四十七条[1]将夫妻一方转移、隐匿夫妻共

---

[1] 《婚姻法》（已失效）第四十七条　离婚时，一方隐藏、转移、变卖、毁损夫妻共同财产，或伪造债务企图侵占另一方财产的，分割夫妻共同财产时，对隐藏、转移、变卖、毁损夫妻共同财产或伪造债务的一方，可以少分或不分。离婚后，另一方发现有上述行为的，可以向人民法院提起诉讼，请求再次分割夫妻共同财产。

人民法院对前款规定的妨害民事诉讼的行为，依照民事诉讼法的规定予以制裁。

同财产的时间节点限制在了"离婚时",但实践中一方转移夫妻财产的行为并不仅仅发生在离婚时,更多的是发生在离婚前。对于转移夫妻共同财产侵害行为的发生,不应当随着夫妻感情的变化而产生不同的法律评价,因此,《民法典》第一千零九十二条[①]删去了该时间节点,对侵害夫妻共同财产的行为不再作时间限定。这也为离婚律师辅导当事人敲响了警钟,即千万不能在违法的边缘试探,教当事人转移财产。

(三)大额转账如何解释

如果是己方的转账记录被对方发现了并主张分割,该如何解释?当事人应当在律师的帮助下收集证据,对转账进行诚实说明。比如,从财产性质入手,可以用相关的银行流水证明转出的钱款是婚前获得的资金,处置个人财产不属于转移夫妻共同财产。或者从转账用途入手,举证证明该笔转账是为了日常生活需要,如教育子女、赡养老人、医疗保健等。还有些当事人的大额转账是为了偿还夫妻共同债务,或者是为了夫妻共同生产经营。

需要再次提醒的是,律师绝不能轻易践踏法律的"红线",教当事人说谎。对相关资金的转出必须给出真实、合理、前后一致的解释说明。在最高人民法院指导案例66号"雷某某诉宋某某离婚纠纷案"中,雷某某就吃了自相矛盾的亏。该案中,雷某某称宋某某名下在中国邮政储蓄银行的账户内有共同存款37万元,并提交存取款凭单、转账凭单作为证据。宋某某称该37万元,来源于婚前房屋拆迁补偿款及养老金,现尚剩余20万元左右,并提交了账户记录、判决书、案款收据等证据。同时,宋某某称雷某某名下有共同存款25

---

① 《民法典》第一千零九十二条 夫妻一方隐藏、转移、变卖、毁损、挥霍夫妻共同财产,或者伪造夫妻共同债务企图侵占另一方财产的,在离婚分割夫妻共同财产时,对该方可以少分或者不分。离婚后,另一方发现有上述行为的,可以向人民法院提起诉讼,请求再次分割夫妻共同财产。

万元，要求依法分割。雷某某对此不予认可，一审庭审中，其账户交易明细显示余额为262.37元。二审审理期间，应宋某某的申请，法院调取了雷某某上述银行账号自开户后的银行流水明细，显示雷某某于2013年4月30日通过ATM转账及卡取的方式将该账户内的195000元转至案外人雷某齐名下。宋某某认为该存款是其婚前房屋出租所得，应归双方共同所有，雷某某在离婚之前即将夫妻共同存款转移。雷某某提出该笔存款是其经营饭店所得收益，开始称该笔存款已用于夫妻共同开销，后又称用于偿还其外甥女的借款，但雷某某对其主张均未提供相应证据证明。另，雷某某在庭审中曾同意各自名下存款归各自所有，其另行支付宋某某10万元存款，后雷某某反悔，不同意支付。

法院认为，"本案二审期间双方争议的焦点在于雷某某是否转移夫妻共同财产和夫妻双方名下的存款应如何分割。一方在离婚诉讼期间或离婚诉讼前，隐藏、转移、变卖、毁损夫妻共同财产，或伪造债务企图侵占另一方财产的，侵害了夫妻对共同财产的平等处理权，离婚分割夫妻共同财产时，应当依照《婚姻法》（已失效）第四十七条的规定少分或不分财产。本案中，关于双方名下存款的分割，结合相关证据，宋某某婚前房屋拆迁款转化的存款，应归宋某某个人所有，宋某某婚后所得养老保险金，应属夫妻共同财产。雷某某名下账户内的存款为夫妻关系存续期间的收入，应作为夫妻共同财产予以分割。雷某某于2013年4月30日通过ATM转账及卡取的方式，将账户内的195000元转至案外人名下。雷某某始称该款用于家庭开销，后又称用于偿还外债，前后陈述明显矛盾，对其主张亦未提供证据证明，对钱款的去向不能作出合理的解释和说明。结合案件事实及相关证据，认定雷某某存在转移、隐藏夫妻共同财产的情节。根据上述法律规定，对雷某某名下账户内的存款，雷某某可以少分。宋某某主张对雷某某名下存款进行分割，符合法律规定，予以支持"。最后，宋某某的养老保险金原封不动地归自己所有，而雷某某则是偷鸡不成蚀把米，违法转移的19.5万元存款被判决补偿宋某某12万元。

七、辩证看待保单的隔离功能

保险公司宣传营销说，大额保单是隔离婚姻资产的利器。保单确实具有一定的资产保全功能，在一定程度上可以抵御婚姻发生变故的风险，也因此会吸引许多高净值当事人。但是，律师需要辅导当事人一分为二地看待保单的功能。

（一）保单分割，分的是什么

《第八次全国法院民事商事审判工作会议（民事部分）纪要》第四条规定，"婚姻关系存续期间以夫妻共同财产投保，投保人和被保险人同为夫妻一方，离婚时处于保险期内，投保人不愿意继续投保的，保险人退还的保险单现金价值部分应按照夫妻共同财产处理"。由此可见，保单本身可能不会被分割。在离婚分割时，一般是判决保单权益归一方享有，由该方支付另一方保单现金价值的50%作为补偿款；或者是办理退保，由保险公司返还保单的现金价值，双方各分50%。但是，保单的现金价值是变动的。如果是第一种分割方法，趸交的保费一般比保单的现金价值高很多，若仅分割保单现金价值，买保险一方会存在很大的套利空间，对另一方不公平。如果是第二种方法，通常在保险购买的前几年，现金价值都比较低，特别是投保时间很短的长期保险，退保返还的现金价值可能还没有缴纳的保费多，这对于夫妻双方来说都是一种损失。

（二）离婚前买大额保单，是不是财产转移

有人说了，既然现金价值远低于所交保费，这岂不是一个离婚时让"资产消失"的好方法？当然不是！如果购买大额保单的行为发生在离婚诉讼前，那么就会有比较明显的转移资产的风险，因为买保单都是留痕的。例如，在"弓某与卢某离婚后财产纠纷案"①中，卢某在离婚前作为投保人为女儿购买了 50 万元的终身年金保险。弓某主张，卢某购买保险时，未经其同意，且弓某不追认保费支出的行为。所以高额保费是擅自处分夫妻共同财产，有转移夫妻共同财产嫌疑，要求分割保费 25 万元。卢某辩称，保险是为女儿购买，涉及女儿的利益，不同意分割保费。法院认为，"一审审理中，弓某主张卢某未经其同意，花费 50 万元购买保险，其对于该购买行为不予追认，要求分割保费。卢某承认其单独购买的保险，交纳保费 50 万元。鉴于该购买保险的行为发生在二人婚姻存续期，交纳的保费属于夫妻共同财产，卢某单独做出的决定，购买商业保险不属于夫妻共同生活中的必要支出。故法院对弓某主张分割 50 万元保费的请求不持异议"。由此可见，一方在离婚前的敏感时期购买大额保险，哪怕是为了孩子购买，也存在转移夫妻共同财产的嫌疑。而且由于年金险投保时间短、现金价值低，如果只分割现金价值，就正中了卢某的下怀，所以该案中，法院判决分割的是 50 万元的保费。

八、关于公司股权分割，你必须告诉当事人

（一）分的是什么

许多非持股方当事人，尤其是未参与过公司经营管理的当事人，很容易在离婚时"异想天开"，以为公司的就是配偶的，配偶的就是自己的，因此要求对方把公司名下的房屋、土地、汽车都分给自己

---

① （2022）京 02 民终 2826 号民事判决书。

一半。对于缺乏相关经验的当事人，律师需要帮助他们纠偏。要让当事人理解，法人具有独立的人格，并不是自然人的私有财产，哪怕是一人公司也是如此。因此离婚时分割的不是公司的资产，而是公司的股权。

（二）想分就能分吗

根据司法解释的规定①，离婚时涉及公司股权分割，若非股东一方想成为股东，前提是夫妻双方协商一致。就算协商一致了，如果公司还有其他股东，那么转让股权时还需要股东过半数同意，而且其他股东还要明确表示放弃优先购买权。

在刘某、王某离婚后财产纠纷一案②中，刘某坚持要求分割股权成为股东，法院认为"卓某公司成立于2004年，是在刘某、王某夫妻关系存续期间由王某出资设立的有限责任公司，应认定是夫妻共同财产。因二人离婚时签订的《离婚协议书》未就该公司股权分割问题进行处理，二审判决认定该公司股权属于离婚时未处理的夫妻共同财产，并无不当。根据《最高人民法院关于适用〈中华人民共和国婚姻法〉若干问题的解释（二）》（以下简称《婚姻法司法解

---

① 《民法典婚姻家庭编解释（一）》第七十三条　人民法院审理离婚案件，涉及分割夫妻共同财产中以一方名义在有限责任公司的出资额，另一方不是该公司股东的，按以下情形分别处理：

（一）夫妻双方协商一致将出资额部分或者全部转让给该股东的配偶，其他股东过半数同意，并且其他股东均明确表示放弃优先购买权的，该股东的配偶可以成为该公司股东；

（二）夫妻双方就出资额转让份额和转让价格等事项协商一致后，其他股东半数以上不同意转让，但愿意以同等条件购买该出资额的，人民法院可以对转让出资所得财产进行分割。其他股东半数以上不同意转让，也不愿意以同等条件购买该出资额的，视为其同意转让，该股东的配偶可以成为该公司股东。

用于证明前款规定的股东同意的证据，可以是股东会议材料，也可以是当事人通过其他合法途径取得的股东的书面声明材料。

② （2018）最高法民申796号民事裁定书。

释（二）》）（已失效）第十六条的规定，人民法院审理离婚案件时，涉及分割夫妻共同财产中以一方名义在有限责任公司的出资额，另一方不是该公司股东的，若夫妻双方不能就股权分割问题达成一致意见，为了保证公司的人合性，应对另一方请求分割的股份折价补偿。因在本案二审审理过程中，刘某坚持要求分割股权，不同意折价补偿，也不同意评估股权价值，二审判决对刘某要求分割股权的诉讼请求不予支持，并无不当"。由此可见，如果夫妻不能协商一致将出资额部分或者全部转让给一方的，法院会将请求分割的股份折价补偿，如果不要钱、非要当股东，到最后只能是人财两空。所以，律师应当疏导当事人，如果不是真的想经营公司，就不要瞎掺和，要股权补偿款就可以了。

如果是主张折价补偿，那就涉及公司价值认定的问题。在双方无法就公司价值达成一致的情况下，司法实践中需要对公司的价值进行评估，而评估费用一般比较高昂。例如，在当事人申请对一家经营首饰的个体工商户进行评估的案例中，审计费用高达20万元以上，甚至可能超过了公司的价值……

九、关于夫妻对房屋的约定，法院如何认定？

《民法典》第一千零六十五条[1]是对夫妻约定财产制的规定，根据该条，夫妻双方可以自行约定婚姻期间所得财产的归属。《民法典婚姻家庭编解释（一）》第三十二条规定，"婚前或者婚姻关系存续期间，当事人约定将一方所有的房产赠与另一方或者共有，赠与方在赠与房产变更登记之前撤销赠与，另一方请求判令继续履行的，

---

[1] 《民法典》第一千零六十五条　男女双方可以约定婚姻关系存续期间所得的财产以及婚前财产归各自所有、共同所有或者部分各自所有、部分共同所有。

人民法院可以按照民法典第六百五十八条的规定处理"。而根据《民法典》第六百五十八条,"赠与人在赠与财产的权利转移之前可以撤销赠与。经过公证的赠与合同或者依法不得撤销的具有救灾、扶贫、助残等公益、道德义务性质的赠与合同,不适用前款规定"。

根据上述法条规定,若将夫妻一方单独所有的房屋约定为另一方的个人财产或者共同财产,该约定在房屋变更登记之前是可以撤销的,除非该协议做了公证。简言之,这类约定视为赠与。

在赵某与张某赠与合同纠纷案[1]中,法院从理论层面分析了夫妻婚内财产的赠与行为与约定行为的差异:"(1)夫妻婚内财产赠与是一方出于令对方财富增值的目的,夫妻婚内财产约定是就夫妻之间的财产关系采用何种夫妻财产制的约定。(2)夫妻婚内财产赠与的功能与目的是改变一项特定财产的权利归属,夫妻婚内财产约定的功能和目的是总体上安排夫妻财产关系。(3)夫妻婚内财产赠与通常针对的是特定物或可特定化的物,夫妻婚内财产约定通常针对的是部分财产或全部财产。(4)夫妻双方就婚内财产赠与达成的合同属于一次性合同,夫妻双方就婚内财产约定达成的合同属于继续性合同,其规则适用具有一般性和可重复性,对双方婚姻关系存续期间持续获得的财产产生持续的约束力,具有长期、概括调整的特定性,是一般性地建构夫妻之间的财产法状态。"该案中,法院认为"双方当事人签订的《房产协议书》明显是赵某出于令张某财产增值之目的,是针对案涉房屋这一特定物,改变的是特定财产的权利归属状态,双方就此达成的合同属于一次性合同,故符合夫妻婚内财产赠与行为的特征"。在叶某债权人撤销权纠纷案[2]中,法院亦支持了二审法院的观点,认为"王某于2009年3月12日与叶某签订

---

[1] (2022)京0108民初5962号民事判决书。
[2] (2014)高民申字第632号民事裁定书。

《协议书》，将涉案房屋由王某单独所有约定为与叶某二人共同共有，因当时双方并未离婚，故王某这一行为实质属于婚内赠与性质。王某作为赠与人在房产变更登记前可以撤销赠与。后王某向叶某作出了撤销《协议书》的行为，且涉案房产也未发生权属变更，故王某要求确认其向叶某作出的撤销《协议书》之行为有效的诉讼请求，合理有据，应予支持"。

在实践中，有一个问题争议较大。何谓"一方所有的房产"呢？将个人所有的房产整套赠与另一方，或者拿其中的半套一起分享，这两种情况都好理解，毕竟这也是司法解释明文规定的。但是如果是将婚后夫妻共有的房屋约定为一方单独所有呢？也算是赠与吗？也适用上述司法解释的规定吗？对于该问题，其实司法实践中存在争议。有些法院认为属于夫妻婚内财产约定。例如，北京市第二中级人民法院在李某前与刘某静赠与合同纠纷案[1]中指出，"本案中，涉案房屋系双方在婚姻关系存续期间购买，为婚姻关系存续期间所得的财产。双方以书面协议的方式约定涉案房屋100%的产权归女方所有，该约定属于上述法律所规定的夫妻间财产约定，对双方具有约束力。男方以该协议为赠与合同为由主张撤销，与事实和法律规定不符，本院不予采纳……涉案房屋并非一方所有的房屋，本案之事实不属于将一方所有的房屋赠与另一方的情形，故不适用上述司法解释的规定"。

然而，最新的司法实践似乎更倾向于将这种情况认定为一般赠与。例如，在赵某与张某赠与合同纠纷一案[2]中，北京市海淀区人民法院认为，"案涉房屋的产权登记为赵某与张某共同所有，双方签订《房产协议书》将该房屋由二人共有，约定为张某单独所有，虽

---

[1] （2018）京02民终10865号判决书。
[2] （2022）京0108民初5962号民事判决书。

从广义上讲采用的是约定形式，但并不符合我国法律规定的夫妻财产约定的模式。当时双方并未离婚，这一行为实质属于婚内财产赠与性质"。在蒋某与唐某离婚后财产纠纷案①中，法院亦采取上述观点。如果按照这种裁判观点，那么可以说婚内约定送房子与"画饼"无异，将一方房屋约定为另一方所有或者共有，在房屋没有过户之前，赠与人都可以撤销。

婚前房屋婚后加名，是否直接视为赠与50%的房屋份额？将婚前房屋直接登记在对方名下，离婚时是否视为"净身出户"？对此，专家学者们认为："赠与房产办理变更登记后双方离婚的，接受方可以不返还该房产，但应结合给付房产目的，综合考虑婚姻关系存续时间、双方经济情况、离婚过错、房产价值等事实，给予对方适当补偿。"有的专家提出，"此种情况下，因为目的不达，即使房产过户到对方名下，也应当可以判决返还，如此，在逻辑上才符合目的不达不当得利的法律后果"。《民法典婚姻家庭编司法解释（二）（征求意见稿）》的处理方案考虑了此种情况下的目的性赠与特征。根据该征求意见稿第四条，如果双方没有特别约定，则法院需要根据当事人请求，结合赠与房产目的，综合考虑婚姻关系存续时间、离婚过错、双方经济情况等事实，判决该房屋归属，并参考房屋市场价格由获得房屋一方对另一方予以适当补偿。根据该条，夫妻婚内赠与房屋，即使已经完成了变更登记，只登记在一方名下，也并不意味着完全归属于受赠一方个人所有。而"但双方有特别约定的除外"又给夫妻双方的意思自治留下了空间，使得双方的特别约定成为一种例外。何谓"双方特别约定"呢？一般来说，夫妻婚内的约定体现为婚内财产协议。简言之，《民法典婚姻家庭编司法解释（二）（征求意见稿）》第四条的意思就是，要想证明婚内赠房的诚

---

① （2022）湘1103民初1244号民事判决书。

意，光过户还不够，还需要有一份婚内财产协议。

还是那句话，无论最终司法解释如何规定，作为律师，我们必须辅导当事人尽可能规避潜在的风险。因此，为了保障当事人的合法权益，避免日后的纠纷，只要夫妻双方达成了关于房屋赠与的合意，必须辅导当事人先行签署针对房屋的婚内财产约定，为了避免纠纷，最好约定具体的赠与份额。如果房屋满足过户条件的，一定要到不动产登记中心办理变更登记，如果不满足过户条件如房屋还没还清贷款的，也不能坐视不理，一定要做公证。因为根据《民法典》第六百五十八条，赠与合同做了公证也是不能撤销的。还是那句老话，天地为证，不如做个公证！

结合现行法律规定以及立法趋势来看，若想确保赠房效力，较为稳妥的方式应当是"协议+过户"或者"协议+公证"。当然了，有条件的话，律师可以辅导当事人上面三件事情全做了，"三管齐下"才能确保万无一失。

十、夫妻房产归属一览表

婚前买房

出资情形	房屋产权登记	房屋归属认定
一方出资	婚前购房，登记在出资人名下，已还清按揭贷款或全款买房	认定为出资方的个人财产
	婚前全款购房或已还清按揭贷款，但婚后取得房本，房屋登记在出资方名下	

续表

出资情形	房屋产权登记	房屋归属认定
一方出资	婚前一方支付房屋首付款，并向银行申请贷款，房屋登记在该方名下，婚后用夫妻共同财产还贷	认定为产权登记方的个人财产，婚后共同还贷及房屋相对应的财产增值部分属于共同财产；尚未偿还的贷款视为产权登记方的个人债务
一方出资	房屋登记在非出资方名下	通常视为以结婚为目的的赠与，按共同共有处理；如果有证据证明出资方明确表示归登记一方个人所有，按产权登记方个人财产处理
双方共同出资	房屋登记在双方名下	同居生活期间购房，按一般共有财产处理；婚后认定为夫妻共同财产
双方共同出资	房屋登记在一方名下	同居生活期间购房，按一般共有财产处理；婚后认定为夫妻共同财产。若双方最终未结婚，则根据购房背景、出资数额、对房屋贡献等因素，按照共同财产、借款或者赠与进行认定

婚后买房

出资情形	房屋产权登记	房屋归属认定
以夫妻一方婚前个人财产购房	房屋登记在出资方名下	房屋是出资方个人婚前财产在婚后的转化，应认定为个人财产；若出资方只支付了首付款，婚后还贷及房屋相对应增值部分应认定为夫妻共同财产
以夫妻一方婚前个人财产购房	房屋登记在夫妻双方名下或非出资方名下	认定为夫妻共同财产

续表

出资情形	房屋产权登记	房屋归属认定
以夫妻共同财产购房	房屋登记在夫妻双方名下	认定为夫妻共同财产
	房屋登记在夫妻一方名下	

父母出资买房

婚前

出资情形	房屋产权登记	房屋归属认定
一方父母全款出资	房屋登记在出资方子女名下	认定为产权登记方婚前个人财产
一方父母支付房屋首付款	房屋登记在出资方子女名下	首付款及婚前还款部分视为产权登记方婚前财产,婚后共同还贷及相对应的房屋增值视为夫妻共同财产
	房屋登记在另一方子女名下	一般认定为夫妻共同财产。父母明确表示赠与登记方或夫妻双方或者有其他相反约定的除外
	房屋登记在双方子女名下	认定为夫妻共同财产。若双方约定了共有方式及各自份额,则按照双方约定享有房屋产权。若双方对共有方式未进行约定,一般视为等份共有
双方父母均出资	房屋登记在夫妻一方名下或双方名下	应认定为夫妻共同财产。父母的出资应认定为对各自子女的赠与

婚后

出资情形	房屋产权登记	房屋归属认定
一方父母全款出资	房屋登记在出资方子女名下	有协议约定的，按照约定，没有约定或约定不明的，推定为对夫妻双方的赠与
	房屋登记在对方子女名下或双方子女名下	一般认定为夫妻共同财产
一方父母部分出资(或支付首付款)	房屋登记在出资方子女名下或双方子女名下	登记在双方子女名下，一方父母出资部分一般视为对夫妻双方的赠与；登记在出资方子女名下，若有协议约定的，按照约定，没有约定或约定不明的，父母出资部分推定为对夫妻双方的赠与
双方父母均出资(全款或部分)	房屋登记在一方子女名下	出资部分按照夫妻共同财产处理。但当事人另有约定的除外
	房屋登记在双方子女名下	出资部分认定为夫妻共同财产，但当事人另有约定的除外

十一、这些问题，法官一定会问

法官必问事项清单

1. 双方有什么需要法院处理的夫妻共同财产？

2. 双方在婚前及婚后针对夫妻共同财产有无特别约定？

3. 案涉房屋购于何时何地？登记在谁名下？是否存在抵押？购买时房屋成交价是多少？目前房屋市值是多少？银行按揭贷款的本息总和是多少？其中婚后还贷多少？

4. 原告/被告，你方是否主张该房屋的所有权？

5. 原告/被告，你方主张该房屋是由你方父母出资，是否有相应的转账流水予以证明？你方父母是否与你方签订赠与合同？

6. 针对原告/被告提出的你于20××年××月××日转出的×××万元，原告/被告提出该笔支出应作为共同财产进行分割，你有何解释？

7. 你方认为财产应按什么比例进行分割？依据是什么？

8. 你方主张分割公司股权，是否获得其他股东过半数同意？其他股东是否均放弃优先购买权？

第十三节　关于夫妻共同负债

一、"夫妻共同负债"的前世今生

什么样的债务是"夫妻共同负债"？这个问题的答案随着立法沿革而演变，需要律师帮当事人"补补课"。

（一）共债一方签

在《婚姻法》时代，《婚姻法司法解释（二）》（已失效）第二十四条规定："债权人就婚姻关系存续期间夫妻一方以个人名义所负债务主张权利的，应当按夫妻共同债务处理。但夫妻一方能够证明债权人与债务人明确约定为个人债务，或者能够证明属于婚姻法第十九条第三款规定情形的除外。"《婚姻法》（已失效）第十九条第三款的规定为："夫妻对婚姻关系存续期间所得的财产约定归各自所有的，夫或妻一方对外所负的债务，第三人知道该约定的，以夫或妻一方所有的财产清偿。"由此可见，当时的法律规定为，只要在婚姻关系存续期间，一方签署的债务就是夫妻共同债务，除非债权人明知或事先约定为单方债务。这么一来，证明婚内债务并非夫妻共债的举证责任就落在了未举债的配偶一方，难度非常大。如果债权人和配偶恶意串通虚构债务，未举债一方既没借钱，又没拿到钱，到头来还被倒打一耙要替对方还钱，恐怕比窦娥更冤。

（二）共债共签

2018年最高人民法院颁布《关于审理涉及夫妻债务纠纷案件适用法律有关问题的解释》（已失效），第一次明确了"夫妻共债共签"的原则。这一原则也为《民法典》第一千零六十四条①所吸收。夫妻共债认定的变化也使得举证责任由非举债方转移到了由债权人承担，有利于保护婚姻中弱势一方的权益。根据《民法典》第一千零六十四条，被认定为夫妻共同债务主要有三种情况：第一，夫妻在借条上共同签名，或另一方事后对债务进行追认；第二，一方以个人名义借款，但借款是为了家庭日常生活；第三，一方以个人名义借款，虽超过家庭日常生活所需，但债权人能证明债务用于夫妻共同生活、共同生产经营或者基于夫妻双方共同意思表示。总结来看，夫妻共债要么是基于双方对债务的共同意思表示，要么是为了共同生活所需。

二、"一张借条走天涯"？别想了！

如前所述，夫妻共同债务包括共签共认之债、家事代理之债和

---

① 《民法典》第一千零六十四条 夫妻双方共同签名或者夫妻一方事后追认等共同意思表示所负的债务，以及夫妻一方在婚姻关系存续期间以个人名义为家庭日常生活需要所负的债务，属于夫妻共同债务。

夫妻一方在婚姻关系存续期间以个人名义超出家庭日常生活需要所负的债务，不属于夫妻共同债务；但是，债权人能够证明该债务用于夫妻共同生活、共同生产经营或者基于夫妻双方共同意思表示的除外。

债权人举证之债三种。由于《婚姻法司法解释（二）》第二十四条的时代已经过去，婚内一方签字的借款已不再默认为夫妻共同债务，另一方没有共同偿还的义务。债权人必须举证证明该笔债务用于夫妻共同生活、共同生产经营或者基于夫妻双方共同意思表示。而司法实践对于何谓"共签共认"也提供了参考。在许某、张某等民间借贷纠纷案[①]中，债权人许某主张其案涉借款用于陈某、张某共同生活、共同生产经营，应属于夫妻共债："张某以其名下唯一住房为公司因经营养老项目产生的多笔借款设立抵押担保，且借款的一部分用于偿还许某的部分借款，表明张某知道并实质参与了养老项目的运营，以及知道并认可案涉借款。"但再审法院认为，"许某一审、二审提交的相应证据仅能证明张某曾以其名下住房为公司借款提供担保，在没有其他证据相佐证的情况下，据此不能证明张某知道并参与了陈某借款所涉及的养老项目。二审判决根据上述事实和理由，认定许某未提交充分证据证明案涉借款用于陈某、张某共同生活、生产经营或者基于夫妻双方共同意思表示，故案涉债务不应认定为夫妻共同债务，对许某关于判令张某承担连带清偿责任的请求未予支持，举证责任分配并无不当，不存在因认定案件基本事实缺乏证据证明、适用法律错误而应再审的情形"。

三、何谓"日常生活所需"？

从上述法律规定来看，"家庭日常生活需要"是决定债务性质的重要概念。如果婚内一方举债为家庭日常生活需要，即行使"日常家事代理权"，那么无论这笔债是一方所举还是双方共认共签，都属于夫妻共同债务。那么，何谓"家庭日常生活需要"？如何识别一笔

---

① （2021）最高法民申2072号民事裁定书。

债务是否为"家庭日常生活需要"？很多当事人可能以为要看债务的数额大小，比如十万以内就是日常所需，超出十万就不是。然而，由于我国经济发展不平衡，各地居民消费数额相差悬殊，因此数额只能作为认定"家庭日常生活需要"的参考因素之一。

国家统计局有关资料显示，我国城镇居民家庭消费种类主要分为 8 大类，分别是：食品、衣着、家庭设备用品及维修服务、医疗保健、交通通信、文娱教育及服务、居住、其他商品和服务。因此，律师可以辅导当事人，参考上述 8 大类家庭消费，根据夫妻共同生活的状态（如双方的职业、资产、收入、兴趣、家庭人数等）、负债金额大小、夫妻情感状况、借贷双方的关系、资金流向和当地一般社会生活习惯等因素，综合认定"家庭日常生活"的范围。

四、夫妻共同债务的认定

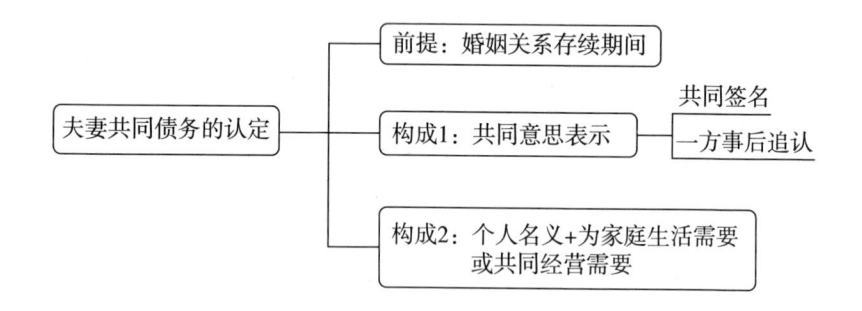

```
                    ┌─ 前提：婚姻关系存续期间
                    │
夫妻共同债务的认定 ──┼─ 构成1：共同意思表示 ──┬─ 共同签名
                    │                        └─ 一方事后追认
                    │
                    └─ 构成2：个人名义+为家庭生活需要
                              或共同经营需要
```

五、公司经营债务是夫妻共同债务吗？

不少当事人主张一方举债的借款是用于公司经营的，但公司经营之债是否是夫妻共同债务要首先看该公司是否由夫妻共同经营，如果是共同经营的话，该笔借款被认定为共同债务可能性较大。"共同生产经营"一般指夫妻共同决定、参与、处理生产经营事项的情形。即便公司经营事宜并非由夫妻共同参与处理，但如果公司的经营收入是家庭收入的唯一或者大部分来源，这笔借款也有可能被认定为共同债务。当然了，被认定为共同债务的前提是这笔债务是真实的，而不是一方为了应对离婚诉讼恶意虚构出来的。

六、这些问题，法官一定会问

法官必问事项清单

1. 原/被告，这张借条你是在什么情况之下签订的？

2. 原/被告，你对对方所主张的这笔债务是否知情？你是否使用过这笔款项？

3. 原/被告，你当时借这笔款项的原因是什么？这笔钱最终的用途是什么？

4. 原被告双方是否共同经营公司？所借款项是否用于该公司的经营？

5. 夫妻双方的职业是什么？资产状况、收入水平、消费水平如何？

6. 原/被告主张借款用于公司经营且提供了相关证据，该公司是否家庭的唯一/主要生活来源？

第十四节　关于离婚损害赔偿

在离婚纠纷中，尤其是在一方存在过错的案件中，无过错方本就已经饱受婚姻的风霜，更是在离婚诉讼中举步维艰。如何在离婚这场战斗中保全自己、保障权益，不仅考验着当事人，也考验着律师。

一、什么才算婚姻中的重大过错？

结婚时，看对方什么都好；离婚时，看对方什么都是错。许多当事人在离婚时，恨不得把对方从头到脚数落个遍，以此认为对方是婚姻中的过错方。但是，打呼噜、不洗澡、不做家务等，都不属于法定的婚姻中的重大过错。根据《民法典》第一千零九十一条，只有重婚、与他人同居、实施家庭暴力、虐待遗弃家庭成员或其他相同程度的重大过错导致离婚的，无过错方才有权请求损害赔偿。

关键问题在于，律师辅导当事人时，一定要抓住"过错行为导致离婚"这个核心点，即过错行为与离婚存在因果关系，否则就跟法条规定的不相符。例如，在李某与胡某1离婚后损害责任纠纷[①]案中，李某并未主张因家暴行为导致了离婚，法院视为其放弃了主张："根据在案证据及双方当事人陈述，无法确认胡某1存在单方的家暴行为及李某所述家暴行为是导致离婚的原因……故一审法院据此驳回李某要求胡某1赔偿其精神损失费10万元的诉讼请求，于法有据，本院予以确认。"

二、如何辅导当事人进行出轨取证？

出轨，无异于在阴沟里暗暗爬行。由于婚外情见不得人，往往发生在非常隐秘的空间，所以也导致出轨取证非常困难。很多当事人一时冲动，到配偶单位大闹一场、在街头暴打小三，气倒是出了，证据却因为打草惊蛇啥也不剩了。因此，在如何证明配偶出轨的问题上，律师需要为当事人传道、授业、解惑。

哪些证据可以证明婚外情？由于婚外情的隐蔽性，当事人很难获得证明对方出轨的直接证据，但可以搜集以下间接证据：（1）配偶婚外生育子女的证明，如出生证明、亲子鉴定等；（2）配偶与第三者在公开场合拥抱、亲吻、暧昧的视频、照片；（3）配偶与第三者出入酒店的票据、入住登记记录，已形成同居关系的可以搜集租房合同；（4）配偶与第三者的聊天记录等。通过搜集这些证据，可以形成一条完整的证据链，让出轨一方插翅难逃。

除间接证据外，还有个一招制胜的方法——出轨方当事人自己写下的"保证书"或"悔过书"。"保证书""悔过书"怎么写也有门道，千万不能泛泛而谈。比如，"我保证再也不做对不起老婆的事了"就是个反面教材，"对不起老婆的事"是什么？难道让法官猜

---

① （2022）京02民终10983号民事判决书。

吗？正确的做法是引导对方在保证书中检讨自己与第三者长期共同生活的情节，包括出轨的具体时间、行为方式等。这样一来，"保证书"才能成为兵不血刃的有力证据。简单来说，从法律的角度，"保证书"并不是让对方保证之后不再做什么，而是让对方承认之前做过什么。

三、这样证明出轨，值得吗？

证明出轨的证据有很多，但如何拿到证据是个技术活。就算证据再有力，如果取证方式不当，证据就有被排除的风险。比如，对方的大尺度照片或视频，虽然确实是直接证据，但如果方式不当会被认定为证据来源不合法，最终有可能不被采信，当事人还有可能构成侵犯他人隐私权，乃至涉嫌非法入侵住宅罪。因此，律师有必要辅导当事人正确地收集出轨证据。以监控视频为例，如果摄像头是安装在自己家里，或者在公共场合拍到的二人有亲密举止的视频，那么视频是合法有效的；但如果是在别人家里装针孔摄像头，偷拍对方的私密视频，或者是强行闯入他人住宅现场捉奸拍下的视频，那就属于侵犯他人隐私了。有效的证据，其取得方式不仅要合法，还要保证其完整性。比如，不能私自剪辑录音录像，不能 PS（编辑处理）照片，要保留这些证据的原始面貌和原始载体呈现给法官。如果怕证据丢失或者损坏，可以通过做公证在诉前固定和保全证据。

爱到尽头，覆水难收，但走火入魔地取证，只会平添烦忧。说到底，律师需要帮当事人想清楚一件事——千方百计地证明出轨，到底是为了什么？如果是为了争口气、评评理，占据道德高地，或者为了确认事实让自己死心，那确实没必要拦着，拦也拦不住。但如果当事人的目的是在法律上证实对方的过错行为，为自己争取更多的权益，让对方付出代价，那么这个时候一定要注意"投入产出比"。举个简单的例子，笔者曾经有个当事人花了 15 万元请私家侦探收集丈夫出轨的证据，最终法院认定对方出轨，判了 1.5 万元离婚损害赔偿，虽然作为婚外情的受害者，当事人在情感上是赢了，但从法律的角度来看可谓是得不偿失。离婚损害赔偿本来判得就不多，而且法院不一定会支持在财产分割方面照顾无过错方的权益。因此，收集出轨证据要注意"成本控制"，不然可能会输得更多。

四、如何辅导当事人进行家暴取证？

在所有婚姻的重大过错中，家庭暴力可能是性质最恶劣、最粗鄙的一种。由于家暴会给受害者带来身体和精神上的巨大压力，而且家暴往往是持续、多次的，所以受害者在恐惧之下很难顺利地收集证明家暴的证据。对于家暴的受害者，律师需要帮助她们通过有效的手段自我保护、稳定情绪、走出恐惧，通过积极取证让施暴者受到惩治。如果当事人遭受家暴，需及时向公安机关、居委会、妇联等机构求助，以便保留书面证据，同时保留受伤照片、验伤病例等证据。具体而言，当事人可以收集：(1) 报警后公安机关的出警记录、调查笔录等文书；(2) 对方实施家暴的照片、视频；(3) 受害者的伤情鉴定、就医证明；(4) 家人、邻居等知情人士的证人证言。

五、如何申请人身安全保护令？

家庭暴力是一家之伤、社会之痛，它不仅是对家庭秩序的破坏，对家庭成员身心健康的威胁，更是对社会文明和法治底线的试探。如何制止家暴？"人身安全保护令"为受害者提供了一条新的思路。《反家庭暴力法》第二十三条第一款规定，当事人因遭受家庭暴力或者面临家庭暴力的现实危险，向人民法院申请人身安全保护令的，人民法院应当受理。

法律给当事人提供了救济渠道，但律师应当成为当事人的引路人，辅导当事人正确、及时、有效地拿起法律武器保护自身权益。首先，律师应当告知当事人受理人身安全保护令申请的主体是申请人或者被申请人居住地、家庭暴力发生地的基层人民法院。其次，律师应当帮助当事人确定具体的保护措施，如禁止被申请人实施家庭暴力，禁止被申请人骚扰、跟踪、接触申请人及其相关近亲属，责令被申请人迁出申请人住所，禁止被申请人以电话、短信、即时通讯工具、电子邮件等方式侮辱、诽谤、威胁申请人及其相关近亲属，禁止被申请人在申请人及其相关近亲属的住所、学校、工作单位等经常出入场所的一定范围内从事可能影响申请人及其相关近亲属正常生活、学习、工作的活动等。最后，律师需要告知当事人，人身安全保护令的保护期限不超过六个月，临期失效前当事人还可以申请撤销、变更或者延长。

六、离婚损害赔偿到底能赔多少？

"对方都构成婚姻重大过错了，难道不应该净身出户吗？"很多当事人抓住了对方作为婚姻过错方的把柄后，就会热血沸腾地要求其净身出户，或者给自己巨额赔偿。有过错就要任凭处置吗？离婚损害赔偿到底能赔多少？在这些问题上，律师要帮助当事人澄清误区，建立合理的预期。

从司法实践来看，离婚损害赔偿的数额普遍不高。以笔者的从业经验来看，数额普遍在1万—5万元。个别案例法院可能只会酌情判几千元。在孙某与徐某离婚纠纷案[1]中，被告多次出轨并与第三者保持同居关系，原告据此要求被告支付10万元赔偿款。法院认为，

---

[1] （2021）京0105民初33497号民事判决书。

徐某婚内先后两次出轨，违反了夫妻忠实义务，有违道德准则，孙某独自抚养女儿的同时承担着精神负担和情感压力，故酌情判处被告给予原告 5000 元的赔偿金。同样在北京，同样是一方存在婚外同居行为，在于某与刘某离婚后损害责任纠纷案①中，原告请求法院判决被告支付精神损失 5 万元，法院认为被告与第三者同居的行为已经构成了重婚，最终判赔精神损害抚慰金 3 万元。而在李某等离婚后损害责任纠纷案②中，由于亲子鉴定报告显示被告所生育子女并非原告亲生子女，原告主张精神抚慰金 10 万元，法院支持了原告的诉讼请求，认为被告违反了夫妻忠实义务，生育的子女并非原告亲生，并由被告抚养了一年多，故判令被告支付原告 10 万元的精神损害抚慰金。由上述案例可见，离婚损害赔偿的具体数额并不固定，要根据个案中过错方的过错程度、造成后果等因素综合确定。但总的来看一般也不会太高，律师需要做的，是帮助当事人对赔偿金建立一个合理的预期。

七、离婚损害赔偿的情形及证据

法定情形	相关证据
重婚	1. 与第三者领取的结婚证； 2. 与第三者生育子女的出生证明； 3. 其他与第三者以夫妻名义共同生活的证据，包括婚宴婚礼证据、婚纱照、知情人士的证人证言、配偶出具的保证书或忏悔书、双方共同进出小区的照片录像、双方发送的亲密短信等证据。

---

① （2021）京 0112 民初 18881 号民事判决书。
② （2021）京 02 民终 9561 号民事判决书。

续表

法定情形	相关证据
与他人同居	1. 短信、微信聊天记录、保证书、道歉信、离婚协议书中的自认； 2. 与第三者的亲密照片、视频等； 3. 双方共同进出小区的照片录像、相关人员的证人证言； 4. 与第三者生育子女的出生证明。
实施家庭暴力	1. 报警记录、医院就诊记录、病历材料、伤情鉴定报告； 2. 遭受家暴的照片、视频； 3. 短信、微信聊天记录、保证书、道歉信、离婚协议书中的自认； 4. 公安机关的受案回执、处罚决定、在场人员的证人证言。
虐待、遗弃家庭成员	略
有其他重大过错	略

八、这些问题，法官一定会问

法官必问事项清单

1. 你方主张对方的过错情形是什么？有什么证据能够证明？

2. 你方主张对方应当支付的损害赔偿数额是多少？有什么依据？

第十五节　关于家务劳动补偿的司法实践

《民法典》第一千零八十八条被誉为全职太太、"家庭煮夫"的福音，该条规定，夫妻一方因抚育子女、照料老年人、协助另一方工作等负担较多义务的，离婚时有权向另一方请求补偿，另一方应当给予补偿。具体办法由双方协议；协议不成的，由人民法院判决。但是，该条规定较为宽泛。如果当事人想据此在离婚诉讼中主张家务劳动补偿，还需要律师做好辅助工作。

一、家务劳动如何证明？

结婚生子后，许多当事人选择离开职场、回归家庭。但她们或许怎么都想不到，多年来涮拖把的水，会变成离婚时流下的泪；为家庭做出的点点滴滴，未来还需要举证证明自己的奉献。厚厚的茧、枯黄的脸，能作为自己操持家庭的证据吗？显然是不够的。那怎么办？每天做饭时拍张照，洗衣服时录个像？可是谁在做家务时能预料到今后会离婚，还会主张家务劳动补偿呢？

由于做家务具有家庭内部性、日常性，提供确凿的证据绝非易事。但根据"谁主张,谁举证"的原则,如果当事人无法举证证明自己在婚内负担了较多的家庭劳动义务,其主张可能因证据不足被法院驳回。为此,律师应给当事人提供举证建议,如收集己方接送孩子上下学和开家长会的记录、与老师交流的微信聊天记录、带老人看病就医的付款单据、为家里购置米面粮油及生活用品的消费记录、邻居或居委会提供的证人证言等。

二、家务补偿的具体数额如何确定?

虽然《民法典》规定了"可以"主张家务补偿,但看到实践中法院判决具体能拿"多少"后,很多人一番计算,得出了"全职太太不如保姆"的结论。家务补偿能补多少?司法实践中并没有完全统一的标准,判决的金额大致在几千元到几万元不等。人民法院在确定数额时,一般会综合以下四个因素进行考量:

(1) 婚姻存续时间。不仅包括投入在家务劳动上的时间和强度,还包括婚姻关系存续的时间、夫妻共同生活的时间,投入时间越多、婚姻持续时间越长,补偿数额可能就越高。

(2) 当地生活水平和家庭收入情况。法院会综合当地的平均工资水平、基本生活成本等指标来进行比较和考量,参考向市场购买相近工作量家务劳动所需的成本,同时也需考虑另一方的收入情况。

(3) 家务劳动的具体情况。即一方投入家务的时间、强度、种类。同等条件下,强度更大、更复杂的家务劳动应当获得比相对简单的家务劳动更多的补偿。

(4) 家务劳动的影响。一方面是家务劳动的积极效益,另一方因此获得的各种性质的财产利益,如婚姻关系存续期间获得的学历学位、执业资格、专业职称、知识产权等,均应纳入经济补偿数额的计算范畴,由此可以参考判断从事家务劳动一方为另一方提供辅助的客观收益。另一方面是家务劳动的消极影响。例如，婚姻中，女性出于对婚姻前景的信赖，甘愿付出较多精力从事家务劳动，放弃自己事业上发展的可能性，多年后就业能力已明显下降，发展空间严重受阻，如从事家务一方因此失去工作的，可以参考原工作的收入情况。

从公平的角度来说，家务劳动补偿是调节家庭财产分配的有效工具。结婚不是当保姆，离婚不是买彩票。只有将夫妻一方为提高整个家庭利益作出牺牲而导致的人力资本贬损和信赖利益损失，在离婚时通过经济补偿的方式予以认可，婚姻关系中的配偶才会更多地以家庭利益为出发点，调整他们之间的位置和角色，对家庭作出更多的投入。通过构建离婚时合理的利益分配机制，才能够真正实现法律实质意义上的公平正义，最终促进男女双方共同承担家务劳动。家务补偿作为离婚救济的重要组成部分，在被《民法典》唤醒后会得到更为广泛的实践。然而，如何正确向当事人释法、避免其产生对离婚经济补偿的误解，如何科学地对家务劳动进行量化、更公平地确定家务补偿的方式和数额，仍有待法律工作者共同努力。

三、这些问题，法官一定会问

法官必问事项清单

1. 你方具体在哪些方面承担较多家庭义务？有无相关证据？

2. 你方是否有固定的工作和收入?

3. 在全职照顾家庭之前,你方收入水平如何?

图书在版编目（CIP）数据

离婚案件当事人辅导指南 / 陈晖著． -- 北京：中国法制出版社，2024.6． -- ISBN 978-7-5216-4544-6

Ⅰ．D923.905

中国国家版本馆CIP数据核字第2024JD0289号

责任编辑：张僚　　　　　　　　　　　　封面设计：周黎明

离婚案件当事人辅导指南
LIHUN ANJIAN DANGSHIREN FUDAO ZHINAN

著者/陈　晖
经销/新华书店
印刷/三河市紫恒印装有限公司
开本/880毫米×1230毫米　32开　　　　印张/9.5　字数/180千
版次/2024年6月第1版　　　　　　　　 2024年6月第1次印刷

中国法制出版社出版
书号 ISBN 978-7-5216-4544-6　　　　　　定价：45.00元

北京市西城区西便门西里甲16号西便门办公区
邮政编码：100053　　　　　　　　　　　传真：010-63141600
网址：http：//www.zgfzs.com　　　　　 编辑部电话：010-63141663
市场营销部电话：010-63141612　　　　 印务部电话：010-63141606

（如有印装质量问题，请与本社印务部联系。）